数字赋能：
企业转型与高质量发展研究

陈芮　李春艳　杨洲◎著

武汉理工大学出版社

图书在版编目（CIP）数据

数字赋能：企业转型与高质量发展研究 / 陈芮，李春艳，杨洲著 . -- 武汉：武汉理工大学出版社，2025.6. -- ISBN 978-7-5629-7447-5

Ⅰ．F272.7

中国国家版本馆 CIP 数据核字第 2025PE4226 号

责任编辑：严　曾
责任校对：尹珊珊　　　　　　　　排　　版：任盼盼
出版发行：武汉理工大学出版社
社　　址：武汉市洪山区珞狮路 122 号
邮　　编：430070
网　　址：http：//www.wutp.com.cn
经　　销：各地新华书店
印　　刷：天津和萱印刷有限公司
开　　本：710×1000　　1/16
印　　张：16
字　　数：268 千字
版　　次：2025 年 6 月第 1 版
印　　次：2025 年 6 月第 1 次印刷
定　　价：96.00 元

前　言

在全球经济深度调整与科技革命浪潮汹涌的背景下，企业正置身于一个充满变数却又蕴含无限机遇的全新商业环境。数字化的迅猛发展，彻底改变了竞争规则，为企业发展开辟了广阔天地。如今，无论是传统制造业巨头，还是新兴的互联网初创企业，都深刻地意识到，数字技术已成为企业转型的核心驱动力。它不仅能够帮助企业优化内部流程、降低运营成本，还能够帮助企业精准洞察市场需求，推动产品与服务的创新升级。

在此背景下，本书《数字赋能：企业转型与高质量发展研究》应运而生，旨在深入探讨数字经济时代企业转型与高质量发展的相关问题，为企业提供理论指导和实践参考。本书第一章从时代背景出发，阐述数字经济的兴起历程、发展脉络，构建其概念框架，剖析其特点及属性，彰显发展数字经济的优势，为后续探讨企业与数字经济的关联奠定基础。第二章聚焦企业转型，基于数字经济探讨企业转型的机理，对比传统企业与数字化企业的差异，引导读者思考企业在数字浪潮下的变革方向。第三章深入数字技术层面，详细阐述大数据、区块链、人工智能、工业物联网如何赋能企业数字化转型，让读者了解技术驱动企业变革的具体路径。第四章转向企业战略管理，先概述战略管理，接着分析数字化转型对企业战略规划的影响，提出企业战略管理的创新路径，阐述战略创新与竞争力提升的关系，强调战略层面的数字化转型。第五章着眼企业营销，剖析市场营销的基础，探讨数字化营销合规策略、营销策略与数字化产业融合以及对营销绩效的影响，突出营销环节的数字化变革。第六章围绕企业供应链金融管理，从理论阐释入手，阐述数字化转型下的运作与路径，构建风险迎审机制，展现供应链管理的数字化转型。第七章聚焦企业财务管理，介绍相关知识，分析数字化转型的必要性，给出路径选择并阐述财务共享中心建设，凸显财务管理的数字化变革。第八章研究企业商业模式创新，分析商业模式的基础，阐述数字化与创新的关系，探讨创新动因与发展方向，体现商业模式在数字经济下的革新。第九章从理论到实践，分析企业高质量发展的理论，阐述数字经济赋能的要素、模式及面临的挑战。第十章通过旅游、制造业、平台型、专精特新中小企业等不同类型企业的案例，展现数字经济赋能的实践成果。第十一章引入新质生产力概念，阐释其内涵与当代价值，分析其对企业高质量发展的影响及着力点。第十二章探讨企业质量治理促进高质量发展的作用、困境与路径，为企业高质量发展提供全面的思考维度。

本书系统地梳理了数字经济与企业转型和高质量发展的相关理论与实践，为企业管理者提供了全面的理论指导和实践参考，助力企业在数字化浪潮中找准方向，实现成功转型与高质量发展，也为学术界提供了丰富的研究素材和新的研究视角，推动相关领域学术研究的深入发展。在此，衷心感谢为本书提供资料、提出宝贵意见的各位同仁。由于数字经济发展迅速，书中内容难免存在不足之处，恳请广大读者批评指正。

目　录

第一章　数字经济的时代内涵

本章从数字经济的兴起与发展切入，深入剖析其概念框架，揭示其特点与属性，并探讨发展数字经济的优势。对数字经济本质的系统梳理可以为我们理解数字经济在企业转型中的作用奠定理论基础，全面把握数字经济的时代脉搏。

第一节　数字经济的兴起与发展

一、数字经济兴起的渊源

（一）技术浪潮的强力推动

在当今信息技术迅猛发展的时代，计算机、通信与互联网技术的不断创新突破，为数字经济的发展奠定了坚实的技术基础。数据的收集、存储、处理与分析变得前所未有的高效、便捷，这一点在诸如线上购物推荐系统和企业市场分析等应用中表现得尤为突出，它们都依赖于强大的数据处理能力。

随着人工智能、大数据、区块链、物联网等新兴技术的相继涌现，数字经济焕发出新的活力。这些技术一方面推动数字产业蓬勃发展，比如互联网企业、软件研发公司等，在这一浪潮中迅速崛起；另一方面，也促进数字技术与传统产业的深度融合，助力传统产业转型升级，从而在激烈的市场竞争中获得新的发展动力。

（二）经济全球化的大势所趋

随着经济全球化进程的加速，各国之间的贸易往来日益频繁，市场竞争也愈发激烈。数字技术为企业提供了新的竞争手段，电子商务的兴起打破了地域限制，使企业能够通过数字营销精准定位客户，从而在全球贸易中提升自身的竞争力，并在国际市场上崭露头角。

为了追求利益的最大化，跨国公司开始在全球范围内配置资源。数字技术帮助这些公司打破信息壁垒，实现全球信息的共享与协同工作。例如，跨国咨询公司通过线上协作平台，使分布在全球各地的团队能够为全球客户提供服务，这不仅提高了管理效率，还有效降低了运营成本。

（三）社会经济结构的深刻变化

随着人们生活水平的提高，消费结构也在不断升级，人们对高品质、个性化产品和服务的需求日益增长。数字技术使企业能够更精准地定位市场，为客户提供个性化服务。例如，服装品牌通过大数据分析消费者喜好，推出定制服务，这种服务因其能够满足消费者对个性化的需求而受到广泛欢迎。

全球经济结构正在经历深刻的变革，传统产业正在向数字化、智能化转型，而新兴产业则不断涌现。数字技术支撑了产业结构的调整，使传统产业实现生产自动化、管理智能化，而新兴产业则通过开拓新市场，创造经济增长点，推动经济结构向高端、智能方向发展，为社会经济的持续健康发展提供新的动力。

二、数字经济的发展历程

萌芽起步阶段（20 世纪 90 年代至 21 世纪初）：20 世纪 90 年代，数字经济概念初现萌芽。在这一阶段，数字技术开始在信息技术产业中得到初步应用，计算机硬件制造、软件研发、互联网服务等领域成为主要的应用阵地。电子商务、在线服务等新兴业态开始出现，尽管早期的电商网站规模小，但已展现出数字技术改变商业交易模式的巨大潜力。

苗壮成长阶段（21 世纪初至 2010 年）：21 世纪初，数字技术取得重大突破，云计算、大数据、人工智能等技术为数字经济的发展提供了强大动力。云计算降低了企业 IT 成本，大数据帮助企业洞察市场，人工智能提升了服务智能化水平，推动了各行业业务模式的创新。数字经济与传统产业的加速融合，使传统产业借助数字技术实现了生产流程的智能化改造、管理模式的创新和市场渠道的拓宽。制造业引入了工业互联网，服务业利用移动互联网拓宽了线上服务范围，产业融合催生了新业态，为经济增长注入了新的活力。

成熟跃升阶段（2010 年至今）：近年来，数字经济在全球普及。各国政府纷纷出台政策支持，数字经济成为全球经济增长的关键引擎。从欧洲的数字战略到亚洲的数字创新举措，数字经济正在改变全球经济格局。数字经济的发展催生了新趋势，数字贸易、数字金融迅速发展，数字社会逐步构建。这些新趋势带来了机遇，也给传统产业和社会治理带来了挑战。

三、数字经济的发展现状

规模稳步扩张：全球数字经济的规模持续增长。2023 年，全球数字经济规模达到 53 万亿美元，占全球 GDP 的比重达到 41.5%。中国数字经济规模达到 53.9 万亿元人民币，占 GDP 的比重达到 39.8%，连续多年位居世界第二。[①]

产业结构持续优化升级：随着数字产业的迅速发展，电子信息制造业规模不断扩大，技术水平也不断提高，在芯片研发等核心技术领域取得新的突破；通信业因 5G 技术迎来新机遇，推动数字经济进入高速互联时代；软件和信息技术服务业保持高速增长，技术创新成果显著，为各行业的数字化转型提供了有力支持。传统产业的数字化转型深入推进，制造业、农业、服务业利用数字技术提升竞争力，数字产业与传统产业深度融合，形成产业新生态，推动产业升级与创新。

创新活力持续释放：全球对数字技术的研发投入增加，人工智能、大数据等技术成果不断涌现，为数字经济的发展提供了技术保障。数字技术的应用推动商业模式和服务创新，电子商务、共享经济等新兴商业模式兴起，数字医疗、数字教育等新兴服务业态蓬勃发展，为民众提供了便捷、个性化的服务。

国际竞争白热化：全球数字经济竞争日益激烈，美国在信息技术先发优势明显，中国在 5G 通信等应用领域发展突出，欧盟在推进数字法规建设方面取得了进展。各国纷纷出台政策抢占数字经济的制高点。中国数字经济取得了显著成绩，但在高端芯片制造等核心技术领域与国际领先水平仍有差距，并面临技术封锁的挑战。不过，中国凭借庞大的国内市场和强大的创新能力，正努力弥补短板，推动数字经济高质量发展。

四、数字经济的发展趋势

技术创新步入快车道：未来，人工智能、大数据等新兴技术将持续取得突破，在自然语言处理、数据处理效率等方面将迈向新台阶。技术融合也将不断深化，人工智能与大数据、云计算与区块链等技术将相互融合，并创造出更多新的应用场景，为数字经济的发展注入强劲动力。

---

① 数据来自中国信通院发布的《中国数字经济发展研究报告（2024 年）》。

产业融合达到新高度：数字产业与传统产业的融合将加深，推动传统产业加快数字化转型。制造业将迈向智能制造，农业将实现精准智慧农业，服务业将创新服务模式。跨产业的融合也将加速推进，催生出智慧农业、数字医疗等新业态，打破产业界限，形成全新的产业生态。

数字贸易迎来黄金时代：数字贸易将快速发展，规模持续扩大，跨境电商等领域将蓬勃发展，为企业提供更多机遇。各国将加强数字贸易政策的支持与监管，构建完善的数字贸易规则体系，推动数字贸易有序开展。

数字社会日益临近：数字基础设施将不断完善，5G 网络覆盖将更广泛，数据中心将更加规模化、绿色化，工业互联网等基础设施不断健全。而 6G 技术的到来，将进一步突破现有通信的局限，以超高速率、超低时延和海量连接的能力，为万物互联提供更坚实的支撑。数字生活方式将全面普及，渗透到购物、教育、医疗等生活的各方面，提高人们的生活质量，推动社会向数字化、智能化方向演进。

第二节　数字经济的概念框架

数字经济在本质上是一种基于数字技术的经济形态，它将数字技术深度融入生产、流通、消费等经济活动的各个环节，引发了经济模式、产业结构和社会生活的深刻变革。数字经济概念的界定需要考虑多个维度。从技术维度来看，数字经济依赖于 ICT 技术[①]、互联网、大数据、人工智能等数字技术的发展和应用；从生产要素维度来看，数字化信息和知识成为关键的生产要素；从经济活动维度来看，数字经济涵盖了数字技术在各个行业的应用以及由此产生的新商业模式和业态。因此，数字经济的概念具有广泛的内涵和外延，是一个综合性的经济概念。

一、数字经济与相关概念的区别和联系

数字经济在发展过程中衍生出了"信息经济""网络经济""知识经济"等概念，剖析它们之间的异同，有助于我们把握数字经济的本质。

---

① ICT 技术：ICT 是信息与通信技术（Information and Communications Technology）的简称，ICT 技术是信息技术与通信技术相融合形成的一个新的技术领域。

信息经济：信息经济主要关注信息的生产、获取、处理和应用。在宏观上，它探究信息作为生产要素的作用；在微观上，它关注信息产业的特性及其对经济增长的贡献。信息经济由 20 世纪 40 年代的信息科学发展驱动，到 50 至 70 年代中期在发达国家经济中占据了重要地位。而数字经济是信息经济的升级版，80、90 年代的互联网技术为其兴起奠定了基础，21 世纪后大数据等新兴技术推动了其快速发展。

网络经济：网络经济是依托互联网发展起来的新型经济模式，它以信息通信技术为核心，通过网络平台实现资源的优化配置和经济活动的高效开展。网络经济具有虚拟性、全球性、即时性和创新性等特点，它极大地降低了交易成本，提高了市场效率，促进了经济的快速发展。电子商务、在线支付、数字内容、共享经济等都是网络经济的重要组成部分。随着互联网技术的不断进步和普及，网络经济在全球范围内得到了广泛应用，成为推动经济增长和社会发展的重要力量。

知识经济：知识经济强调知识作为生产要素在经济增长中的核心作用。它在知识创新、传播和应用方面与数字经济联系紧密，但数字经济更注重数字技术的运用和数据资源的开发，通过数字化手段实现知识的转化和价值创造。

二、数字经济概念框架的要素与意义

（一）数字经济概念框架的构建要素

数字经济概念框架的构建涉及多个要素，这些要素相互关联、相互影响，共同构成了数字经济的概念体系。

数字技术，是数字经济的核心支撑要素。高速、稳定的网络连接确保了信息的快速传输，数据中心为数据的存储和处理提供场所，云计算平台则为企业提供灵活的计算资源。

数字服务和数据是数字经济的关键要素。数字服务涵盖了电子商务、数字金融、在线教育、远程医疗等多个领域，这些服务借助数字技术打破了时空限制，为用户提供了更加便捷和个性化的体验。数据作为数字经济的重要生产要素，蕴含着巨大的价值。通过对数据的分析和应用，企业可以实现精准营销、优化生产流程、创新产品和服务等目标。

生产者和消费者在数字经济中扮演着重要角色。在数字经济时代，生产者和消费者的界限逐渐模糊，消费者不仅是产品和服务的接受者，还可以通过参与内容创作、产品设计等方式成为价值的创造者。企业作为生产者，需要适应数字经济的发展趋势，利用数字技术提升生产效率、创新商业模式，以满足消费者不断变化的需求。同时，消费者对数字产品和服务的需求和偏好也在推动着数字经济的发展，促使企业不断创新和改进。

（二）数字经济概念框架的意义

在理论层面，数字经济概念框架的构建为经济学研究开辟了新的领域和视角。传统经济学理论在解释数字经济现象时存在一定的局限性，而数字经济概念框架的完善有助于填补这一理论空白。它促使经济学家重新审视经济增长、市场结构、产业组织等经典理论，充分考虑数字技术和数据要素对经济运行的影响。例如，在数字经济时代，网络效应、规模经济等经济现象呈现出新的特点，数字经济概念框架为研究这些现象提供了理论基础。

在实践方面，数字经济概念框架为政府制定相关政策提供了重要依据。明确的数字经济概念框架有助于政府准确把握数字经济的发展趋势和规模，制定针对性的产业政策、科技政策和监管政策。政府可以根据数字经济的不同层级定义，对不同类型的数字经济企业进行分类指导和支持，推动数字经济的健康发展。在统计数字经济规模时，统一的概念框架能够确保统计数据的准确性和可比性，为政府决策提供可靠的数据支持。

对于企业而言，数字经济概念框架有助于企业更好地理解自身在数字经济中的定位和发展方向。企业可以根据数字经济的定义和层级划分，判断自己是否属于数字经济企业，以及在数字经济产业链中所处的位置。这有助于企业制定适合自身发展的战略，加大对数字技术的投入和应用，提升数字化转型的能力。

三、数字经济概念的"四新"框架构建

数字经济作为一种新型的经济形态，也遵循经济学的基本规律。发展数字经济，主要任务在于夯实新型基础设施、激活数据新生产要素的价值、壮大新生产力、调节新生产关系。这"四新"既是数字经济的显著特点，也是数字经济的主体构成，还是数字经济的优势所在。

（一）新型基础设施

新型基础设施是发展数字经济的先决条件，是连接物理空间与数字空间的关键载体。数字经济建立在泛在智能连接的基础之上。新型基础设施的连接是全方位的，包括连接设备、机器、数据、人以及产业生态，实现数字经济相关要素的网络化配置、融合化创新、协同化发展。新型基础设施涵盖5G、互联网、物联网、工业互联网等连接设施，以及大数据中心等算力设施，与传统基础设施相比，其显著优势在于网络化、融合化、智能化。新型的基础设施已超越传统钢筋混凝土的范畴，转变为集数据流动与智慧于一体的智能化系统。这种泛在智能型基础设施催生了网络协同效应，汇聚了推动数字经济发展的强大动力。数字经济新型基础设施尽管在形态上有所不同，但是最核心的作用是采集、汇聚、存储、计算、开发数据，全方位支撑数据要素价值的释放。

此外，新型基础设施的共建共享共用的特点还有助于调节和优化新型生产关系。新基建所构建的数字空间，为构建一个更加公平透明、扁平高效、协同共赢的新生产关系提供了有力的支撑。

（二）新生产要素

在数字经济时代，数据正深刻地改变着传统的经济格局与产业发展模式。数据是人们在数字化进程中，通过各类线上活动所产生的。无论是人们在社交媒体上分享生活，还是在网络购物平台上挑选商品，又或是在办公软件中处理工作事务，这些数字化活动都源源不断地产生数据。而且，数据具有独特的非稀缺性特征，这一特性使其彻底突破了传统资源禀赋的限制。

在电子商务平台中，用户的每一次浏览行为都能反映出其潜在的兴趣偏好；每一次搜索关键词都能揭示其当前的需求；每一次购买下单更是明确地指出了消费行为与决策。这些行为所产生的数据被平台精确地收集并持续积累，数据的无限供给特性为地区发展开辟了全新的路径。积极发展如数据分析、软件开发等具备强劲竞争力的产业可以创造出难以估量的巨大经济价值，实现经济的弯道超车与跨越式发展。

（三）新技术动力

技术作为提高生产力的核心驱动力，贯穿了人类经济发展的漫长历程。从远古时期简单工具的制造，到如今复杂精密的高科技体系，技术始终是推动经济社会进步的关键因素。在数字经济时代来临之前，农业经济依靠人力与畜力，生产力发展极为缓慢；工业经济借助机器动力与大规模生产，虽大幅提升了生产效率，但技术更新迭代周期较长。

数字经济时代的来临，彻底重塑了生产力的发展模式。在这个崭新的时代背景下，算力、算法与存储力紧密交织，共同构成了新生产力的核心要素，成为推动经济前行的关键力量。就算力而言，超级计算机的算力不断突破，能够在短时间内完成海量数据的复杂运算，无论是气象预测中对全球气候数据的模拟分析，还是药物研发中对分子结构的复杂计算，都极大地提升了科研工作的效率。在算法方面，机器学习算法能够从海量数据中自动学习模式与规律，在金融领域，算法可精准分析市场趋势，预测投资风险；在推荐系统中，算法则依据用户行为数据，为用户精准推送感兴趣的内容，极大地提升了用户体验与商业转化率。存储力的提升同样意义重大，不仅让企业能够存储海量业务数据，还保障了数据的长期安全与快速读取，如互联网企业存储的用户信息、交易记录等数据，为企业持续发展提供数据支撑。这些要素相互协作，全方位赋能数字经济，从根本上改变了传统生产力的发展路径，开启了经济发展的全新篇章。

（四）新生产关系

生产关系是指人们在物质资料的生产过程中形成的社会关系，是生产方式的社会形式。数字技术不仅提高了劳动生产率，推动了生产力的发展，而且必然深刻地改变经济社会的生产方式，乃至影响世界经济格局。

一是要素共享推动了生产关系的平等化。数据要素的高共享性特点打破了传统模式下生产要素和生产资料被少数人占有的局面。在众多数字消费场景下，消费者同时也是数据生产者；在产业协同方面，数据正在产业上下游企业中共享流通。

二是生态共生推动了生产关系的协同化。数字经济是开放型经济，是生态型经济形态。产业上下游的数字化协同是做强做大"数字经济蛋糕"的关键。技术的跨时空性形成了更广泛的经济活动连接。数字经济与技术融合，共同努力形成了更加平等的协作共赢关系。

三是设施共融推动了生产关系的共赢化。无处不在的信息基础设施、按需服务的云模式和各种商贸、金融等服务平台，降低了参与经济活动的门槛，形成了更多的经济组合，激发了更多的经济业态。数字技术打破了原有劳动形式中时间和空间对劳动者的约束，为劳动者提供了从就业自由度到择业自由度的更多选择，也提高了劳动力资源配置的效率。免费享受服务的消费者其实是在消费的过程中为互联网平台贡献了数据、流量，帮助互联网平台形成网络效应。在这样的场景下，免费的用户既是消费者又是生产者，与平台形成了协作共赢的模式，形成了让第三方最后"买单"的新型生产关系。

第三节　数字经济的特点及属性

一、数字经济的特点

（一）信息数字化

在现代科技飞速发展的时代背景下，数字化显得尤为重要。数字化不仅能对信息进行简单的转换，它还能将复杂多变的信息，如文字、图像、声音等，巧妙地转化为可以精确度量和计算的数字和数据。这一过程将原本抽象、难以捉摸的信息赋予了可量化的形式。这些转化后的数字和数据，支撑起了整个信息系统的运作。[①] 基于这些数据，可以建立起适当的数字化模型，并将其进一步转化为一系列二进制代码，这些代码携带着原始信息的所有特点和属性。

在数字经济时代，数据已经超越了其原始的信息载体角色，成为一种全新的生产要素，其重要性不亚于传统的土地、劳动力和资本。数据不仅记录了过去的交易和行为，更能预测未来的趋势和走向。因此，企业纷纷开始运用数字化手段来优化生产流程、提升管理效率、实现精准营销等。

（二）数据、设备智能化

智能化是数字经济的又一重要特点，其实现依赖于互联网、大数据、物联网、人工智能等技术的协同发展。智能化的核心是算法，作为一系列规则构成的计算机程序，算法是构建智能平台的底层技术要素，广泛应用于电子商务、新闻媒体、交通出行、医疗健康等多个领域。在数字经济中，智能化展现出了其独特的价值和影响力，这种影响力主要体现在两大层面。

---

① 陈晓红，李杨扬，宋丽洁，等．数字经济理论体系与研究展望［J］.管理世界，2022，38（2）：208-224+13-16

第一，智能化通过精妙的算法和深入的数据分析，巧妙地模拟了人类的判断和决策过程。这种模拟不仅提高了经济活动的效率和准确性，更在一定程度上规避了人为因素可能带来的风险和误差。例如，在复杂的金融市场环境中，智能算法凭借其强大的数据处理能力，能够迅速分析海量信息，为投资者提供更具科学性和针对性的投资建议。这不仅有助于提升投资决策的效率与准确性，还能在一定程度上提高投资的回报率与安全性。

第二，智能化还体现在利用先进的智能设备和系统来替代传统的人力进行生产和服务。这种替代不仅降低了人力成本，更在效率和质量上实现了质的飞跃。以零售行业为例。通过智能化的客户数据分析，企业可以更加精准地洞察消费者的需求和偏好，从而为消费者推荐更加符合其需求的产品。这种个性化的推荐系统不仅提高了销售额，更在一定程度上提升了消费者的购物体验，实现了双赢的局面。

（三）服务平台化

平台化是指借助先进的互联网技术，将原本分散、独立的资源和服务进行有机地融合，集成为一个综合性的服务平台。这种模式的出现极大地改变了传统经济模式下的资源配置和服务提供方式，使得用户能够在一个统一的界面上轻松获取到多样化的服务，从而极大地提升了用户体验。

互联网平台作为数字经济时代的关键组织形式，在经济活动中扮演着至关重要的角色。它连接并协调两个或多个不同的用户群体，核心功能是提供这些群体间的有效互动与精准匹配。

平台经济具有显著的跨界网络效应，即平台一侧用户所获得的价值在很大程度上取决于另一侧用户规模的扩大。网络效应使得数字经济在诸多细分领域容易形成规模优势和垄断格局。一些大型互联网平台凭借其庞大的用户基础和强大的网络效应，在市场中占据主导地位，不断拓宽业务领域，对传统产业格局产生深远影响。

在数字经济的大环境下，平台化经营模式已经逐渐成为行业的主流趋势。以电商平台为例。电商平台通过高效的物流体系和支付系统，将各式各样的商品和服务资源进行整合，为消费者打造了一个极为便捷的购物环境。消费者只需轻点鼠标，就能浏览到海量的商品信息，享受到从选购到支付，再到收货的一站式购物体验。这不仅节省了消费者的时间和精力，也大大提高了购物的效率和满意度。

（四）资源共享化

资源共享化，即通过互联网等高科技手段，实现资源的共享与高效利用，旨在最大化提升资源的价值。在数字经济的发展过程中，共享化的特征愈发凸显，数据资源的共享性成为其中的核心要素。数字经济的发展注重数字信息资源的持续拓展，包括数字技术的集成、高效存储、深度分析及便捷交易，旨在挖掘并释放共享时代下数字技术资源所蕴含的新价值。

共享时代要求数字技术与产业深度融合，推动商业模式创新。这种融合趋势不仅是数字经济的重要发展方向，还通过产业的数字化与智能化转型，模糊了传统产业的界限，促进了产业间的开放合作与价值网络的转型升级。例如，共享出行平台通过整合闲置车辆资源，实现了资源的高效利用；共享办公空间为创业者和中小企业提供了灵活的办公解决方案，降低了运营成本。在共享经济模式下，企业和个人可以更便捷地获取和利用所需资源，提高了资源配置效率，为经济发展注入了新活力。

（五）跨界融合

随着数字经济的蓬勃发展，跨界融合成为其突出特点，主要体现在供需边界的消融以及人类社会与网络、物理世界的深度融合。

在供需层面，传统的生产者与消费者界限逐渐模糊，双方都在向"产消者"的身份转变。借助大数据技术，企业能够精准捕捉用户偏好和消费习惯，实现个性化产品的 3D 打印定制，更好地满足市场需求。同时，消费者信息透明度和参与度的提高，促使企业必须革新设计、营销及交付策略，以适应新兴消费模式。

数字技术的飞速发展，使网络空间不再仅仅是物理现实的简单映射，而是成为一个全新的生活维度，极大地拓宽了人类的生存空间。信息物理系统（CPS）[①] 作为融合的关键推动者，集成了环境感知、嵌入式系统、网络通信与控制等先进技术，赋予万物计算、通信、精准控制及远程协作能力，实现了物理与数字世界的无缝对接。此外，人工智能、虚拟现实（VR）、增强现实（AR）等前沿科技的进步，进一步模糊了物理、网络与人类社会的界限，

---

① 信息物理系统（CPS）：全称 Cyber-Physical Systems，通过集成先进的感知、计算、通信、控制等信息技术和自动化技术，实现对物理系统的实时感知、动态控制和信息服务。它强调物理过程与信息空间的紧密交互和深度融合，使物理系统具有更高的智能化、自主性和协同性，从而实现更加高效、精确和可靠的运行。

推动了三者的深度融合，共同塑造了一个互联互通、高度协同的新世界。例如，在智能家居领域，通过 CPS 技术，各种家电设备可以实现互联互通，用户可以通过手机等终端设备远程控制家电，享受智能化生活体验。

二、数字经济的属性

（一）技术属性：数字技术的深度赋能

数字经济的蓬勃发展，离不开数字技术的强有力支撑，展现出鲜明的技术属性。数字技术的快速迭代更新，是这一属性的关键体现。例如，5G 技术的商用正推动着物联网、智能交通、远程医疗等领域蓬勃发展，助力数字经济迈向新高度。

在物联网领域，5G 技术的低延迟、高带宽特性，使得设备之间的连接更加稳定和高效。这不仅让智能家居、智能城市等应用场景成为现实，还为工业物联网提供了强大的技术支持，推动制造业向智能化、自动化方向发展。例如，借助 5G 网络，工厂中的机器设备可以实现实时数据传输和远程控制，大幅提高生产效率和灵活性。

在智能交通领域，5G 支持的车联网技术，让车辆与车辆、车辆与基础设施之间的通信更加顺畅。这不仅提升了交通管理的效率，还为自动驾驶技术的发展提供了坚实的基础。自动驾驶车辆能够通过 5G 网络获取实时路况信息，做出更加精准的驾驶决策，从而提高行车安全性和交通流畅性。

在远程医疗领域，5G 的低延迟特性使远程手术成为可能。医生可以通过 5G 网络实时获取患者的生命体征数据，进行远程诊断和治疗。这不仅打破了地域限制，让偏远地区的患者也能享受到优质的医疗资源，还为医疗行业的数字化转型提供了强大动力。

（二）经济属性：新经济模式的价值创造

数字经济这种全新的经济模式，其价值创造方式独具特色。关键在于数字化信息与知识的运用，以及数字技术与传统产业的深度融合，从而推动生产效率提升、资源配置优化和产品服务创新。

在生产环节，数字经济以生产智能化、自动化为显著特征，不仅降低了成本，还提高了产品质量与效率。工业互联网平台通过设备连接与流程优化，实现了生产过程的实时监控和精准控制，减少了浪费与错误。

在资源配置方面，数字经济利用大数据和人工智能技术，精准匹配供需，提升了资源配置效率。电商平台通过用户数据分析，精准推荐产品，减少了市场信息不对称现象。

更为重要的是，数字经济催生了共享经济、平台经济等新商业模式，为经济发展拓展了空间。共享经济通过整合闲置资源，提升了资源利用效率，创造了新价值；平台经济则连接了不同用户群体，促进了交易的进行，实现了多方共赢。

（三）社会属性：对社会结构和生活的重塑

数字经济具有显著的社会属性，对社会结构和人们的生活产生了深远影响。在社会结构层面，数字经济的发展改变了就业结构和产业结构。随着数字技术在各个领域的广泛应用，一些传统产业岗位逐渐减少，而与数字技术相关的新兴产业岗位则不断涌现。

在数字经济时代，创新能力和技术能力成为重要的竞争力。具有创新精神和数字技能的个人，能够借助互联网平台实现创业和发展，打破了传统社会阶层的限制。

在人们生活方面，数字经济带来了便捷且多样化的生活体验。电子商务的蓬勃发展让人们足不出户就能购买到全球的商品；在线教育和远程医疗的兴起，打破了时空限制，为人们提供了更加便捷的教育和医疗服务；社交媒体的普及，则改变了人们的社交方式和信息获取途径，增强了人与人之间的联系和互动。

（四）生态属性：构建数字经济生态系统

数字经济具有生态属性，其发展形成了一个复杂的数字经济生态系统。这个生态系统包含了各类数字技术企业、传统产业企业、政府机构、科研机构、消费者等多个主体，它们相互依存、相互协作，共同推动着数字经济的发展。

数字技术企业是数字经济生态系统的核心力量，它们不断进行技术创新，为生态系统提供技术支持和解决方案。传统产业企业通过与数字技术的深度融合，能够实现数字化转型，提升自身竞争力，同时也为数字技术企业拓展应用场景和市场空间。政府机构在数字经济生态系统中发挥着政策引导、监管和基础设施建设等重要作用，为数字经济的发展创造了良好的政策环境和基础设施条件。科研机构则为数字经济的发展提供了技术研发和人才培养的支持。

数字经济生态系统具有开放性和动态性。开放性使得不同主体可以自由参与和退出，促进了资源的流动和优化配置；动态性则体现在生态系统能够不断适应技术发展和市场变化，进行自我调整和进化。例如，随着新技术的出现，数字经济生态系统会不断催生出新的商业模式和业态，推动生态系统的升级和发展。

第四节 发展数字经济的优势

一、促进经济全球化与产业结构优化

（一）加速经济全球化进程

以计算机、网络和通信等为代表的现代信息革命孕育了数字经济，其兴起标志着人类社会发展进入新阶段，深度重构了全球经济运行模式，极大地推动了经济全球化进程。

在传统全球化经济的运作模式中，商品和生产要素的跨国流动存在诸多限制，而数字网络的发展突破了这些局限。从时间维度来看，数字技术使信息传递实现即时化，交易决策周期大幅缩短；从空间维度来看，贸易的地理界限被显著缩小。互联网与移动通信技术的广泛应用，极大地降低了信息传递与交易成本。

跨国公司借助先进的数字网络技术，实现了远程管理与协调的高效运作。这种全球化运营模式增强了企业市场竞争力，促进了利润增长。

随着数字经济的发展，信息、商品和生产要素在全球范围内的流动速度加快，推动经济全球化进入新阶段。全球市场一体化程度加深，资源配置效率得到提升，创新与知识在全球的传播速度也大幅提高。这既为发达国家开辟了新的增长路径，也为发展中国家提供了融入全球经济体系、实现跨越式发展的契机。

（二）推动全球产业结构优化

步入数字经济时代，数字网络技术的创新与广泛应用正促使全球产业结构发生深刻变革，使其对知识、技术等"软性要素"的依赖程度不断增加。在这一背景下，知识、技术已逐渐取代传统的资本与劳动力，成为衡量产业结构竞争力的关键指标。

全球经济正迈向以知识为核心驱动力的发展模式，而新一代信息技术的兴起则是这一转变的重要推手。跨国信息通信技术（ICT）企业积极拓展市场版图、进行产品创新，推动经济结构向知识密集型产业转型。各国政府也纷纷加大对信息技术产业的扶持力度，期望借此实现经济增长模式的转变，提升国家竞争力。例如，国务院印发的《"十四五"数字经济发展规划》明确提出，要优化升级数字基础设施，大力推进产业数字化转型，并加快推动数字产业化进程。这一规划从多个方面部署了重点任务，旨在通过数字经济推动生产方式、生活方式和治理方式的深刻变革，成为重组全球要素资源、重塑全球经济结构的关键力量。

传统产业也在积极与信息产业融合，寻求数字化转型之路。计算机技术和数字技术在传统产业中的应用，有效提升了生产效率、降低了运营成本。信息技术的普及和创新更是催生了新兴服务业，计算机和软件服务、互联网信息服务等迅速发展，成为全球经济增长的新动力。这些新兴服务业不仅提高了服务效率和质量，还为消费者提供了更便捷、个性化的服务体验，推动服务业向更高层次价值链迈进。

二、成为经济发展新动能

（一）适应经济新常态发展需求

随着经济规模的显著扩张，人民生活水平得到了极大提升，社会商品供应从匮乏转变为充裕，民众生活实现从基本满足生存需求变为追求更高质量的生活。

在经济总量持续增大的同时，国内外经济环境发生了深刻变迁，中国经济步入了新常态。在此阶段经济增速由高速转向中高速，这一转变是对发展质量与效益的主动聚焦。同时，经济结构也在加速调整，以往过度依赖投资与出口的增长模式逐步向以消费和服务为主导的模式转型。

以家电制造业为例，传统家电企业曾主要依赖大规模出口及固定资产投资，而如今则逐渐转向国内广阔的消费市场。通过工业设计创新，企业推出了智能家电、环保家电等契合消费者个性化需求的产品，并构建安装、维修、保养一站式售后服务体系，有效延伸了产业链，提升了产业附加值。

创新驱动成为中国经济新常态下实现高质量发展的关键动力。近年来，众多科技企业在人工智能、大数据、新能源等战略性新兴领域积极布局并取得了进展。以新能源汽车产业为例，中国培育出了比亚迪、蔚来、小鹏等本土品牌，在电池技术、自动驾驶技术等方面实现了突破。凭借完整的产业链优势，中国已成为全球最大的新能源汽车生产及消费市场。这些创新成果既满足了国内消费升级的需求，还增强了国际市场竞争力，为中国经济的持续增长注入了新动能。

（二）把握信息革命带来的机遇

信息革命以数字化、网络化、智能化为特点，催生了数字经济这一新兴经济形态。数字化工具、生产和产品的广泛应用，推动了各行各业的数字化转型，提升了运营效率，降低了成本，增强了企业竞争力。

平台经济的兴起，如电子商务、在线教育、远程医疗等，不仅创造了新的就业机会，还推动了消费模式转变。智能制造借助工业互联网、机器人技术等，提高了制造业的生产效率和产品质量。全球供应链通过数字化工具的优化，降低了物流成本，提高了贸易效率。

智慧城市建设借助物联网、数据分析等技术手段，显著提升了城市管理的智能化程度，并有效改善了居民的生活质量。在线教育与远程培训的普及，促进了劳动力素质的整体提升；金融科技的进步，提高了金融服务的普及度和效率，推动了金融包容性的提升；信息技术在医疗健康领域的应用，亦提高了医疗服务的质量与可及性。

（三）释放数字经济发展潜能

数字经济在推动社会生产力变革方面潜力巨大，它不仅能释放既有生产力，还能孕育新的生产力。它通过创新技术的应用，如云计算、大数据、人工智能等，极大地提高了生产效率和资源利用率，为各行各业带来了前所未有的发展机遇。

目前我们所见证的变革只是数字经济发展的初步阶段，其信息处理潜能还远未得到充分发掘。随着技术的不断进步，数字经济将在全球经济复苏进程中发挥更重要的核心动力作用，持续推动经济结构的转型升级。因此，各国政府和企业都在积极布局数字化战略，以期在未来的竞争中占据有利地位。数字化转型不仅关乎企业效率和竞争力的提升，更是国家综合实力和创新能力的重要体现。

三、助力国家创新战略实施

（一）契合新发展理念要求

新发展理念是中国经济社会发展的重要指导思想，涵盖创新、协调、绿色、开放、共享五大核心理念。创新是引领发展的第一动力，强调通过技术创新和制度创新推动经济高质量发展；协调注重解决发展不平衡问题，推动区域、城乡、经济社会协调发展；绿色强调可持续发展，倡导人与自然和谐共生，推动经济社会发展全面绿色转型；开放强调国际合作与交流，推动形成全面开放新格局，提升国际竞争力；共享关注社会公平正义，致力于实现全体人民共同富裕。这五大理念相互贯通、相互促进，为实现高质量发展提供了科学指引。在当今时代，数字经济的兴起带来了深远影响，其发展高度契合新发展理念的多维度要求。

创新是数字经济发展的核心驱动力。数字经济通过持续的技术突破和广泛应用，为传统行业注入了新活力，催生了云计算、大数据处理等新兴行业，推动跨界融合，形成了众多新业态和新商业模式。这些创新提升了行业生产效率，降低了运营成本，创造了新的就业机会，激发了市场活力，推动了经济结构转型升级。物联网、区块链、人工智能等前沿数字技术的发展，进一步拓宽了创新边界，为解决社会问题、探索未知领域提供了新工具和新路径。

在协调发展方面，数字经济促进了全球资源的自由流动与优化配置。它打破了信息壁垒，降低了交易成本，增强了城乡之间以及不同区域间的经济联系。通过数字平台，偏远地区居民能够获得与城市居民相似的服务和资源，缩小城乡差距，体现了普惠性。

绿色发展也是数字经济的重要特点。数字化转型使许多传统依赖大量物理资源的活动被线上服务取代，减少了能源消耗和环境污染。同时，数字经济还推动了循环经济与共享经济的发展，提供了资源的再利用和回收，为构建资源节约型、环境友好型社会提供了支撑。

数字经济具有开放性。互联网打破了时空限制，使企业能够进入全球市场，消费者能够获取全球资源，促进了全球贸易和文化交流，加强了不同经济体之间的联系和互动。

此外，数字技术使信息和服务的共享更加便捷，为低收入群体和边缘地区提供了更多经济参与机会。通过电子商务、在线教育等手段，低收入群体和偏远地区的人们能够共享数字经济的红利，推动了社会公平和包容性增长。

（二）深化供给侧结构性改革

供给侧结构性改革是推动经济高质量发展的关键举措，旨在通过优化供给结构，提高供给体系的质量和效率，以满足不断升级的市场需求。在这一过程中，数字经济发挥了重要的支撑作用，为供给侧结构性改革注入了新的动力和活力。

首先，数字经济依托技术创新和模式创新，催生了众多新兴产业和新型业态。云计算、大数据、人工智能等先进技术的应用，加速了传统产业的数字化转型，使生产方式变得更加智能化、高效化。企业能够借助数字技术优化生产流程，降低生产成本，提高产品质量和生产效率，从而更好地满足市场对优质产品和服务的需求。

其次，数字经济打破了信息不对称的壁垒，提高了市场的透明度。通过互联网平台，企业能够更精准地把握市场需求的变化，及时调整生产计划和产品策略。同时，消费者的需求信息也能够更直接地反馈给企业，促进企业产品和服务的创新与升级。这种供需两端的高效对接，有助于减少无效供给，增加有效供给，提高整个社会的资源配置效率。

再次，数字经济促进了产业之间的融合与协同发展。不同产业之间的边界逐渐模糊，形成了跨行业的融合生态。例如，制造业与服务业的融合催生了智能制造、工业互联网等新模式，推动产业向高端化、智能化方向发展。这种融合不仅提升了产业的整体竞争力，还为供给侧结构性改革提供了新的增长点和创新空间。

最后，数字经济推动了创新要素的集聚与共享。数字平台为创新资源的整合和流动提供了便利，使得人才、技术、资金等要素能够更高效地配置到创新领域。企业和科研机构能够更便捷地开展合作，加速科技成果的转化和应用，从而提高供给体系的创新能力和市场竞争力。

（三）激发"大众创业、万众创新"活力

数字经济的发展为"大众创业、万众创新"创造有利条件。借助互联网平台，数字经济提供了低成本的营销策略和客户服务途径，降低了创业门槛。云计算技术和开源软件的普及，使得个人创业者和小型企业能够以较低的成本获取技术支持，减轻了创业初期的资本负担，拓宽了发展路径。

数字技术在多个领域的应用，催生了一系列新兴商业模式和创新服务，为创业者提供了广阔的创新空间。平台经济和共享经济的发展，让创业者能

够高效连接供需双方，实现资源的优化配置和价值的最大化创造。

在线教育和开放课程的兴起，降低了学习成本，使知识的获取更加便捷，为大众创新提供了智力支持。数字技术赋能企业，提升了企业对市场动态的捕捉和适应能力，创业者能够及时调整战略，提高创业项目的成功率。

互联网打破地理界限，让创业者可以接触到全球的潜在客户，扩大了市场范围。数字经济还促进了不同行业间的跨界融合与协同创新，激发了创新思维和解决方案，推动了社会创新进程。许多国家和地区出台的支持数字经济发展的政策，进一步优化了创业创新环境，激发了社会的创新活力。

四、提升社会治理能力与国际竞争力

（一）推动社会治理现代化

数字技术为政府治理提供了新的工具和方法，推动了社会治理模式的创新。在线服务平台的建立，使得公民办理政府服务事项变得更加便捷和高效。

数字化监控与管理系统的应用，让政府能够实时掌握城市基础设施的运行状况，如交通流量、公共安全、环境质量等，实现了高效精准的管理，保障了城市的稳定运行。

数字化治理促进了政府部门之间的信息共享和协作，建立了统一的数据平台，提高了决策的效率和质量，提升了政府工作的透明度和公信力。

此外，数字化治理还为公民参与社会治理提供了更多的渠道，如在线调查、电子投票和社交媒体互动等，增强了公民的参与感，扩大了影响力。但数字经济的发展也带来了数据安全和隐私保护等挑战，我们需要在发展过程中积极应对这些挑战，以确保技术发展与公民权益保护相平衡。

（二）增强国际竞争力

在全球竞争格局中，数字经济已成为重塑国家竞争力格局的核心要素。数字技术的飞速发展为国家推动传统产业转型升级提供了契机，提升了本国产品和服务在全球市场的竞争力。

企业借助大数据分析技术，能够精准把握市场动态，优化产品设计和生产流程，制定出更符合市场需求的策略，加快市场适应速度，从而在激烈的市场竞争中占据优势。社会对数字技能需求的增长，促使教育和培训体系进行深化改革，优化课程设置，强化实践教学，培养学生的创新思维和问题解决能力，全面提升劳动力素质，有力推动产业升级和经济转型。

　　电子商务和在线服务的发展，为企业开拓全球市场提供了广阔舞台。企业通过互联网跨越地理界限，拓宽销售渠道，提升品牌国际影响力，进一步增强了国家在全球贸易中的地位。数字经济还激发了创新和创业热潮，为新兴企业提供了发展机遇，推动了新技术、新产品的涌现，为经济增长创造了新的增长点。

　　综上所述，发展数字经济在推动经济全球化、推动经济发展、助力国家创新战略实施以及提升社会治理能力和国际竞争力等方面具有显著优势。

第二章 数字经济与企业转型思考

本章聚焦数字经济与企业转型的关系，探讨基于数字经济的企业转型机理，分析传统企业与数字化企业的本质区别；通过对转型背景和路径的深入思考，揭示企业在数字经济时代的转型方向与关键问题，为企业转型提供理论指引。

第一节 基于数字经济的企业转型机理

一、企业

企业是指以营利为目的，运用各种生产要素（土地、劳动力、资本、技术和企业家才能等）向市场提供商品或服务，实行自主经营、自负盈亏、独立核算的法人或其他社会经济组织。

（一）企业的特点

1. 组织性

有序组织架构：企业具有明确的组织性，拥有一套有序的组织架构。从高层管理人员到基层员工，各部门、各岗位职责明确，分工协作。这种组织架构确保了企业各项业务活动能够有序开展，从战略制定到具体执行，都有相应的部门和人员负责。例如，大型企业通常设有研发部、生产部、销售部、财务部等多个部门，各部门之间协同工作，共同保障企业的正常运转。

协同工作机制：企业内部建立了协同工作机制。不同部门之间通过信息共享、沟通协调，共同完成企业目标。在项目推进过程中，研发部门负责产品研发，生产部门依据研发成果进行生产，销售部门则负责将产品推向市场，各部门紧密配合，提高企业运营效率。这种组织性使得企业能够整合资源，发挥团队优势，实现高效运作。

2. 营利性

营利为核心目的：企业存在的核心目的之一在于追求利润。利润是企业生存与持续发展的核心动力。只有持续获取利润，企业方能拥有充足的资金来维持日常运营活动，从原材料采购、员工薪酬支付到办公场地租赁等，无一不需要资金支持。同时，利润也是实现未来扩张计划与长期战略目标的重要保障，无论是开拓新市场、研发新产品，还是进行企业并购，都需要雄厚的资金储备作为支撑。

利润衡量经营绩效：利润多少是衡量企业经营绩效的关键指标。在竞争激烈的市场环境中，企业需要不断探寻机会以最大化利润，同时合理管控风险。只有实现长期稳定营利，企业才能在竞争中保持优势，进而实现可持续发展。例如，企业可以通过优化生产流程、降低成本、拓展销售渠道等方式来提高利润水平，从而增强自身竞争力。

3. 自主性

自主经营决策：企业拥有自主经营的权利，可依据市场需求与自身实际情况，独立做出生产经营决策。这包括生产何种产品、确定生产数量、规划生产过程组织方式，以及选择销售渠道、确定产品价格等多个方面。在法律许可的范围内，企业可以自由配置资源，自主组织生产活动，灵活应对市场变化。例如，一家服装制造企业可根据市场流行趋势和自身设计能力，自主决定生产服装的款式、数量，并自主选择线上线下的销售渠道以及定价策略。

灵活应对市场：这种自主性使企业能够迅速对市场变化做出反应。当市场需求出现变动时，企业可及时调整生产计划，改变产品结构；当发现新的市场机会时，企业能够自主决定是否进入新领域，开展新业务。这赋予了企业在市场中灵活应变的能力，有助于企业更好地适应市场环境，提升生存与发展的能力。

4. 风险性

市场波动风险：企业在运营过程中不可避免地会面临诸多风险，市场波动风险是其中之一。市场需求的不确定性、消费者偏好的变化以及竞争对手策略的调整，都可能导致企业产品滞销或服务无人问津。以传统燃油汽车生产企业为例，随着新能源汽车市场的崛起和消费者环保意识的增强，若企业未能及时调整产品结构，就极有可能面临市场份额被蚕食的风险。

技术更新风险：在科技飞速发展的当下，若企业不能紧跟技术发展的步伐，就可能在竞争中落后。在电子行业中，芯片制造技术持续进步，那些未能及时升级设备和工艺的企业，其产品在性能和成本上都将难以与竞争对手抗衡，最终可能会被市场淘汰。

财务稳定性风险：财务稳定性风险是企业必须正视的问题。资金链断裂、债务违约等情况都可能给企业带来毁灭性的打击。例如，企业在扩张过程中过度借贷，一旦市场环境发生变化或经营不善，就可能因无法偿还债务而陷入破产的危机。

同业竞争风险：同业竞争风险是企业需要时刻警惕的。同行间的激烈竞争可能引发价格战、市场份额争夺等。在电商领域中，众多平台为争夺用户，不惜投入大量资金进行补贴和营销，资金实力较弱、运营效率不高的企业很容易在竞争中被淘汰。因此，企业只有充分认识这些风险，并采取有效的应对措施，才能在复杂多变的市场环境中稳健发展。

5. 创新性

创新推动发展：创新是企业发展的重要驱动力。在快速变化的市场环境中，企业通过创新产品、服务或商业模式，能够开拓新的市场空间，满足消费者不断变化的需求。

创新提升竞争力：创新有助于企业提升自身竞争力。创新能够使企业在产品性能、质量、功能等方面超越竞争对手，从而赢得更高的市场份额和利润。同时，创新还能帮助企业降低成本，提高生产效率，进一步增强企业的市场竞争力。企业可以通过研发新技术、采用新的生产工艺等方式实现创新发展。

（二）企业的社会责任

在现代商业环境中，企业不再仅仅追求单一的利润目标，而是逐渐转向更加全面和可持续的发展理念。企业社会责任（CSR）[①]强调企业在生产过程中对人的价值的关注，以及对消费者、环境和社会的积极贡献。这种转变不仅符合时代发展的要求，也为企业带来了长远的利益。

首先，企业对员工的责任是社会责任的重要组成部分。企业应关注员工的福利、职业发展和工作环境，确保员工的权益得到充分保障。通过提供良好的工作条件、合理的薪酬和晋升机会，企业能够激发员工的潜力，提高员

① 企业社会责任（CSR）：是 Corporate Social Responsibility 的简称，是指企业在创造利润、对股东和员工承担法律责任的同时，还要承担对消费者、社区和环境的责任。

工的满意度和忠诚度，从而提升企业的整体竞争力。

其次，企业对消费者的责任同样不可忽视。企业应提供高质量的产品和服务，确保消费者的安全和权益。通过诚信经营、透明的信息披露和优质的售后服务，企业能够赢得消费者的信任和忠诚，从而树立良好的品牌形象和市场声誉。

再次，企业对环境的责任是可持续发展的关键。企业应积极采取环保措施，减少生产过程中的污染和资源浪费，推动绿色生产和循环经济。通过采用清洁能源、优化生产流程和推广环保产品，企业不仅能够降低环境风险，还能够提升自身的社会形象和市场竞争力。

最后，企业对社会的贡献是社会责任的体现。企业应积极参与社会公益活动，支持教育、文化、卫生等社会事业的发展。通过捐赠、志愿服务和社区合作，企业能够为社会创造更多的价值，促进社会的和谐与进步。

二、企业数字化转型

（一）企业数字化转型的内涵式发展阶段

企业数字化转型是指企业利用数字技术，对生产经营的各个环节进行全方位、系统性的变革，旨在实现业务创新、效率提升和价值创造。这一过程涉及企业战略、组织架构、业务流程、技术应用以及企业文化等多个层面，是一项复杂的系统工程。企业数字化转型并非一蹴而就，而是经历了以下不同的发展阶段。

数字化转换阶段：数字化转换是企业数字化转型的初步阶段。在此阶段，企业主要利用数字技术将信息从模拟格式转化为数字格式，实现数据的存储、计算和传输。企业开始引入计算机技术，自动化部分业务流程，如财务记账、文档处理等，从而提高工作效率和数据准确性。但此时的数字化应用相对独立，尚未形成系统的数字化体系。

数字化升级阶段：随着计算机技术和网络技术的不断发展，企业进入数字化升级阶段。在这一时期，企业开始广泛应用企业资源计划（ERP）[①]、客

---

① 企业资源计划（ERP）：全称 Enterprise Resource Planning，是一种集成化的管理信息系统，它以信息技术为基础，将企业内部的各个业务流程，如财务、采购、生产、销售、库存等进行整合和优化，实现资源的有效配置和信息的实时共享，从而提高企业的运营效率和管理水平。

户关系管理（CRM）①等管理软件，实现企业内部业务数据的互联互通和共享，优化业务流程，提升管理水平。同时，企业开始利用互联网进行市场推广和销售，拓宽市场渠道，加快企业的市场适应速度。

数字化转型阶段：当前，企业正处于数字化转型的关键时期。在这一阶段，企业不再满足于业务流程的数字化和信息化，而是更加注重利用数字技术进行业务创新和商业模式变革。通过整合大数据、人工智能、物联网等新兴技术，企业实现生产制造的智能化、供应链的协同化以及服务的个性化。

（二）企业数字化转型的影响因素

企业数字化转型受到多种因素的影响，这些因素相互关联、相互作用，共同决定着企业数字化转型的进程和效果。通过对相关文献的研究以及企业实践的观察，我们可将这些影响因素归纳为以下四个方面。

1.技术因素

技术是企业数字化转型的关键支撑，扮演着至关重要的角色。其核心要点不仅涵盖数字技术的应用水平，还包括技术基础设施的完善程度。例如，人工智能、大数据、物联网等先进数字技术，为企业提供了创新的工具与手段，有效地推动了企业业务模式与管理方式的变革。以人工智能算法为例，企业可以利用它进行客户需求分析，从而更精准地把握市场动态，优化产品和服务；而物联网技术的运用，则实现了设备的互联互通，进而提升了生产效率与管理效能。

此外，完善的技术基础设施是企业数字化转型顺利推进的重要保障。高速稳定的网络连接确保了数据的快速传输，满足了实时业务的需求；而强大的数据处理能力则使企业能够对海量数据进行高效分析与挖掘。如果企业技术应用水平较低或技术基础设施薄弱，那么数字技术的优势将难以充分发挥，严重制约数字化转型的进程。

2.组织因素

组织因素涵盖企业战略、组织架构、企业文化以及高层管理的支持等方面。

---

① 客户关系管理（CRM）：全称 Customer Relationship Management，是一种以客户为中心的管理理念和技术手段，它通过收集、分析和利用客户信息来优化企业与客户之间的互动和沟通，提高客户满意度和忠诚度，从而实现客户价值的最大化和企业的可持续发展。

明确的数字化战略为企业转型指明了方向，企业需根据自身发展目标与市场环境，制定契合实际的数字化战略，规划转型路径与重点任务。例如，传统制造业企业可以制定数字化战略，将智能制造作为转型重点，加大在自动化生产线、工业互联网平台建设方面的投入。

合理的组织架构有助于打破部门壁垒，促进信息流通与协同合作。传统企业组织架构多为层级式，信息传递慢、协同效率低，而数字化转型要求构建更灵活、扁平化的组织架构，使各部门能快速适应市场变化，高效协作。如互联网企业多采用项目小组制，围绕业务项目组建跨部门团队，提升创新与执行效率。

创新、开放的企业文化能够激发员工的积极性和创造力，为数字化转型营造良好氛围。在数字化时代，员工需要不断学习新知识、新技能，适应新的工作方式。企业文化鼓励创新、包容失败，员工更愿意尝试新技术、新方法，推动企业的数字化创新。

高层管理的支持和推动是数字化转型成功的重要保障，高层管理者凭借其决策权力与资源调配能力，为转型提供必要资源与决策支持。例如，高层批准数字化转型预算，推动关键项目落地实施，协调各部门工作，确保转型顺利进行。

3. 环境因素

环境因素包括行业数字化水平、政策支持以及合作伙伴关系等多个方面。

当企业所处行业的数字化水平较高时，企业在转型过程中能够借鉴更多经验，利用更多资源，但同时也会面临更大的竞争压力，这促使企业不得不加快数字化转型的步伐。以金融行业为例，互联网金融的兴起促使传统金融机构加速数字化转型，借鉴互联网金融的创新模式与技术应用，以提升自身竞争力。

政策支持对企业数字化转型来说至关重要。政府出台的相关政策，如财政补贴、税收优惠、技术支持等，能够降低企业转型的成本，为企业提供良好的政策环境。例如，政府对新能源汽车企业的补贴政策，激励企业在智能网联技术研发、生产制造数字化等方面加大投入，从而加速产业的数字化转型。

此外，良好的合作伙伴关系有助于企业整合各方资源，实现优势互补，共同推动数字化转型的进程。企业与供应商、客户、科研机构等建立合作关系，共享技术、数据、市场等资源。

4. 资源因素

资源因素主要涉及数据资源和人力资源。

数据作为数字经济时代的关键生产要素，其质量和数量直接影响企业数字化转型的效果。企业需要具备数据收集、分析和应用的能力，以便将数据转化为有价值的信息，为决策提供支持。例如，电商企业通过分析用户购买数据，能够精准推送商品，提高销售转化率；制造企业则可以利用生产数据优化生产流程，降低成本。

人力资源是企业数字化转型的核心资源，既懂数字技术又懂业务的复合型人才是推动转型的关键。因此，企业需要加强人才培养和引进工作，建立一支高素质的数字化人才队伍，为转型提供人力保障。企业可以通过内部培训提升员工的数字技能，同时从外部引进大数据分析师、人工智能工程师等专业人才，进一步壮大数字化人才队伍。

企业数字化转型由多种变量共同驱动，其中价值共创、合作伙伴关系、政策支持、高层管理和数字战略等核心变量协同推进企业的数字化转型，确保企业在转型过程中能够有效整合资源，提升竞争力，实现可持续发展。这一实证研究为企业数字化转型影响因素的研究提供了量化依据，也为企业实践提供了参考。

综上所述，企业数字化转型是一个复杂的系统工程，涉及技术、组织、环境、资源等多方面因素，这些因素相互交织、相互影响。在推进数字化转型过程中，企业需全面考虑这些因素，制定科学合理的转型策略，充分发挥各因素的积极作用，克服不利因素。只有这样，企业才能顺利实现数字化转型，提升企业竞争力，在数字化时代实现可持续发展。企业应根据自身实际情况，在技术上不断升级，在组织上持续优化，积极利用有利的环境因素，整合资源，打造适应数字化时代的企业发展新模式。

三、基于数字经济的企业转型内在机理

数字经济的发展为企业转型提供了强大动力，其内在机理在多个维度得以彰显，主要休现在对企业生产效率、创新模式、产业整合、人员结构以及客商匹配度等方面的影响。

（一）提升生产效率

在数字经济的推动下，企业借助互联网共享经济的模式，极大地提高了

资源的共享和信息的同步传递能力，从而优化了企业的供求关系。数字化转型不仅有效地降低了企业的沟通和交易成本，还显著增强了信息处理能力，进而极大地提高了企业的运营效率和信息捕捉的能力。例如，企业可以利用数字化的大数据平台，精准地划分客户群体，根据消费者的偏好开展针对性的营销活动，实现服务的线上线下无缝衔接，从而提升客户满意度和市场竞争力，形成完整的商业闭环，进一步推动数字化转型的深入发展。同时，数字化转型还为企业和客户搭建了一个便捷的线上沟通平台，大大降低了沟通成本，减少了对实体店面的依赖，进一步提高了运营效率。

（二）推动创新模式

数字化转型促使企业落实全新的发展模式，实现线上线下无缝融合，充分挖掘行业潜在价值。数字技术助力企业高效整合各方资源，打破时间和空间的限制，使营销活动更加灵活多样，提升参与度和互动性。借助互联网平台，线上展会的推广和监控效果与传统线下展会相当，企业还能利用大数据分析和实时监控技术，精准把握参会者需求，制定精准的营销策略，扩大覆盖范围和影响力。云平台、VR 和三维全景体验等技术的应用，使得展览、直播和在线交易成为可能，形成了完整的产业闭环，为展会创造了更多商业机会和收益渠道。信息技术还实现了精准客户管理和市场分析，优化了运营流程，降低了企业运营成本，推动了行业创新和可持续发展。

（三）推动产业整合发展

数字经济推动了企业的整合发展，对传统营销模式进行了深刻的变革。数字化技术使企业打破了时空限制，实现线上和线下的无缝融合，不仅提高了展览活动的灵活性，还为企业提供了更多资源整合的机会。互联网平台和虚拟技术，如云平台、VR 和三维全景体验等，支持展览、直播和在线交易，扩大了会展活动的覆盖范围和影响力。通过大数据分析和实时监控技术的应用，企业能够精准了解市场需求和参会者行为，从而制定出更有效的营销策略。此外，数字经济还促使企业之间加强了合作，实现了资源共享，形成了协同发展的生态系统，提高了产业运营效率，推动了行业创新和可持续发展，为企业开拓了新的市场空间和商业机会。

（四）优化人员结构

数字经济对企业的人员结构优化产生了深远影响。在传统模式下，人员配置和管理存在信息不对称、资源浪费等问题。而数字化转型为企业带来了新的解决方案。通过引入人工智能、大数据和自动化系统等先进技术手段，企业能够更高效地配置和管理人力资源。例如，人工智能可用于智能招聘和人员培训，大数据分析能为企业提供精准的人力资源规划，自动化系统能简化管理流程。这些技术的应用提高了人力资源的利用效率，使企业能够更灵活地应对市场变化和客户需求。同时，数字化转型还促进了人才的跨界融合和多元化发展，为产业培养出了既懂技术又懂业务的复合型人才，进一步提升了产业的竞争力和创新能力。

（五）精细化客商匹配度

在数字经济背景下，精细化客商匹配度成为会展等产业提高服务质量和客户满意度的重要手段。传统营销模式，客户和商家的匹配依靠人工经验和主观判断，存在效率低下和匹配度不高的问题。而数字化转型使企业能够借助大数据和人工智能技术，对客户和商家进行精准画像和深入需求分析。大数据技术能够整合和分析海量客户行为和偏好数据，人工智能算法依据这些数据进行智能匹配，为客户推荐最合适的商家和产品。这种精细化的匹配方式提升了客户的参与体验和满意度，增强了商家销售效果和市场竞争力。线上沟通平台和虚拟展览技术的应用，使得客户和商家能够轻松便捷地进行互动和交易，提升了匹配效率和效果，解决了传统面对面谈判交易的地域与时间限制，实现了客户需求和商家供给的精准对接，推动了产业的高质量发展。

第二节 传统企业与数字化企业的区别

在当今数字化浪潮席卷全球的时代背景下，传统企业与数字化企业在经济体系中呈现出截然不同的发展面貌。[①] 深入探究二者的区别，对于企业明确自身定位、制定合理的发展战略以及把握未来发展方向具有至关重要的意义。

---

① 马小琪. 数字化企业竞争情报服务价值共创行为研究 [D]. 保定：河北大学，2024：1.

一、对传统企业的基本认识

传统经济以物质有形资本的制造工业为基础，具有典型的资本密集型特点。在这种经济模式下，企业的生产高度依赖大量的物质资本投入，如厂房、设备、原材料等。

传统企业强调生产者主权，在生产决策过程中，生产者占据主导地位。企业往往依据自身对市场的判断来决定生产的产品类型、数量以及价格，较少顾及消费者的个性化需求。在这种理念下，企业对服务的认知也相对狭隘，通常将服务视为产品销售的附属部分，而非核心业务的一环。

在生产力平台方面，传统企业的生产过程相对固定，生产方式较为单一。随着社会发展，数字化技术和互联网引发了新科技浪潮，社会生产发生了巨大变革，传统企业的生产过程面临诸多挑战。例如，数字化技术使供应链得到延长，企业需要与更多的供应商和合作伙伴进行协作，但传统企业在信息沟通和协同方面相对滞后，难以适应这种变化。同时，单一的生产过程日益受到挤压，要求企业提高生产效率，但传统的生产模式和管理方式制约了效率的提升。在服务方面，传统企业难以满足个性化服务需求，产品与服务的融合程度较低，内容与形式的分离也不够彻底，导致在市场竞争中逐渐处于不利地位。

从生产关系角度来看，传统企业非常重视所有权。为了确保生产的稳定性和原材料的供应，企业往往会设法获取垂直供应链。许多大型汽车公司不仅拥有自己的汽车生产厂，还涉足铁矿开采等上游产业，试图控制汽车生产的各个环节。在传统以资本为主导的体制下，这种做法在一定程度上有助于资本的集聚和集中，具有一定的合理性。然而，当重工业利润下滑时，庞大的垂直供应链反而成为企业的负担，增加了企业的运营成本和管理难度。

在管理模式上，传统企业多采用金字塔式的层级管理结构。在这种结构下，决策层与基层之间层级繁多，信息传递效率低下，决策过程时间长。基层员工往往只能被动执行上级的决策，缺乏自主决策权和创新积极性，难以迅速适应市场变化。

在市场竞争中，传统企业受地理位置的限制较大。企业的市场范围通常局限于特定的地理区域，难以跨越地域界限拓展业务。同时，传统企业在获取信息方面相对艰难，获取信息的成本较高，这使得企业在市场开拓、广告宣传和客户支持等方面面临诸多挑战。

二、数字化企业的内涵分析

数字化企业建立在网络经济基础之上，以无形资本生产为核心，属于知识密集型企业。其发展高度依赖技术、知识和信息等无形资本。例如互联网企业通过研发先进的算法、构建庞大的数据库以及提供创新的服务模式，来实现价值创造。

在生产力平台方面，数字化技术为企业带来了诸多优势。数字化的价值创造需要技术与传统或其他功能相结合，这种定制化生产模式不仅满足了客户的个性化需求，还提高了生产效率和资源利用率。同时，数字化技术系统性地降低了交易成本。企业可以通过互联网获取海量信息，以往因交易费用高昂而难以获取的信息，如今获取成本大幅降低，这为大规模网络经济的发展创造了良好条件，加速了市场开拓、广告宣传和客户支持等进程。例如，企业可以利用社交媒体平台进行广告宣传，精准定位目标客户群体，提高广告效果，同时降低广告成本。

在生产关系方面，数字化企业更加注重核心竞争力和客户需求。企业会将非核心业务外包，集中资源发展核心业务，并加强与合作伙伴的协作，形成网络战略联盟。这种合作模式使企业能够充分利用外部资源，快速适应市场变化，提升竞争力。例如，许多互联网企业与供应商、物流企业等建立紧密的合作关系，共同打造高效的供应链体系。

数字化企业的管理结构呈现扁平化特点，决策层与基层之间的层级关系简单化。企业借助网络技术实现信息的快速传递和共享，使管理层能够快速将决策权交给直接与客户打交道的员工，提高决策的效率和准确性。同时，网络化组织的活力建立在网络各个节点的交流之上，企业鼓励员工之间的沟通与协作，提供知识共享和创新。

数字化企业擅长利用数字技术深入挖掘客户需求，通过建立客户数据库，分析客户的消费行为规律和个人偏好，为客户提供个性化服务。例如，西方兴起的数据挖掘技术被广泛应用于数字化企业，企业通过对客户数据的分析，能够提前预测客户需求，提供个性化的产品推荐和服务，从而与客户建立起亲密、不断发展的客户关系模式。

在市场竞争中，数字化企业打破了时空限制，能够面向全球客户开展业务，拥有广泛的全球客户资源。但与此同时，也面临着全球范围内的激烈竞争。

三、传统企业与数字化企业的区别表现

（一）与生产力平台相关的战略区别

技术进步是社会发展的重要驱动力，社会发展过程可视为社会生产的"迂回生产"，生产过程的复杂化是生产力发展的体现。数字化技术和互联网引发的新科技浪潮，给人类社会带来了一系列变革。在生产力平台方面，传统企业与数字化企业存在显著差异。

数字化技术延长了供应链，压缩了单一生产过程，促进了服务中介的细分和服务个性化的发展，推动了产品与服务的融合以及内容与形式的分离。传统企业在应对这些变化时面临诸多困难，而数字化企业则能够更好地适应并利用这些变化。例如，在服务个性化方面，数字化企业凭借大数据分析和人工智能技术，能够精准把握消费者需求，提供定制化服务；而传统企业由于缺乏相应的技术和数据支持，难以实现服务的个性化。

数字化复制是数字化企业的重要优势。在数字经济时代，多媒体信息可转化为数字编码，通过数字化设备进行复制，成本几乎可以忽略不计，且复制质量较高。相比之下，传统经济和模拟技术下的复制成本高昂，且每次复制质量都会下降。这使得数字化企业在内容传播和产品推广方面具有更大的优势。

数字化技术还带来了交易成本的系统性降低，为大规模网络经济的发展创造了有利条件。传统企业在获取信息方面成本较高，限制了市场开拓和业务发展；而数字化企业则能够利用互联网快速获取信息，加速市场开拓、广告宣传和客户支持等进程。在传统经济中，地理位置仍然对传统企业的发展起着重要作用，其受地域限制较大；数字化企业虽然打破了时空限制，但也面临着全球范围内的激烈竞争。

（二）与生产关系相关的战略区别

随着互联网和数字化技术的广泛应用，传统企业和数字化企业在生产关系方面的差异愈发显著。

传统企业注重所有权，通过获取垂直供应链来保障生产，当行业利润下滑时，垂直供应链可能会成为负担。数字化企业则聚焦于核心竞争力和客户需求，放弃部分外包业务，加强与合作伙伴的协作，形成网络战略联盟。例如，传统零售企业为了确保商品供应，可能会投资自建仓库和物流体系；而

数字化零售企业则更倾向于与专业的物流供应商合作，将精力集中在提升用户体验和优化线上平台上。

数字化技术还改变了企业的管理结构。在数字化企业中，决策层与基层之间的层级关系被简化，管理层将决策权交给直接与客户打交道的员工或客户，依托网络平台提升决策效率和市场适应速度。而传统企业的层级管理结构限制了信息传递和决策速度，难以适应快速变化的市场环境。

在客户关系方面，数字化企业借助数字技术全面追踪用户需求，围绕客户需求提供产品和服务，与客户建立起新型关系。例如，电商平台通过分析用户的购买行为和偏好，为用户提供个性化的推荐和服务，从而增强用户黏性；而传统企业则较难实现对客户需求的精准把握和个性化服务。

不过，数字化企业的大规模定制服务虽然能够满足消费者的个性化需求，但也存在一定的风险。如果产品未能满足客户需求，可能会导致客户流失；而传统企业的标准化生产虽然难以满足个性化需求，但在产品质量控制和成本控制方面具有一定的优势。

（三）融合战略方面的区别

在互联网的浪潮下，传统企业和数字化企业在融合战略上也呈现出了不同的特点。

在传统经济中，产品在软件或硬件载体的选择上较为单一。在数字经济时代，软件与硬件的界限逐渐模糊，内容供应商既可以在硬件载体上取得成功，也能通过提供内容服务获得更高收益。数字化企业能够充分利用这一趋势，实现软硬件的融合发展，创造出新的价值链。

数字化企业积极推动软件与软件、硬件与硬件的融合，在金融、网络和实体产业等领域不断探索创新。例如，金融科技企业通过将金融服务与互联网技术深度融合，推出了移动支付、数字货币等创新产品和服务；而传统金融企业在数字化转型过程中，虽然也在尝试融合，但由于体制和技术等方面的限制，融合速度相对较慢。

面对融合的大趋势，传统企业往往需要对原有的业务模式和组织结构进行大规模的调整，转型难度较大；而数字化企业则凭借其灵活的运营模式和先进的技术优势，能够更快地适应融合趋势，抓住发展机遇。

综上所述，传统企业与数字化企业在生产力平台、生产关系以及融合战略等方面存在显著区别。随着数字经济的不断发展，传统企业必须积极进行数字化转型，借鉴数字化企业的成功经验，不断提升自身竞争力；而数字化企业则要不断创新，保持领先地位。只有这样，企业才能在激烈的市场竞争中立于不败之地，实现可持续发展。

第三章　数字技术赋能企业数字化转型

本章围绕大数据、区块链、人工智能和工业物联网等关键技术，探讨它们在企业数字化转型中的具体应用与作用机制；通过分析各技术的优势与应用场景，揭示数字技术如何助力企业提升效率、创新模式，稳步迈向数字化时代。

第一节　大数据驱动企业数字化转型

一、大数据概述

大数据是指规模庞大、类型多样、生成速度快且具有高度价值的数据集合。

（一）大数据的特征

多样性：在当今的大数据时代，数据来源极为广泛，包括但不限于社交媒体平台、日志文件、事务数据以及机器生成的数据等。这些数据的格式也丰富多样，既有结构化的数据，也有非结构化的数据。随着物联网技术的飞速发展，越来越多的设备被连接到互联网上，如智能家居设备、穿戴式设备等，它们不断拓宽着数据的来源，从而能够更全面地展现现实世界的多维度信息。

海量性：随着信息技术的不断进步，数据量呈现出爆炸式的增长，且这种增长是指数级的。传统的存储技术已经难以满足这种数据量级的需求，因此，分布式存储技术应运而生。它通过将数据分散存储在不同的节点上，不仅提高了数据的可靠性与可用性，还增强了读写性能。然而，随之而来的挑战是如何进行有效的数据管理与维护，以确保数据的准确性和完整性。

快速性：在大数据的处理过程中，处理速度至关重要，因为大数据的价值往往与时间紧密相关。云计算和边缘计算等前沿技术，通过分布式计算和并行处理的方式，极大地提高了从海量数据中快速提取有用信息的能力，为企业的决策过程和创新活动提供了有力支持。

深度性与广度性：通过对大数据进行深度分析，企业可以发现其中隐藏的规律和趋势，这为多个领域提供了有力的数据支持。大数据的应用范围广泛，不仅在商业领域大放异彩，还广泛应用于政府管理、科学研究、教育等多个领域。例如，企业可以通过大数据分析把握市场动态，政府可以利用大数据制定更加科学合理的政策，科研人员则可以借助大数据探索新的研究方法。

实时性与动态性：数据是实时变化的，这就要求企业能够实时捕捉并处理这些数据。例如，在智能交通系统中，实时分析交通流量并据此调整信号灯的设置可以优化交通状况。数据的动态性要求企业不断更新和优化处理分析方法，而这需要灵活且高效的工具。

（二）大数据的作用

1. 助力企业分析

大数据帮助企业深入挖掘潜在的市场机会与细分市场。通过借助大数据技术对海量的消费者行为数据、市场趋势数据以及行业动态数据进行细致入微的分析，企业能够精准洞察消费者尚未被满足的需求，进而创新性地提出产品概念。例如，通过对消费者在电商平台上的浏览记录、购买偏好、评价反馈等信息进行分析，企业可以深入了解消费者的需求特点，从而开展精准营销活动，将合适的产品在合适的时间推送给合适的消费者，极大地提升营销效果。同时，大数据的运用还能显著提高数据的准确性和及时性，使企业在产品研发过程中能够基于更精准的数据作出决策，有效缩短研发周期，提高企业的创新能力和决策水平，进而降低企业在经营过程中面临的各类风险。

2. 提升决策能力

大数据在各行各业的决策过程中扮演着至关重要的角色，它助力各行业突破传统决策的束缚，作出更准确、更具前瞻性的决策。基于大数据的决策模式，能够显著提高信息的完整性，使决策者获得更全面、更深入的信息。同时，大数据决策融入了先进的数据分析技术和算法，大大提升了决策技术的知识含量，有助于催生出一系列重大的解决方案。例如，在金融行业，通过对大量金融交易数据、市场风险数据以及宏观经济数据的分析，金融机构可以更准确地评估风险，制定出合理的投资策略；在制造业，企业利用大数据分析生产过程中的各类数据，可以优化生产流程，提高生产效率。此外，构建完善的数据资源体系，能够为领导层提供有力的决策支持，实现从海量数据到有价值知识的高效转化。

3. 提供个性化服务

大数据在个人生活中最显著的应用之一是提供个性化医疗服务。借助可穿戴设备、医疗传感器等仪器收集的个人生理数据，如心率、血压、血糖等，大数据技术能够实时监控个人身体状况。一旦发现数据异常，系统会及时发出预警，并依据大数据分析结果，为个人提供专业的治疗建议。例如，对于患有慢性疾病的患者，大数据可以根据其长期的健康数据，制订个性化的治疗方案，包括药物使用剂量的调整、生活方式的改善建议等，从而实现精准医疗，提升治疗效果，改善患者的生活质量。

4. 推动智慧和谐社会建设

"智慧城市"建设作为现代社会发展的重要方向，离不开大数据的强力支撑。在智能安防领域，通过对城市监控视频数据、人口流动数据等进行分析能够实现对城市安全态势的实时监测，及时发现潜在的安全威胁并采取相应的应对措施，保障城市居民的生命财产安全；在交通领域，大数据可以收集和分析大量的交通流量数据、出行时间数据以及车辆行驶轨迹数据，从而准确预测出行规律，优化交通信号灯时长，规划合理的交通路线，有效缓解城市交通拥堵状况；在医疗领域，大数据助力远程诊疗的开展，使患者能够享受到更便捷的医疗服务，同时也为医疗研发提供丰富的数据资源，推动医学研究的深入发展，提升医疗服务的整体水平。

（三）大数据的技术架构

数据采集：作为大数据处理流程的起始步骤，数据采集涉及从多种渠道获取数据，这些渠道包括但不限于传感器、社交媒体平台、企业内部系统等。为了确保所采集数据的完整性和准确性，数据采集技术涵盖了传感器技术、数据抽取工具、日志收集系统等多种技术手段。这些技术手段不仅能够有效地收集数据，还能够对数据进行初步的筛选和整理，从而确保数据的质量。

数据存储：在大数据背景下，传统的存储技术已无法满足需求，因此必须采用新型的存储技术。例如，分布式文件系统、数据库管理系统、数据仓库等。分布式文件系统能够应对海量数据的存储需求，支持数据的并行访问和处理，极大地提高了数据处理的效率。数据库管理系统则专注于对结构化数据的高效存储和管理，确保数据的快速检索和更新。而数据仓库则扮演着历史数据整合和分析的角色，它能够帮助企业从历史数据中提取有价值的信息，为决策提供支持。

数据处理：数据采集和存储完成后，数据处理成为大数据分析的关键环节。数据处理包括数据清洗、数据转换、数据分析和数据挖掘等步骤。数据清洗的目的是去除数据中的噪声和错误，保证数据的质量和可用性。数据转换则涉及将不同格式的数据进行统一化处理，便于后续的分析。数据分析利用各种算法和工具对数据进行深入的解读，揭示数据背后隐藏的模式和趋势。数据挖掘则更进一步，通过复杂的算法从大量数据中发现潜在的模式和规律，为决策提供科学依据。

数据应用：大数据的终极目标是将在分析和挖掘过程中获得的有价值信息转化为实际应用，为企业在进行决策、制定市场营销策略和风险管理等多方面提供助力。例如，企业可以通过分析客户数据，深入理解客户需求和行为模式，从而提供更加个性化的产品和服务，提高客户的满意度和忠诚度。在金融领域，通过对市场数据的深入分析，金融机构能够预测市场趋势，制定出更为精准的投资策略，有效降低投资风险，提高投资回报。

二、大数据驱动企业数字化转型的意义

在当今数字化时代，大数据已成为企业发展的核心驱动力之一，对企业数字化转型具有深远的意义，主要体现在以下几个方面。

（一）提高决策科学性

全面信息支持：大数据为企业决策提供了前所未有的全面信息支持。企业可以收集和分析来自内部各个部门（如生产、销售、财务）以及外部环境（如市场动态、竞争对手行为、行业趋势）的海量数据。这些数据涵盖结构化数据（如财务报表中的数字）、非结构化数据（如社交媒体文本、图像）和半结构化数据（如 XML、JSON 格式的数据），使企业能够全面了解自身的运营状况、市场竞争态势以及行业发展趋势。

深入数据分析：借助先进的数据分析技术和工具，企业能够对这些海量数据进行深入挖掘和分析，发现数据中隐藏的模式、趋势和关系。例如，通过对销售数据的分析，企业可以了解不同产品在不同地区、不同时间段的销售情况，以及客户的购买行为和偏好，为企业的产品定价、市场推广和销售策略的制定提供科学依据。

精准决策制定：基于大数据的分析结果，企业能够制定出更加精准、科学的决策。这些决策不再基于主观猜测或经验判断，而是基于客观的数据事实。例如，企业可以利于大数据进行市场需求预测和客户偏好分析，精准地制订产品研发计划、生产计划和销售计划，避免盲目生产和销售，降低库存成本和市场风险。

（二）优化运营管理效率

精细化生产管理：在生产环节，大数据助力企业实现精细化生产管理。通过对生产设备数据、生产过程数据和质量检测数据的实时采集和分析，企业能够及时发现生产过程中的问题和隐患，进而优化生产流程，提高生产效率和产品质量。例如，企业可以利用大数据分析预测设备故障，提前安排维护和更换，避免生产中断；同时，通过对生产过程数据的分析，企业还可以优化生产工艺，提高产品的合格率和稳定性。

智能化供应链管理：大数据在供应链管理中也发挥着重要作用。通过对供应链上下游企业的数据进行采集和分析，企业能够实现供应链的透明化和智能化管理。例如，企业可以实时监控原材料库存水平、生产进度和物流运输情况，及时调整生产计划和采购计划，确保供应链的顺畅运行；同时，通过对供应链数据的分析，企业能够优化供应商选择和管理，降低采购成本，提高供应链的竞争力。

（三）促进创新能力发展

产品创新驱动：通过对市场数据、客户需求数据和竞争对手数据的分析，企业可以发现市场空白和未被满足的客户需求领域，从而推动产品创新。例如，企业可以利用大数据分析发现消费者对智能健康设备的需求日益增长，进而研发出具有智能监测功能的健康设备，满足消费者的需求。

商业模式创新：大数据还可以推动企业的商业模式创新。通过对大数据的分析，企业可以发现新的商业机会和盈利模式，优化业务流程和价值创造方式。例如，企业可以利用大数据分析实现共享经济、平台经济等新型商业模式，提高企业的盈利能力和市场竞争力。

技术创新支持：大数据技术的发展也为企业的技术创新提供支持。企业可以利用大数据技术对内部的数据进行分析和挖掘，发现技术研发、生产制造、供应链管理等方面存在的问题和瓶颈，从而推动技术创新和改进。例如，企业可以利用大数据分析优化生产工艺，提高生产效率；同时，还可以利用大数据技术实现智能化生产和智能制造，提高企业的生产水平和竞争力。

三、大数据驱动的企业数字化转型流程

大数据驱动的企业数字化转型是一项复杂的系统工程，涉及多个环节和流程。以下是其主要的流程。

（一）项目启动与规划

确定转型目标：企业首先需明确数字化转型的目标，即通过数字化技术的应用，实现哪些业务优化和创新。这些目标应与企业的战略方向一致，并且能够为企业带来实际的价值，如提高生产效率、降低成本、提升客户满意度或开拓新的市场机会等。

组建转型团队：成立专门的数字化转型团队，负责项目的实施和推进工作。团队成员应来自企业的各个部门，包括信息技术、业务运营、市场营销、数据分析等，以确保转型项目能够全面、有效地推进。

制订转型计划：根据转型目标和企业的实际情况，制订详细的转型计划。转型计划应该包括项目的时间表、预算、资源分配、风险评估和应对措施等，以确保项目能够按时、按质完成。

（二）数据收集与整理

在数字化转型的过程中，首先需要确定数据需求，这一步骤至关重要。明确数字化转型所需的数据类型和范围，包括内部数据，如企业的生产、销售、财务数据等，这些都是企业运营的核心数据。同时，外部数据也是不可或缺的，如市场行情、竞争对手数据等，这些数据有助于企业了解外部环境，为决策提供参考。

接下来是通过各种渠道收集数据。企业可以利用自身的信息系统，通过传感器实时监测获取数据，也可以从社交媒体上或者通过市场调研来收集第一手资料。在收集数据的过程中，必须确保数据的准确性、完整性和及时性，这是保证数据分析有效性的基础。

数据收集完毕后，对收集到的数据进行整理和清洗，去除重复、错误和无效的数据，确保数据的质量。此外，对数据进行分类、编码和标准化处理也是必要的，这有助于保障后续的数据分析和应用的有效性，使数据更好地服务于企业的数字化转型战略。

（三）数据分析与挖掘

选择分析工具：在进行数据分析与挖掘的过程中，首先需要根据数据的特性以及分析的具体需求，精心挑选出适合的数据分析工具和技术。这些工具和技术包括但不限于大数据分析平台，它们能够处理海量的数据集；如数据挖掘算法，用于从数据中提取有价值的信息；统计分析软件，它们提供丰富的统计分析功能，帮助企业更好地理解数据等。

建立分析模型：在选择了合适的数据分析工具和技术之后，接下来的步骤是根据企业的具体业务目标和问题，构建相应的分析模型。这些模型可能包括市场趋势分析模型，用于预测市场的发展方向；客户行为分析模型，旨在理解客户的购买习惯和偏好；供应链优化模型，提高供应链的效率，降低成本。通过这些模型，企业能够更精准地把握业务动态，优化决策过程。

进行数据分析与挖掘：在有了适当的分析工具和模型之后，下一步就是运用这些工具和模型对已经整理和清洗过的数据进行深入的分析和挖掘工作。这一过程的目的是发现数据中隐藏的模式、趋势和内在关系。通过这些分析结果，企业能够洞察数据背后的信息，为决策提供有力的数据支持，最终帮助企业解决实际的业务问题，增强业务性能，提高竞争力。

（四）数字化技术实施

技术选型与架构设计：根据数据分析的结果和企业的业务需求，选择适合的数字化技术和架构，如云计算、大数据、人工智能、物联网等，并设计相应的数字化技术架构，确保各个技术系统之间的兼容性和协同工作能力。

系统开发与集成：根据技术选型和架构设计，进行系统开发和集成工作。开发数字化应用系统，如企业资源计划（ERP）、客户关系管理（CRM）、供应链管理（SCM）等系统，并将这些系统与企业的现有信息系统进行集成，实现数据的共享和交互。

技术测试与优化：在系统开发和集成完成后，进行技术测试和优化工作。对系统进行功能测试、性能测试、安全测试等，以确保系统的稳定性、可靠性和安全性。根据测试结果，对系统进行优化和改进，增强系统的性能，提升用户体验。

（五）业务流程优化与创新

流程梳理与评估：对企业现有业务流程进行梳理和评估，找出存在的问题和瓶颈。从效率、成本、质量和客户满意度等方面分析业务流程的表现，确定需要优化和创新的环节。

流程优化与再造：根据流程梳理和评估的结果，对业务流程进行优化和再造。运用数字化技术手段实现业务流程的自动化和智能化分析，提高业务流程的效率和质量。同时，优化业务流程的组织结构和职责分工，确保流程运行顺畅。

业务创新与拓展：在业务流程优化的基础上，结合数据分析和市场需求，进行业务创新和拓展。探索新的业务模式、产品服务和市场机会，为企业创造新的价值。例如，企业可以利用大数据技术开展精准营销、个性化定制等业务创新活动。

（六）转型效果评估与持续改进

制定评估指标：根据转型目标和业务需求，制定具体的评估指标，如生产效率提升指标、成本降低指标、客户满意度提升指标等。

数据收集与分析：收集和分析与评估指标相关的数据，如业务数据、财务数据、客户反馈数据等。通过数据分析，企业能够评估数字化转型的效果，了解转型项目是否达到了预期的目标。

效果评估与反馈：根据数据分析的结果，对数字化转型的效果进行评估和反馈。总结转型项目的成功经验和不足之处，为后续的转型工作提供参考和借鉴。同时，根据评估结果制定持续改进的措施，不断优化和完善数字化转型的过程。

四、大数据技术在企业管理中的应用

在当今数字化时代，大数据技术已广泛渗透到企业管理的各个领域，涵盖战略决策、运营优化、客户管理以及风险管控等方面。这些应用不仅极大地提高了企业的管理效率和决策的科学性，还为企业在激烈的市场竞争中提供了强有力的支持，帮助企业更好地应对各种挑战，实现可持续发展。

（一）战略决策

大数据技术通过全面收集和分析企业内外部的数据，为管理者提供更加全面、及时和准确的信息支持。企业可以借助大数据分析工具，深入分析市场趋势、消费者行为以及竞争对手动态等关键因素，从而制定出更具科学性的战略决策。例如，通过分析消费者行为数据，企业能够精准把握消费者的需求和偏好，进而有针对性地调整产品策略和市场定位，有效提升市场竞争力。

此外，大数据技术还可以帮助企业进行市场预测和趋势分析。通过对历史数据和实时数据的综合分析，企业可以预测市场的发展趋势，提前布局，抢占市场先机。例如，在智能手机行业，企业可以通过分析市场数据、技术发展趋势等，预测消费者对新技术、新功能的需求，从而提前投入研发，推出符合市场需求的产品，获得竞争优势。

（二）客户管理

大数据技术在客户管理方面具有重要作用。它能够帮助企业更好地了解客户的需求和行为，从而提供个性化的服务和产品，进而提升客户满意度和忠诚度。通过对客户数据的深入分析，企业能够绘制出客户画像，实现精准营销。以金融企业为例，通过分析客户的交易记录、资产状况、消费行为等数据，企业可以为客户提供个性化的金融产品推荐和定制化的服务方案，提高客户满意度和忠诚度。

在电商领域，大数据技术的应用更为广泛。电商企业利用大数据分析用户的浏览历史、购买行为等数据，建立起推荐系统，为用户推荐符合其兴趣和需求的商品，进而提高销售转化率。例如，当用户浏览电商平台时，系统会根据用户的浏览历史和购买记录，推荐相关商品和优惠活动，激发用户的购买意愿。同时，企业还借助大数据技术优化客户服务，提高客户服务质量，进而增强客户体验。

（三）风险管控

大数据技术在风险管控方面具有广泛的应用，能够帮助企业有效预测和应对各种风险。通过对历史数据的深入分析，企业可以预测潜在风险，并据此制定相应的风险应对措施。以金融机构为例，金融机构利用大数据分析进行信用风险评估，防范金融诈骗。通过对客户的信用记录、交易行为等数据进行分析，金融机构可以准确评估客户的信用风险，制定合理的信贷政策，降低不良贷款率。

在市场风险方面，企业可以借助大数据技术实时监控市场动态，预测市场风险，并及时调整投资策略。例如，投资公司通过分析宏观经济数据、行业数据等，能够预测市场走势，合理配置资产，降低投资风险。此外，企业还可以利用大数据技术对操作风险进行实时监控和预警，提高风险管理能力。

例如，通过分析员工的操作行为数据，企业可以及时发现异常操作，有效防范操作风险，确保企业的正常运营。

五、大数据驱动企业数字化转型的路径

（一）供应链管理优化

1. 库存管理精准化

实时监控与预警：借助大数据技术，企业能够实时监控库存水平。通过传感器、物联网等技术手段，企业能够对库存物品的数量、位置、状态等信息进行实时采集和跟踪。当库存水平低于安全阈值或出现异常波动时，系统会自动发出预警，提醒企业及时进行补货或调整生产计划。

销售趋势预测：利用大数据分析工具，企业可以对历史销售数据、市场需求数据、行业趋势数据等进行深入分析，预测未来的销售趋势。基于这些预测，企业可以合理调整库存结构，避免库存积压和缺货。例如，通过分析季节性销售数据，企业可以提前储备相应的商品，满足市场需求；同时，通过分析市场需求的变化趋势，企业可以及时调整产品结构，推出新产品。

库存决策优化：基于实时监控和销售趋势预测的数据，企业可以制定更加科学合理的库存决策。通过优化库存模型，企业可以精确计算库存成本、补货周期、安全库存等参数，实现库存的精细化管理。此外，企业还可以通过与供应商建立紧密的合作关系，实现供应链的协同管理，提高库存管理的效率和准确性。

2. 供应链透明化与追踪能力提升

物联网技术应用：物联网技术为供应链透明化提供了技术支持。通过在供应链各个环节部署物联网设备，如传感器、射频识别标签等，企业可以实现对货物的实时跟踪和监控。这些设备可以采集货物的位置、温度、湿度等信息，并通过网络传输到数据中心进行分析。

全供应链可视化：利用大数据技术，企业可以对供应链各个环节的数据进行整合和分析，实现全供应链的可视化。通过可视化平台，企业可以实时了解货物的运输状态、库存情况、生产进度等信息，及时发现问题和风险，并采取相应的措施解决。同时，全供应链可视化促进了企业内部各个部门之间的信息共享和协同工作，提高了供应链的整体效率。

（二）市场营销精准化

1. 消费者行为分析

数据收集与整合：企业需要收集和整合来自多个渠道的消费者数据，如线上购物平台、社交媒体、线下门店等。这些数据包括消费者的基本信息、购买行为、浏览记录、搜索关键词、评价反馈等。通过全面的数据收集和整合，企业可以构建详尽的消费者画像，深入了解消费者的需求、偏好和行为习惯等。

行为分析与洞察：利用大数据分析工具，企业可以对消费者行为数据进行深入分析，挖掘出消费者行为背后的潜在规律和趋势。例如，通过分析购买行为数据，企业可以探究消费者的购买决策过程、购买动机和购买偏好等；同时，通过分析浏览记录和搜索关键词，企业可以把握消费者的兴趣爱好、关注焦点等。

个性化营销推荐：基于消费者行为分析的结果，企业可以为消费者提供个性化的营销推荐。通过精准的推荐算法，企业可以根据消费者的需求、偏好和行为历史，为消费者推荐符合他们兴趣的产品和服务。例如，电商平台可以根据消费者的浏览和购买记录，为消费者推荐相关的商品；同时，线下门店可以根据消费者的喜好和需求，为消费者提供个性化的服务和优惠活动。

2. 精准营销与动态调整

目标消费者精准识别：大数据技术使企业能够精准识别目标消费者群体。通过分析消费者的人口统计学特征、消费行为特征、兴趣爱好等信息，企业可以将消费者细分为不同的群体，并针对每个细分群体制定个性化的营销策略。例如，企业可以根据消费者的年龄、性别、职业等特征，划分群体，并推出符合他们需求的产品和服务。

个性化推荐与营销：在精准识别目标消费者群体的基础上，企业可以通过个性化推荐和营销活动，提升营销效果。例如，电商平台可以根据消费者的浏览记录和购买行为，为消费者提供个性化的商品推荐列表；同时，企业还可以通过电子邮件、短信、社交媒体等渠道，向消费者发送个性化的营销信息，如促销活动、新品推荐等。

营销效果动态调整：大数据驱动的市场营销不仅需要实现精准营销，还需要根据营销效果进行动态调整。企业需要实时监测营销活动的数据指标，如点击率、转化率、销售额等，并根据监测结果及时调整营销策略。例如，如果某一营销活动的点击率和转化率较低，企业可以及时调整营销策略，优化营销内容和方式，以提升营销效果。

（三）产品设计与开发创新

1. 市场趋势预测与设计创新支持

市场趋势分析：企业需要密切关注市场动态和行业趋势，及时了解市场需求的变化和发展方向。通过收集和分析市场数据、行业报告、竞争对手信息等，企业可以对市场趋势进行准确预测和深入分析。例如，企业可以通过分析市场调研数据，了解消费者对产品功能、外观、性能等方面的需求变化；同时，通过分析行业趋势，企业可以洞悉行业的发展方向和技术创新趋势，为产品设计和开发提供创新支持。

设计创新引导：基于市场趋势分析的结果，企业可以将市场需求和趋势融入产品设计和开发的创新理念中。通过创新设计，企业可以推出符合市场需求的新产品，提高产品的竞争力。例如，企业可以在产品设计中融入新的技术、功能、材料等元素，打造出具有差异化竞争优势的产品。

用户参与创新：在产品设计和开发过程中，企业可以充分利用大数据技术，积极促进用户参与创新。通过收集用户的反馈，企业可以更好地了解用户的需求和期望，从而优化产品设计和开发流程。例如，企业可以通过开展用户调研、用户测试等活动，广泛收集用户的反馈，并根据用户的意见及时调整产品设计和开发方案。

2. 快速响应市场需求

信息处理与决策支持：大数据技术使企业能够迅速处理和分析海量市场信息，为企业的决策提供支持。通过实时采集和分析市场数据、客户需求数据等，企业可以即时掌握市场动态和客户需求变化，迅速作出决策调整。例如，企业可以通过分析市场数据，及时调整产品策略、价格策略、营销策略等，以适应市场变化。

敏捷开发与迭代：为满足快速响应市场需求的要求，企业需要采用敏捷开发和迭代的方式进行产品设计和开发。敏捷开发是一种快速、灵活的开发模式，它强调团队协作、快速反馈和迭代优化。通过敏捷开发，企业可以迅速推出产品原型，并根据用户的反馈及时进行调整和优化，从而提升产品的质量和用户体验。

供应链协同响应：产品设计和开发的快速响应不仅需要企业内部各个部

门的协同合作，还需要供应链上下游企业的协同响应。企业需要与供应商、经销商、物流服务商等合作伙伴建立紧密的合作关系，实现供应链的协同响应。通过实时共享信息和数据，企业可以与供应链合作伙伴共同优化供应链流程，提高供应链的响应速度和整体运营效率。通过协同规划、协同采购、协同生产和协同物流等方式，企业可以与供应链合作伙伴实现信息共享、风险共担和利益共赢，这种紧密的合作关系不仅可以提高供应链的响应速度，还可以降低运营成本，提高市场竞争力。

（四）客户关系管理提升

1.客户反馈与满意度分析

（1）多渠道数据收集

企业应建立全方位的客户反馈渠道，除了传统的电话、邮件和在线客服外，还应充分利用社交媒体、在线调查问卷和客户投诉平台等新兴渠道。例如，通过社交媒体平台，企业可以实时收集客户对产品和服务的评价和意见，及时了解客户的需求和关注点。

同时，对收集到的客户数据进行整合和分类，确保数据的完整性和准确性，将客户反馈分为产品质量、服务质量、价格合理性等不同方面，以便进行深入分析。

（2）量化分析满意度

通过运用先进的数据分析工具，企业可以对客户反馈数据进行深入的量化处理。首先，企业会设定一系列关键指标，如满意度评分、积极反馈率以及消极反馈率等。这些指标能够帮助企业从不同维度评估客户对企业产品和服务的满意度水平。其次，企业会建立一个全面的客户满意度模型，基于这些量化数据，深入分析客户满意度与企业业务指标之间的内在联系和相互影响。通过这种分析，企业能够更准确地理解客户需求，从而有针对性地优化产品和服务，提升客户体验，最终实现业务增长。

2.客户服务智能化与个性化

（1）智能客服系统

企业借助人工智能和机器学习技术，成功研发了智能客服系统。这套系统具备自动回答客户常见问题的能力，能够提供及时的解决方案，从而显著提高客户服务的效率和准确性。

同时，智能客服系统通过深入学习和分析客户历史咨询数据，不断优化其回答内容和方式，以提供更加个性化、精准的服务。这种持续的自我改进机制确保系统能够适应不断变化的客户需求，从而在提升客户满意度的同时，也进一步增强了企业的市场竞争力。

（2）个性化服务推荐

通过深入挖掘和分析大数据，企业可以详细地了解客户的购买历史、浏览行为以及个人偏好。基于这些信息，企业能够为客户提供高度个性化的产品和服务推荐。例如，通过分析客户的购买记录，企业可以向他们推荐一系列相关的产品组合或提供升级服务，以满足他们潜在的需求和兴趣。

此外，企业还致力于建立精细化的客户细分模型，这个模型基于客户的不同特征和需求来设计。对于高价值的客户，企业会提供专属的客服服务团队，并设立优先处理通道，确保他们享受最优质的服务体验；对于新客户，企业会提供入门指导和培训服务，帮助他们更快地熟悉企业的产品和服务，从而提高他们的满意度和忠诚度。

（五）企业组织架构调整与创新

1. 组织架构优化

基于大数据驱动的数字化转型需求，企业应重新审视并优化组织架构，打破部门之间的壁垒，加强部门之间的协同合作。例如，企业可以建立跨部门的项目团队，负责数字化转型项目的实施和推进，促进不同部门之间的信息共享和业务协同。

同时，企业要明确各部门的职责和权限，避免职能重叠和职责不清的问题；通过流程优化和信息化建设，提升部门之间的工作效率和协同效果。

2. 创新组织模式

敏捷组织架构：企业应采用敏捷组织架构，以提高企业的响应速度和创新能力。敏捷组织强调团队的灵活性和自主性，使企业能够快速适应市场变化和客户需求。

企业应建立扁平化的组织架构，减少管理层级，缩短决策流程。通过授权和赋能，企业可以让基层员工快速作出决策，从而提高运营效率。

平台化组织模式：企业应构建平台化的组织模式，促进内部资源的共享和协同。通过建立内部的共享平台，企业可以整合技术、人才和数据等资源，提高资源利用效率。

同时，加强与外部伙伴的合作，形成开放的创新生态系统。企业可以通过与供应商、客户和合作伙伴建立紧密的合作关系，共同研发新产品和创新服务，拓展市场空间。

（六）企业文化重塑与数字化价值观培育

数据驱动文化培育：企业应培育数据驱动的企业文化，使全体员工深刻认识到数据的重要性。鼓励员工在日常工作中积极收集、分析和利用数据，以数据为依据做出明智的决策。同时，强调创新和变革的重要性，鼓励员工勇于尝试新的方法和技术，不断推动企业的数字化转型和创新发展，以适应不断变化的市场环境。

价值观培训：企业应开展全面的数字化价值观培训，让员工深入理解数字化转型的目标和深远意义，从而认同并内化企业的数字化价值观。培训内容可以广泛涵盖数据分析能力、数字化技术应用、创新思维和团队合作等多个方面。树立数字化转型的榜样和分享成功案例可以激励员工积极参与数字化转型工作，营造积极向上的数字化氛围，共同推动企业向着更加高效、智能的方向发展。

第二节　区块链技术与企业数字化转型

一、区块链技术概述

区块链提供了一种创新的方式来处理数据所有权和流动问题。凭借其独有的分散账本和加密技术，区块链确保了数据的完整性和透明度。

（一）区块链技术的特点

1.去中心化

在区块链网络中，不存在传统意义上的中心节点，所有节点都处于同等地位，拥有相同的权利与职责。这意味着数据的交换与处理不再依赖某个中心化的机构或平台，从而极大地提高了数据的可靠性与安全性。由于没有中心化的控制点，单个节点的故障或恶意行为不会对整个网络造成毁灭性影响。例如，在去中心化的金融系统中，交易双方可以直接进行交易，无需通过银行等中介机构，这不仅降低了交易成本，还提高了交易效率。同时，去中心化的特性也使得数据更加难以被篡改或控制，因为任何试图篡改数据的行为都需要同时控制网络中的大多数节点，这在实际操作中几乎是不可能实现的。

2. 不可篡改性

区块链中的数据一旦被记录下，就几乎无法被篡改。每个区块都包含前一个区块的哈希值，形成了一种链式结构。哈希值是通过特定算法生成的固定长度的字符串，具有唯一性和不可逆性的特点。当一个区块被创建时，其哈希值会被计算出来，并存储在下一个区块中。如果有人试图篡改某个区块中的数据，那么该区块的哈希值将会发生变化，进而导致后续所有区块的哈希值都发生改变。

由于区块链网络中的所有节点都保存着完整的账本副本，任何不一致之处都会被迅速发现。例如，在供应链管理中，一旦商品的信息被记录在区块链上，就无法被篡改，这确保了商品的真实性和可追溯性。这种不可篡改的特性为数据的安全性和可信度提供了强有力的保障，使得区块链在金融、医疗、版权保护等领域具有广泛的应用前景。

3. 可追溯性

整个区块链构成了一个完整的历史记录链条，通过该链条，用户能够清晰追溯数据的起源及其变更过程。例如，在食品供应链中，消费者可以利用区块链技术追溯食品从生产、加工、运输到销售的每一个环节，从而确保食品的安全和质量。在金融交易中，监管机构可以借助区块链技术追溯每一笔交易的流向，有效防止洗钱等非法活动。这种可追溯性不仅提高了数据的透明度，还增强了用户对系统的信任度。同时，可追溯性也为监管和审计提供了便利，使监管机构能够更加有效地监管市场行为，维护市场秩序。

（二）区块链在数字经济中的作用

1. 数据流通与确权

区块链技术确保信息一旦被存储，几乎无法被更改，这极大地维护了数据的原创性，有助于版权识别。再者，点对点的数据传输去除了中心化中介的需求，降低了交换成本，提高了效率。实现自动运作的智能合约更是简化了数据交换环节。数据本应自由流动，分布式账簿技术保证了数据的完善性与连贯性，每个区块都有前一个区块的哈希值，形成一条连续的链。未经授权的数据更改都会被网络中的其他节点发现。

区块链建立了一个去中心化的信任机制，使得不同的参与方可以在没有中央权威机构的情况下进行交易和数据共享，这种机制降低了交易的信任成本。在多个机构之间，区块链可以作为一个共享的数据平台，促进不同机构之间的数据流通和协作，同时确保数据的安全性和合规性。在知识产权保护方面，区块链可以用于知识产权的确权和交易，为创意作品提供不可篡改的所有权记录，保护创作者的权益。在供应链管理中，区块链可以记录产品的来源和流通过程，提高供应链的透明度，确保数据的准确性和可靠性。

2. 降低交易成本，提升效率

区块链技术凭借其去中心化和点对点交易的特性，显著降低了交易成本并提升了效率。在传统的交易模式中，银行和清算中心等中介机构扮演着不可或缺的角色，它们负责确保交易的安全和合规性，但同时也增加了额外的时间和金钱成本。区块链技术允许参与者直接进行交易，消除了对中介的依赖，从而减少了交易过程中的中介成本，使交易可以更快速、更经济地完成。这种直接的交易方式不仅加快了交易速度，还降低了因中介操作失误或欺诈行为所带来的风险。

智能合约的应用进一步提高了区块链的效率。这些自动执行的合约减少了传统合同执行过程中的监督和执行成本，同时降低了因人工错误或欺诈行为导致的风险。在供应链管理领域，区块链技术提高了每个环节的透明度和追踪能力，减少了伪造和盗窃的风险，从而降低了成本。它允许供应链中的每个参与者实时访问产品从生产到交付的整个过程的信息，减少了错误和延误，提高了效率。

在跨境支付和汇款方面，区块链技术可以减少货币兑换和结算的时间和成本，使这些交易几乎可以实时完成，同时降低了交易费用。这对于全球贸易和个人汇款来说是一个巨大的优势，因为它不仅加快了资金的流动速度，还减少了交易的复杂性。此外，区块链技术还可以用于追踪和验证资产的所有权和来源，这对于昂贵的商品如艺术品、奢侈品等尤为重要，有效减少了欺诈行为，降低了保险和验证成本。

3. 推动新业态发展和产业升级

区块链技术凭借其独特的优势正有力推动新业态的发展和产业的升级。它通过降低生产和交易成本，提升了全要素生产率，推动了经济增长。作为一种新的制度与协调方式，区块链为经济社会发展提供了可供选择的解决方案，深化了企业对区块链应用和未来发展的思考。在新基建领域，区块链产业基金围绕提升全产业链条供给能力和加速多行业、多场景应用落地进行投资布局，聚焦新业态发展，通过支持区块链技术的研发项目，推动技术在性能、安全、隐私保护等方面取得突破，提升整体水平和竞争力。

技术创新与应用拓展是区块链发展的另一大特点。区块链技术不断进行创新和改进，致力于解决可扩展性、性能问题和能源消耗等挑战。新的共识机制、数据结构和加密算法不断涌现并被应用，同时，隐私保护、零知识证明、侧链和分片等技术也将与区块链技术相结合，为区块链提供了更多的功能和应用场景。在产业数字化转型方面，区块链技术的应用有助于优化数据资源配置，推动实体经济向智能化、数字化方向转型，提高信息资源的利用效率，解决信息共享不充分的问题。

二、区块链技术在企业数字化转型中的优势

（一）筑牢数据安全防线

随着企业业务的不断拓展和数据量的爆炸式增长，数据泄露和篡改的风险也日益增加。区块链技术凭借加密算法和共识机制，为企业提供了高度安全的数据存储和传输保障。

加密算法确保了数据在存储和传输过程中的机密性和完整性，只有经过授权的用户才能访问和修改数据。

共识机制则保障了数据的一致性和不可篡改性，任何对数据的篡改都会被网络中的其他节点检测到并拒绝。例如，在金融行业中，区块链技术能够有效保护客户的账户信息和交易记录，防范黑客攻击和数据泄露，确保金融交易的安全。

（二）助力成本优化取得新突破

区块链技术的应用不仅可以提高企业的运营效率，还可以显著降低企业的交易成本和管理成本。通过去中心化的数据管理和交换机制，企业可以减少对中间机构的依赖，从而降低交易手续费和数据管理成本。例如，在金融领域，区块链技术可以用于实现跨境支付和证券交易的去中介化，降低银行和证券公司的交易手续费。

在供应链管理方面，区块链技术可以优化库存管理和物流配送，降低库存成本和物流费用。此外，区块链技术还可以通过智能合约实现业务流程的

自动化，减少人工干预，降低人力成本和错误率。例如，在保险行业中，智能合约可以自动处理理赔流程，根据预设的条件自动赔付，提高理赔效率，降低运营成本。

（三）构建信任基石新高度

在商业活动中，信任俨然是企业间合作与交易稳固开展的基石。企业的商业往来，无论是产品的供应、服务的交付，还是资本的融通，皆深深依赖彼此间的信任关系。

区块链技术的横空出世，为企业间信任机制的强化提供了崭新路径与有力手段。凭借区块链技术的分布式账本、加密算法以及共识机制等特性，企业能够实现交易数据的实时共享与验证，从而确保数据的真实性与完整性。

以供应链金融领域为例，区块链技术发挥着关键作用。核心企业与供应商之间，通过区块链技术搭建起数据共享与信用传递的桥梁。核心企业的信用可以通过区块链平台顺畅地传递至供应商，使供应商能够基于此获得更为优惠的融资条件，有效降低融资成本。这不仅优化了供应链金融的运作模式，更为供应商的资金周转与业务拓展提供了坚实保障。

在物联网应用场景中，区块链技术同样展现出重要价值。在设备身份验证环节，区块链能够精准验证设备的身份合法性，有效防止非法设备接入系统。同时，在数据安全传输方面，区块链技术可确保设备间数据在传输过程中的安全性与不可篡改性，实现设备之间的互信与协同工作，显著提升物联网系统的可靠性与安全性。

（四）催生创新发展新活力

区块链技术作为数字化时代的关键驱动力，为企业发展注入了全新活力，催生出众多创新的商业模式与机遇。其核心优势在于去中心化特性，借助这一特性，企业能够搭建起更为公平、高效的应用平台，彻底重塑业务流程，打破传统模式的束缚。

以共享经济领域为例。区块链技术构建的去中心化共享平台极大地优化了资源配置与共享方式。在传统共享经济模式中，平台中心化管理往往导致交易成本高、信任机制脆弱。而区块链技术通过智能合约和分布式账本，实现了交易的自动化与可追溯，大幅降低了交易成本，提高了资源利用效率，为用户带来了更卓越的使用体验。在数字版权保护方面，区块链技术同样发挥着不可替代的作用。它能精确记录和管理数字作品的版权信息，利用时间戳和加密算法确保版权归属的明确与不可篡改。创作者的权益得到了有效保障，版权自动授权和收益分配机制的实现，让创作者能够更加专注于创作，激发了整个行业的创新活力。

此外，区块链技术与人工智能、物联网、大数据等新兴技术的融合，为企业数字化创新与业务升级提供了无限可能。人工智能基于区块链提供的安全数据进行深度学习，挖掘出更有价值的信息；物联网设备借助区块链实现数据的安全交互与共享，构建起智能化的生态体系；大数据与区块链相结合，提升了数据的可信度和分析价值。这些技术的协同作用，推动企业在数字化浪潮中不断创新发展，拓宽了更为广阔的市场空间。

三、区块链技术在企业数字化转型中的对策

（一）提升企业对区块链应用的认知

深化理解：企业应积极加深对区块链技术的理解，明确区块链技术不局限于比特币，而是具有广泛的应用前景。区块链技术的核心在于分布式账本、加密算法和共识机制，这些技术可以广泛应用于多个领域，如金融、供应链管理、物联网、医疗保健等。企业应投入精力研究区块链技术的原理和应用，通过与科研机构合作，建立专门的研发部门，将区块链更好地融入企业运营中，推动数字化转型。

政策支持：政府应出台相关政策和法规，加大对区块链技术的支持力度，提供资金支持和政策优惠，降低企业应用区块链技术的风险。例如，政府可以设立专项基金，支持企业开展区块链技术的研发和应用项目。同时，组织专家团队为企业提供区块链技术的培训和指导，提高企业对区块链应用的认知。通过政策引导，企业可以更好地了解区块链技术的优势和应用场景，加快其在数字化转型中的应用。

（二）加强区块链专业人才的培养

加大投资力度：区块链技术的应用需要大量的专业人才，包括技术开发、应用设计和管理等方面的人才。政府可以通过税收优惠、奖励机制等激励企业积极引入、更新和升级区块链系统，同时加大对区块链高端人才的引进力度。例如，政府可以提供户籍、医疗、创业和资金等全方位支持，吸引更多人才投身区块链领域，助力企业数字化转型。

构建开放型体系：以企业为主体，市场需求为导向，引导国内外领先的研发机构、创业企业、团队及互联网企业参与区块链的理论研究、应用开发、场景应用及教育培训。这一过程可以孵化出技术过硬、产品出色的企业，并培养出一批创新能力强的实用型区块链技术人才。例如，企业可以与高校和科研机构合作，共同设立区块链技术实验室和培训中心，开展区块链技术的研究和人才培养工作。

（三）加快区块链核心技术的突破

技术研发：企业需加大区块链技术研发力度，致力于攻克区块链领域的核心技术难题，有效解决共性技术问题，扫除区块链技术漏洞。例如，企业可借助量子密钥分发技术进行突破，利用光子的量子属性进行密钥分配，并通过物理学领域的随机性解决传统算力弊端，为区块链各节点分发新的随机密钥，从而增强区块链的安全性。

技术应用：企业应结合近年来发生的区块链安全事件，分析典型案例，并针对区块链 P2P 网络[①]的安全漏洞进行技术攻关。例如，建立相邻节点间的信任机制，对具有较大流量的节点身份进行验证等，确保节点可信度，防止数据被不法分子恶意盗取，泄露企业商业机密。

（四）完善区块链安全监管体系

企业应当致力于完善区块链监管体系，通过深入研究和借鉴现有法律条款，弥补自身在区块链监管领域可能存在的不足和漏洞。同时，企业还应当积极组建专业的侦查团队，围绕区块链技术及其相关的资金犯罪活动，部署先进的数字监控平台。这样的措施将有助于企业对区块链技术实施更为严格和有效的监管。举例来说，企业可以主动与监管机构展开合作，共同建立全面的区块链监管框架，并在此基础上制定一系列相关的规章制度。这些规章制度的目的是确保区块链系统的合法合规运行，从而保障整个系统的安全性和可靠性。

考虑到区块链技术的跨国性质，企业行政部门需要与国际上的相关机构进行合作，共同制定监管行为准则。这一准则将有助于协同打击跨国区块链

---

① P2P 网络：即对等网络（Peer-to-Peer Network，P2P），各个节点之间直接进行通信和资源共享，而不需要通过中央服务器来进行协调和管理的网络。每个节点既可以作为客户端请求资源，也可以作为服务器提供资源，节点之间的地位是平等的。

违法犯罪行为，确保全球范围内的区块链活动都在法律框架内进行。此外，企业还应当加快区块链标准体系的建设，这不仅能够促进区块链技术的健康发展，还能够为企业提供更加清晰和规范的运营环境。

（五）推动区块链技术的创新应用

1. 探索新应用场景

企业应秉持开拓创新的精神，积极投身于区块链技术新应用场景的探索中。在金融领域，区块链技术已展现出巨大的潜力。以跨境支付为例，传统跨境支付流程烦琐，涉及众多中间环节，导致交易成本高且耗时长。而区块链技术的分布式账本和去中心化特性，能够实现跨境支付的实时到账，大幅缩短交易时间，同时减少中间费用，提高金融交易的效率。在证券交易方面，区块链技术可使交易信息在各个节点同步更新，确保交易的透明度和公正性，有效降低交易风险，提高交易安全性。数字货币的兴起更是区块链技术在金融领域的一大创新成果，为支付体系带来了全新变革。

在供应链管理领域，区块链技术同样能大显身手。通过构建区块链平台，企业可以将供应链中的各个环节信息上链，实现供应链的透明化。从原材料的采购、产品的生产加工，到产品的运输配送以及最终销售，每一个环节的数据都被准确记录且不可篡改。这使得企业能够对产品的整个生命周期进行精准追溯，一旦出现问题，能够迅速定位问题源头并采取相应措施。这种透明化和可追溯性极大地提高了供应链的效率和可靠性，增强了消费者对产品质量的信心。

2. 推动技术融合

在当今快速发展的科技时代，企业应当积极主动推动区块链技术与其他新兴技术的深度融合，以发挥更大的协同效应。区块链技术与人工智能的结合，能够为数据处理带来质的飞跃。人工智能强大的数据分析能力可以对区块链上的海量数据进行智能分析，挖掘数据背后的潜在价值和规律，为企业决策提供更加精准的依据。同时，区块链的安全性又能确保人工智能所使用的数据真实可靠，防止数据被篡改和滥用。

区块链与物联网的融合也极具潜力。在物联网环境下，大量设备产生的数据需要安全存储和传输。区块链技术可以为物联网设备提供安全的身份验证机制，保障设备之间通信的安全性。同时，区块链的分布式账本可以存储物联网设备产生的数据，实现数据的可信共享。例如，在智能家居系统中，通过区块链技术，不同品牌的智能设备可以实现安全、高效的互联互通，为用户提供更加便捷、智能的生活体验。

区块链与大数据的结合同样值得关注。大数据为区块链提供丰富的数据资源，而区块链技术可以保证大数据的真实性和完整性，提高数据质量。通过对这些高质量数据的分析，企业能够更好地了解市场需求和消费者行为，优化产品和服务，提升企业的市场竞争力。

第三节　人工智能助力企业数字化转型

在当今数字化时代，企业发展面临着前所未有的机遇与挑战。随着信息技术的飞速发展，数字化转型已成为企业提升竞争力、适应市场变化的必由之路。而人工智能作为一项颠覆性的前沿技术，正逐渐渗透到企业的各个层面，为企业数字化转型提供强大的动力和支持。人工智能凭借其独特的技术优势，在企业数字化转型进程中发挥着关键作用，成为推动企业创新发展、提高运营效率、优化资源配置的重要引擎。

一、人工智能概述

人工智能（Artificial Intelligence，AI）作为当今科技领域的关键力量，与空间技术、能源技术并称为世界三大尖端技术，被视为三次工业革命之后的又一重大变革。它以计算机科学、控制论、信息论、神经生理学、哲学、语言学等多学科为基石，融合了众多新思想、新观念、新理论和新技术，是一门极具前沿性和综合性的学科。如今，人工智能已广泛渗透到社会的各个行业，成为推动产业发展的核心动力。

（一）智能的相关概念

智能的本质及其产生机制一直是科学界的未解之谜。来自不同领域的研究人员从各自的角度对智能进行了描述。

思维理论认为，智能的核心在于思维，人类的一切智慧都源于大脑的思维活动。认知科学的发展为这一理论提供了依据，通过研究思维的规律和方法，我们有望揭示智能的本质。知识阈值理论强调知识在智能中的关键作用，认为智能行为取决于知识的积累和运用知识的能力。这一理论促进了专家系统等领域的发展，使得计算机能够利用知识来解决复杂问题。

进化理论则从另一个角度指出，智能是复杂系统所具备的一种特性，是多个部件相互作用的结果。它为智能的研究提供了新的视角，使人们认识到智能可以在没有明显内部表达和推理系统的情况下产生。

综合上述理论，智能是知识与智力的结合体。知识构成智能行为的基础，而智力则是获取知识并运用知识解决问题的能力。此外，智能还具有感知、记忆与思维、学习与自适应、行为等多种能力。感知能力让人类能够通过各种感觉器官获取外部世界的信息；记忆与思维能力帮助人们存储、处理信息；学习与自适应能力使人类能够不断适应环境变化；行为能力则让人们能够对外界刺激作出反应。

（二）人工智能的诞生背景

人工智能的诞生并非偶然，而是思想、理论、物质等多维度因素深度交融、协同推进的必然产物，它标志着人类科技发展的重大飞跃。

1. 思想层面：探索历程铺就精神基石

自人类文明诞生以来，对智能机器的向往便如影随形。古代神话中，诸多机械人的形象寄托了人类对超自然智能的无限遐想。例如，古希腊神话里的赫菲斯托斯创造的机械仆人，拥有超凡能力，能协助神祇完成各种艰巨任务；中国古代的偃师制造的人偶，能歌善舞、栩栩如生，这些传说反映了人类对智能造物的浪漫憧憬。

步入工业革命时代，随着生产力的大幅提升，自动化设备逐渐兴起。从最初简单的自动化纺织机械，到后来复杂的工业流水线，人类对机器自动化、智能化的追求愈发强烈。这种从虚幻想象到现实探索的转变，不断激发人类的创新思维，为人工智能的诞生奠定了深厚的思想基础，让创造智能机器的理念深入人心。

2. 理论层面：多学科融合催生理论体系

20世纪中叶，控制论、信息论、系统论等多学科的交叉融合，为人工智能的诞生提供了坚实的理论支撑。控制论聚焦系统的反馈与调节机制，揭示了机器可依据反馈信息调整自身行为的原理，如同人类根据环境变化调整行动。信息论则深入研究了信息的度量、传输与存储，为智能机器处理和传递信息提供理论框架。系统论强调整体性、关联性与动态性，将智能机器视为一个复杂系统，综合考虑各部分的相互作用。

这些理论相互渗透，使人们对信息处理、反馈控制等关键机制有了更为深刻的理解。例如，模式识别基于信息论提取数据特征，结合控制论的反馈调节，让机器能够不断优化识别能力，从而推动人工智能理论体系逐步完善。

3. 物质层面：计算机技术成为关键支撑

电子数字计算机的广泛应用，为人工智能的发展提供了不可或缺的物质条件。在计算机诞生之前，尽管人类拥有丰富的思想和理论，但缺乏高效处理复杂计算与海量数据的工具。早期的计算机虽体积庞大、性能有限，但随着半导体技术、集成电路技术的飞速发展，计算机性能实现了指数级的提升。

强大的计算能力使得人工智能可以处理海量数据，训练出复杂模型。在图像识别领域，计算机凭借其高速运算能力，能够快速处理大量图像数据，并借助深度学习算法优化模型参数，实现精准识别。高性能 CPU、GPU 的出现，进一步加速了人工智能发展，为其在各个领域的应用提供了坚实保障。

（三）人工智能的本质与特征

人工智能的本质是通过人工方法在机器上实现智能，旨在构建能够模拟人类智能活动的机器或系统，从而延伸人类的智能。人工智能的特征如下：

学习自主性：人工智能具有强大的自主学习能力，能在无需过多人工干预的情况下，从海量数据中自动提取关键信息、总结规律，并不断优化自身的模型与算法。

处理高效性：依托先进的硬件设备和优化的算法，人工智能处理数据的速度极快。在金融领域，高频交易算法能在毫秒级的时间内分析大量市场数据，做出交易决策，其反应速度远远超过人工交易员，极大地提高交易效率，把握瞬息万变的市场机会。

决策智能性：人工智能基于对数据的深度分析进行智能决策。在医疗影像诊断中，人工智能系统可以对 X 光、CT 等影像资料进行快速分析，精准识别病变特征，为医生提供诊断建议，辅助医生做出更准确的医疗决策，从而提高诊断的准确性和效率。

应用普适性：人工智能应用广泛，在医疗、交通、教育、娱乐等诸多领域都能发挥作用。在教育领域，智能辅导系统能根据学生的学习情况提供个性化的学习方案；在交通领域，智能交通系统可优化交通流量，缓解拥堵；在娱乐领域，人工智能生成的音乐、绘画等作品逐渐崭露头角，满足了人们多样化的需求。

交互自然性：随着自然语言处理和计算机视觉技术不断发展，人工智能与人类的交互变得越来越自然流畅。智能语音助手可以理解人类的自然语言指令，如 Siri、小爱同学等，能与用户进行多轮对话，完成各种任务；智能客服能通过文字聊天的方式，快速准确地解答用户问题，提供优质的服务体验。

（四）人工智能的应用领域

在当今数字化时代，人工智能深度融入各个领域，展现出巨大的应用价值，从根本上改变着人们的生活和工作方式，推动各行业不断向前发展。

第一，专家系统：行业智慧的集大成者。专家系统作为人工智能的关键分支，集成了特定领域专家的丰富经验与专业知识，构建出拥有专家级解题能力的智能程序系统。在医疗领域，MYCIN 系统能依据患者症状、检验数据，模仿医生的诊断思维，为血液感染患者提供精确诊疗建议；在化学领域，DENDRAL 可通过分析数据判断物质分子结构，辅助科研人员攻克难题，成为解决复杂问题的有力工具。

第二，自然语言理解：打破人机沟通障碍。自然语言理解技术专注于赋予计算机理解和生成自然语言的能力，涵盖声音和书面语言的处理及机器翻译等方面。智能语音助手能准确识别语音指令并作出反馈，机器翻译工具可实现不同语言间的快速准确转换，促进全球信息交流，使计算机与人的沟通更加自然、顺畅，提升人机交互体验。

第三，机器学习：驱动智能进化的引擎。机器学习技术赋予计算机模拟人类学习的能力，是人工智能获取知识的核心途径。它包含机械式学习、指导式学习等多种方式。它通过对大量数据的学习和分析，不断优化算法模型。推荐系统能根据用户行为精准推送内容，图像识别技术可对复杂图像进行准确分类和识别，它们推动人工智能不断进化，适应各种复杂任务需求。

第四，分布式人工智能：协同智能的开拓者。分布式人工智能结合人工智能与分布式计算技术，聚焦于分散智能体的行为协调。在分布式问题求解中，多个智能体协作完成复杂任务；在多智能体系统里，各智能体相互配合，共同应对复杂场景。在智能交通系统中，车辆、道路设施等智能体协同工作，优化交通流量，提高系统处理复杂问题的效率，实现资源的高效利用。

第五，人工神经网络：模拟大脑智慧的架构。人工神经网络模仿人类大脑的结构和功能，具备非线性、非局限性等特性。在图像识别领域，它能准确识别各类图像中的物体；在语音处理方面，可实现语音的准确识别和合成。

其强大的模式识别和数据处理能力，为人工智能在多领域的应用提供关键技术支持，推动智能技术不断发展。

第六，自动定理证明：逻辑推理的数字化先锋。自动定理证明技术让计算机模拟人类证明定理的逻辑推理过程，在数学、计算机科学等领域发挥重要作用。它通过运用各种算法和推理规则，验证定理的正确性，不仅适用于数学定理证明，还可应用于程序正确性验证等非数学领域，为科研和软件开发提供严谨的逻辑支持。

第七，机器人学：智能执行的实体载体。机器人学是融合多学科的综合性领域，机器人从简单的遥控和程序控制逐渐向智能化发展。工业机器人能在生产线上高效完成重复、精密的任务；服务机器人可在家庭、酒店等场景提供服务；探索机器人能在危险或人类难以到达的环境中执行任务。其应用范围不断拓展，成为人工智能在现实世界中执行任务的重要实体。

第八，自动程序设计：软件开发的智能助手。自动程序设计包含程序自动综合和验证两部分。程序自动综合根据高级描述自动生成具体程序，提高开发效率；程序验证则确保程序的正确性和可靠性。这一领域的发展有助于减少软件开发中的错误，提高软件质量，降低开发成本，推动软件开发向智能化、自动化方向发展。

第九，智能控制：复杂系统的智能管家。智能控制技术融合人工智能与控制理论，为复杂系统的控制提供解决方案。在工业生产中，它能优化生产流程、提高生产效率和产品质量；在航空航天领域，它可精确控制飞行器的飞行姿态和轨道。它能适应复杂多变的环境，实现系统的智能控制和优化，保障系统稳定、高效运行。

第十，语音识别：开启语音交互新时代。语音识别技术使机器能够识别和理解语音信号，根据不同标准可分为特定人／非特定人识别、孤立词／关键词／连续语音识别等多种类型。在智能家居中，用户可通过语音指令控制设备；在智能客服领域，语音识别技术实现自动语音应答。它为人们的生活和工作带来极大便利，推动语音交互技术的广泛应用。

第十一，计算智能：仿生智慧的创新应用。计算智能技术借鉴仿生学原理，模拟生物进化、群体智能等自然现象，具有隐并行性、全局搜索能力强等特点。在信息处理中，它能高效处理复杂数据；在调度优化领域，它可解决资源分配、路径规划等复杂问题。它为解决传统方法难以处理的复杂问题提供新途径，展现出强大的应用潜力。

第十二，智能决策支持系统：决策的智能参谋。智能决策支持系统融合决策支持系统与人工智能技术，利用专家系统的知识和推理能力，为解决半结构化和非结构化问题提供决策支持。在企业战略规划、金融投资决策等场景中，它通过对大量数据的分析和挖掘，提供科学合理的决策建议，辅助决策者做出更明智的决策，提高决策的准确性和科学性。

二、人工智能赋能企业数字化转型的作用

（一）数据分析与决策支持

在数字化转型的过程中，企业需要处理海量的数据，包括客户数据、市场数据以及操作数据等。这些数据中蕴含着丰富的信息和价值，但传统的数据处理方法不仅耗时长，而且难以从复杂的数据中提取出有价值的信息。而AI技术，尤其是机器学习和深度学习技术，能够自动化地分析这些数据，精准地识别其中的模式和趋势，从而为企业提供更快速、更准确的业务洞察。

1. 精准预测与市场洞察

AI技术通过预测分析，可以帮助企业预见市场变化和客户需求，使企业在决策过程中更加主动和具有前瞻性。例如，在零售行业，AI可以分析历史销售数据、客户行为数据和市场趋势数据，预测未来的销售趋势和客户需求，从而帮助企业提前调整库存和营销策略；在金融行业，AI可以分析市场数据和客户交易行为，预测市场风险和投资机会，为企业的投资决策提供科学的依据。

2. 客户行为分析与个性化服务提供

AI技术还可以通过分析客户数据，深入了解客户的行为和偏好，为客户提供个性化的服务和产品推荐。例如，在电商行业，AI可以分析客户的浏览历史、购买行为和偏好，为客户提供个性化的产品推荐和优惠活动，进而提高客户的满意度和忠诚度。在金融行业，AI可以分析客户的资产状况、投资偏好和风险承受能力，为客户提供个性化的投资建议和理财方案。

（二）提升运营效率

AI的自动化和智能优化技术能够显著提升企业的运营效率，并有效降低运营成本。在生产和服务流程中，AI可以通过算法优化工序排程、资源配置和物流管理，实现资源的高效利用和浪费的最小化。

生产流程优化：AI 系统可以根据实时数据自动调整生产线的工作节奏，确保生产效率达到最大化，同时减少能源和原材料的消耗。此外，AI 还可以预测设备故障，提前安排维护，从而减少设备维护时间，提高设备利用率。

物流与供应链管理：在物流和供应链管理中，AI 通过分析物流数据和市场数据，能够优化物流路径和库存管理，帮助企业降低物流成本和库存成本。例如，AI 可以实时监控物流车辆的位置和状态，优化配送路线，帮助企业提高配送效率，缩短运输时间并降低成本。AI 还可以预测市场需求，优化库存管理，帮助企业减少库存积压和缺货现象，提高供应链的适应速度和灵活性。

（三）降低运营成本

AI 技术凭借自动化和智能化手段，帮助企业减少对人力资源的依赖，从而降低人力成本和错误率。

智能客服系统：在服务行业，企业通过 AI 的智能客服系统和自动化工具，能够提高客户服务的速度和质量，减少人力成本，并提高客户满意度。例如，AI 智能客服系统可以利用自然语言处理技术，自动回答客户的常见问题，提供全天候不间断服务，帮助企业提高客户服务效率，减少客户等待时间。AI 还可以分析客户反馈，优化服务流程，提高客户满意度。

自动化办公：在企业内部管理方面，AI 可以通过自动化办公系统，帮助企业提高办公效率，减少人力成本。例如，AI 可以自动化流程，处理日常的行政事务和生成报表，减少了人工操作，提高了工作效率。AI 还可以通过智能分析优化人力资源管理，帮助企业提高员工的工作满意度和忠诚度。

（四）增强企业竞争力

AI 技术的应用不仅能够提升企业的运营效率，降低成本，还能够增强企业的竞争力。利用 AI 技术，企业可以更好地满足客户需求，提高客户满意度和忠诚度，从而在激烈的市场竞争中脱颖而出。

1. 创新驱动发展

AI 技术已成为企业创新发展的强大引擎，为企业提供全方位、深层次的创新手段与广阔的平台，有力地推动着企业在产品创新和服务创新方面不断取得突破。

在市场需求洞察方面，AI 拥有强大的数据处理与分析能力。它能够对海量的市场数据进行深度挖掘，涵盖市场趋势、竞争对手动态、消费者偏好变化等多方面。同时，AI 还能精准分析客户需求，通过对客户浏览记录、购买行为、评价反馈等数据的剖析，精准把握客户的潜在需求和痛点。基于这些深入分析，AI 可以为企业提供极具创新性的产品和服务理念。比如，电商企业借助 AI 分析消费者的购买历史和浏览偏好，发现消费者对个性化定制服装有潜在需求，从而推出定制服装服务，满足消费者对独特性和个性化的追求，从而在激烈的市场竞争中脱颖而出。

在产品研发与生产环节，AI 同样发挥着关键作用。它可以通过优化生产流程，实现生产过程的自动化和智能化。同时，AI 还能对生产过程中的质量数据进行实时监测与分析，及时发现潜在的质量问题，从而提高产品质量。在供应链管理方面，AI 可以实现对供应链的实时监控和预测，根据市场需求变化和供应商供货情况，提前调整采购计划和库存管理策略，降低生产成本，确保企业在市场竞争中保持成本优势。

2. 提升品牌形象

AI 技术正逐渐成为企业提升品牌形象和市场声誉的重要法宝。在消费者日益注重消费体验的当下，企业借助 AI 技术提供高效、便捷且具个性化的服务，能够在激烈的市场竞争中脱颖而出，赢得客户的信任和赞誉，进而显著提高品牌知名度和美誉度。

以 AI 智能客服系统为例。AI 突破了传统人工客服工作时间和人力的局限，可以全年无休、全天候不间断地为客户提供服务。无论是客户在深夜咨询产品信息，还是遇到紧急问题需要解决，AI 智能客服都能迅速响应，利用自然语言处理技术理解客户的问题，并给出准确、专业的回答。这种高效的服务体验极大地提高了客户满意度，让客户感受到企业的重视。长此以往，客户对品牌的信任度和忠诚度也会不断提高。

除了服务层面，AI 在企业生产运营的其他环节也有助于提升品牌形象。在生产流程优化方面，AI 可以精确控制生产参数，帮助企业减少资源浪费和能源消耗，提高产品质量的稳定性。例如，在电子制造行业，AI 技术可以对生产线上的电子产品进行精准检测和质量控制，帮助企业降低次品率，提升产品的整体品质。在供应链管理中，AI 可以优化物流配送路线，帮助企业减少运输过程中的碳排放，提高企业的环保水平。这种对产品质量和环保的重视，展现了企业的社会责任感，有助于提升企业在消费者心中的品牌形象，使企业在市场中赢得更多的认可和尊重。

三、人工智能助力企业数字化转型的优化策略

（一）技术运用层面

加强数据安全与隐私保护技术研发：在企业数字化转型进程中，大量敏感数据在人工智能系统中流动，数据安全与隐私保护成为至关重要的环节。企业需加大在加密算法等相关技术上的研发投入，确保数据在传输与存储过程中的安全性，防止数据泄露和被恶意篡改。此外，积极探索多方安全计算、联邦学习等新兴技术，实现数据在原始数据不泄露的前提下的协同计算与分析，在发挥数据价值的同时保障数据隐私。

持续优化人工智能算法：算法是人工智能的核心，其可靠性和公正性直接影响企业的决策与业务执行。企业应不断优化算法，通过大量测试数据进行验证和调校，提高算法在复杂场景下的准确性与稳定性，降低因算法错误而导致的决策失误风险。同时，要关注算法的公正性，避免算法偏见，确保不同群体在使用人工智能服务时都能得到公平对待，维护企业的社会形象与公信力。

（二）人才培养层面

深化产学研合作：高校和科研机构拥有丰富的学术资源与前沿研究成果，企业应加强与其的合作，建立产学研合作机制。共同开展人工智能相关课题研究，为企业提供技术创新源泉；联合培养专业人才，高校负责理论知识的教学，企业提供实践机会，使人才培养更契合企业的实际需求。例如，企业与高校可以合作开设人工智能实践课程，让学生参与企业的实际项目，使他们在毕业后能够迅速融入企业的数字化转型工作。

多元化提升员工数字化技能：除了从外部引进专业人才，企业内部员工数字化技能的提升同样重要。企业可通过内部培训，邀请内部专家分享人工智能在企业业务中的应用经验与技巧；同时，开展外部培训，选派员工参加专业培训机构的课程，学习最新的人工智能技术与行业最佳实践；利用在线学习平台，提供丰富的数字化课程资源，让员工根据自身需求自主学习，全面提高员工的数字化技能与知识水平，为企业数字化转型提供有力的人力支持。

（三）企业管理层面

建立适配 AI 应用的管理制度：企业需制定一套专门针对人工智能应用的管理流程和规范，全面覆盖 AI 项目从立项、实施到后期运维的全生命周期。

明确各部门在 AI 应用中的职责可以有效避免职责不清导致的效率低下或项目推进受阻。例如，可以设立 AI 项目管理小组，这个小组将负责协调技术、业务、数据等多部门之间的合作，确保 AI 项目顺利落地并发挥预期效果。

推动组织架构变革：为了更好地发挥人工智能的作用，企业应根据自身业务特点和 AI 应用场景，对组织架构进行适当调整。打破传统的部门壁垒，构建以项目或业务流程为导向的跨职能团队，使信息能够在不同的部门间快速流通，从而提高企业对市场变化的适应速度和灵活性。例如，可以组建由数据科学家、业务专家、工程师等组成的 AI 创新团队，专注于人工智能在核心业务中的创新应用，推动业务的持续发展和创新。

（四）业务应用层面

拓宽 AI 应用场景的边界：企业不应仅满足现有的人工智能应用场景，而应积极探索新的业务领域与 AI 的结合点。比如，在客户服务领域，除了智能客服外，还可以利用 AI 进行客户流失预测，提前采取措施挽回可能流失的客户；在生产制造环节，除了设备故障预测外，还可以探索利用 AI 优化生产工艺，降低生产成本。

加强 AI 与业务流程的深度融合：企业应将人工智能技术深度融入核心业务流程中，而不是简单地将 AI 应用作为一个独立的模块。例如，在供应链管理中，可以利用 AI 实现从采购、库存管理到配送的全流程优化，根据实时市场需求、供应商信息和物流状况，动态调整供应链策略，从而提高供应链的整体效率和灵活性。

（五）战略规划层面

制定长期 AI 发展战略：企业要从战略高度认识人工智能对企业数字化转型的重要性，并制定明确的长期人工智能发展规划。明确在未来 3～5 年甚至更长时间内，企业在人工智能技术应用、人才储备、业务创新等方面的目标和路径。例如，设定在一定时间内实现核心业务流程 AI 覆盖率达到一定比例的目标，并制定相应的实施步骤。

关注行业动态与技术趋势：人工智能技术发展迅速，行业应用也在不断更新。企业应建立专门的团队或机制，持续关注人工智能领域的最新技术突破、行业应用案例以及政策法规的变化，并及时将这些信息转化为企业自身的发展机遇，动态调整企业的 AI 战略和应用策略，以保持企业在行业中的竞争力。

第四节　工业物联网推动企业数字化转型

工业物联网（Industrial Internet of Things，IIoT）是物联网技术在工业领域的延伸与应用，旨在通过工业资源的网络互联、数据互通和系统互操作，实现制造过程的智能化、灵活化和高效化。随着全球新一轮科技革命和产业变革的深入发展，工业物联网已成为推动企业数字化转型的重要工具。

一、工业物联网的特性

工业物联网是物联网在工业领域的延伸与拓展，它并非简单的设备互联，而是通过工业资源的网络互联、数据互通和系统互操作，构建起一个高度集成、智能协同的工业生态体系。

这个体系网强调设备、系统和人员之间的广泛连接。从生产线上的各类传感器、执行器到企业内部的管理系统，再到供应链上下游的合作伙伴，都被纳入这个庞大的网络之中。这种连接不仅打破了企业内部的信息孤岛，还实现了产业链各环节的信息共享与协同，使企业能够更高效地整合资源、优化生产流程。

工业物联网的核心在于数据的采集、传输、分析和应用。借助先进的传感器技术，企业能够实时获取设备运行状态、生产工艺参数、环境数据等海量信息。这些数据通过高速网络传输到数据中心，经过大数据分析和人工智能算法的处理，转化为有价值的知识和决策依据，帮助企业实现精准管理、优化生产调度、预测设备故障等目标。

工业物联网是支撑智能制造的智能技术体系，它为企业实现智能化生产提供技术支持。通过将数字化技术与制造过程深度融合，企业能够实现制造原料的灵活配置、制造过程的按需执行、制造工艺的合理优化和制造环境的快速适应，从而构建服务驱动型的新工业生态体系。

二、工业物联网推动企业数字化转型的意义

提高生产效率与质量：工业物联网实现了生产过程的实时监控与优化。通过对生产线上设备的实时数据采集和分析，企业可以及时发现生产过程中的问题，并进行精准调整，从而避免生产延误和产品质量缺陷。同时，借助预测性维护技术，企业可以提前发现设备故障隐患，并安排维护计划，有效

减少设备维护时间，提高设备利用率，进而提高整体生产效率。

提高企业创新能力：工业物联网为企业创新提供了丰富的数据资源和创新平台。提高数据分析，企业能够深入了解客户需求、市场趋势和产品使用情况，从而开发出更符合市场需求的新产品和服务。此外，工业物联网促进了企业与供应商、合作伙伴之间的协同创新，加速了新技术、新工艺的应用和推广，推动了企业的创新发展。

优化企业管理决策：在企业管理决策方面，工业物联网同样发挥着关键作用。传统企业决策往往依赖于经验和有限的数据，容易导致决策失误。而工业物联网实现了企业运营数据的全面实时采集与深度分析，为企业管理层提供了准确、及时的决策依据。通过数据可视化技术，管理层可以直观地了解企业生产运营的各个环节，洞察潜在问题，从而做出更科学、更精准的决策，优化企业资源配置，提升企业运营管理水平。

三、工业物联网推动企业数字化转型的应用场景

设备运维管理：设备智慧运维平台，是工业物联网在设备运维管理中的典型应用。企业借助工业物联网平台构建的设备智慧运维平台，实现了设备和生产线的远程监控、多基地多工厂的分级诊断以及智能运维。平台的数据中心负责汇聚和管理设备数据；平台基础功能融合多源数据提升了设备寿命预测技术；平台服务中心集成诊断工具实现了远程诊断和业务管理；App 实现了数据可视化，便于运维人员及时掌握设备状态并进行维护，大大提高了设备的可靠性和运维效率。

能源管理与优化：在能源管理领域，工业物联网也发挥着重要作用。企业构建的能源管理和碳排放系统，通过采集能耗设备数据并进行分析处理，能够实时挖掘用能设备的效率、能耗漏洞、设备故障、能源质量异常和节能潜力。系统从能效提升、能源质量改善、设备异常检测、控制逻辑合理性优化、节能改造等多个方向提出节能优化建议，不仅降低了能耗浪费，还提升了能源安全水平。同时，该系统还能为节能技改提供决策依据，助力企业实现碳达峰、碳中和目标。

环保管理与监测：企业构建的互联智慧运维平台，完整覆盖了整个环保领域和产业全生命周期。排污企业、政府园区和传统环保企业，通过该平台实现数据的连接、清洗、计算等功能。借助环保大数据中心和环保产业服务与创新中心，平台将环保数据与工业机理相结合，为环保管理提供全面的支持。

四、工业物联网推动企业数字化转型的优化措施

（一）聚焦核心技术：驱动创新应用升级

工业物联网的蓬勃发展，离不开核心技术的强力支撑。企业应将关键技术研发置于战略核心地位，持续加大投入力度。传感器作为数据采集的关键入口，其性能直接影响工业物联网系统的整体效能。在高端制造领域，亚微米级精度的位移传感器能够对精密加工设备的运行状态进行实时、精准监测，确保产品加工误差控制在极小范围内，从而提升产品品质；在化工生产中，具备卓越耐腐蚀性与高温稳定性的传感器，可实时监测反应釜内的压力、温度等参数，为安全生产筑牢防线。企业应结合不同行业场景特性，积极研发适配的新型传感器。

通信技术是数据传输的桥梁，工业现场通信方式多样，各有利弊。工业以太网虽应用广泛，但协议与拓扑形式繁杂，兼容性欠佳。企业应积极投身于工业以太网标准的统一工作，研发更高效、稳定的有线通信方案。在无线通信领域，低功耗、高可靠的无线传感器网络发展迅猛，企业应加大对这类技术的研究与应用力度，拓展其在工业场景中的覆盖范围，实现数据的灵活、高效传输。

面对工业数据的海量增长，传统数据处理方式渐显乏力，数据分析技术成为挖掘数据价值的核心利器。企业需加大对大数据分析、人工智能算法的研发投入。借助机器学习算法对设备运行数据进行深度剖析，企业可提前洞察设备故障隐患，实现预防性维护；利用深度学习技术挖掘生产工艺数据，企业能够优化生产流程，提高生产效率与产品质量。

企业在强化技术研发的同时，还应积极引入先进的工业物联网解决方案，并结合自身业务流程、管理模式等特点进行定制化改造。例如，企业在引入设备远程监控系统时，可以依据自身生产线布局、设备类型以及管理需求，对系统的功能模块、数据展示形式进行个性化定制，使系统与企业实际需求紧密契合，有力推动企业数字化转型进程。

（二）筑牢数据根基：构建高效管理体系

数据是工业物联网的核心资产，完善的数据管理体系是充分释放数据价值的关键。企业首先应搭建标准化的数据管理平台，统一数据格式、接口标准以及质量规范，构建起涵盖数据全生命周期的管理框架，确保各类数据在

统一标准下有序流转与处理。同时，为每一份数据赋予唯一标识，即创建数据身份证，实现数据的精准定位与全程追踪，为数据管理与共享提供便利。

企业应深入剖析业务流程，精准识别关键数据资源，并按照业务板块、数据类型等维度进行系统分类与编排，形成详细的数据资源目录。这不仅有助于企业清晰掌握数据资产状况，明确数据分布与使用情况，还能为后续的数据开发与价值挖掘奠定坚实基础。

数据血缘记录了数据从产生到使用的全过程信息，对保障数据质量与可追溯性意义重大。通过分析数据血缘，企业能够快速定位数据质量问题的根源，及时开展数据清洗与修正工作；在数据出现异常时，可依据数据血缘进行回溯与验证，确保数据的准确性与可靠性。

此外，企业应结合自身业务需求与数据分析技术，构建符合实际的数据决策模型。在生产调度方面，基于数据分析的生产调度模型能够综合考虑订单需求、设备产能、原材料供应等多方面因素，制订出最优生产计划；在市场预测领域，借助机器学习算法构建的市场需求预测模型，能够为企业的产品研发方向、库存管理策略提供有力的决策支持。

数据安全是数据管理体系的重要保障。在数据采集阶段，企业要确保传感器等采集设备的安全性，防止数据被非法获取或篡改；在数据传输过程中，要采用加密技术对数据进行加密传输，保障数据在网络传输中的安全；在数据存储环节，要强化存储系统的安全防护，设置严格的访问权限控制，并运用防火墙、入侵检测系统等安全设备，防止数据遭受未经授权的访问与使用；在数据使用阶段，要对数据访问与使用行为进行严格审计与监控，确保数据使用合规、安全。

（三）培育专业力量：打造复合型人才方阵

工业物联网的复杂性与综合性，决定了其发展离不开既懂工业又精通信息技术的复合型人才。这类人才需熟悉工业生产流程、工艺要求以及设备运行原理，同时掌握物联网技术、数据分析技术、软件开发技术等信息技术知识，并能够将信息技术深度融入工业应用场景。

在内部培训方面，企业应制订系统、全面的培训计划，并针对不同岗位需求设计具有针对性的培训课程。对于技术研发人员，应开展工业物联网核心技术培训，提升其技术创新能力；对于生产一线员工，应进行基于工业物联网的设备操作与维护培训，使他们熟练掌握相关生产设备的操作技能。同时，企业应鼓励员工自主学习，参加外部专业培训课程，提升自身综合素质。

在人才引进方面，企业应制定具有吸引力的招聘策略，积极吸引具有工业与信息技术双重背景的复合型人才加入。此外，加强与高校、科研机构的合作，建立人才联合培养机制，提前锁定优秀人才资源，为企业发展储备充足的人才力量。

具体来说，企业与高校可联合开展人才培养项目，共同制定课程体系，将理论知识与实践需求紧密结合；建设实习实训基地，为学生提供真实的工业场景实践机会，让学生在实践中深化对理论知识的理解，提升实际操作能力与问题解决能力。企业还可邀请高校教师与科研人员参与企业技术研发项目，促进产学研深度融合，加速科研成果的转化和应用。

（四）深化产业协同：共创良好发展生态

企业与供应商之间应建立紧密的合作关系。这种合作不仅能够确保企业及时获取先进的传感器、通信设备、软件系统等关键资源，还能促进双方共同开展技术研发，针对企业的特定需求定制开发更加适配的产品与解决方案。这种深度合作模式有助于提升企业的核心竞争力，同时提高供应链的稳定性和效率。

在当今多元化的商业环境中，不同企业在业务领域、技术优势等方面各具特色。通过与合作伙伴携手合作，企业能够实现资源共享、优势互补，达到双赢的效果。例如，制造业企业与互联网企业合作，制造业企业可以提供丰富的工业场景与数据资源，而互联网企业则可以发挥其在数据分析技术与平台开发方面的专长。双方共同打造工业互联网平台，不仅能够提升各自的市场竞争力，还能推动整个行业的数字化转型进程。

企业与科研机构之间的合作，能够使企业及时了解前沿技术动态，获取最新研究成果，并将其快速应用于生产实践中。同时，科研机构也可以借助企业的生产场景，实现研究成果的有效转化，推动产学研的良性互动，加速科技成果向实际生产力的转化。

建立统一的技术标准、规范以及应用模式，能够降低企业应用工业物联网的门槛与成本，使更多企业能够轻松接入并利用工业物联网技术。此外，联合开展市场推广活动，有助于提升企业对工业物联网的认知度，扩大其应用范围，让更多行业和企业受益于这一技术进步。同时，加强行业自律，规范市场秩序，能够营造良好的产业发展环境，推动工业物联网产业持续、稳定发展，为社会经济的高质量发展提供有力支撑。

第四章 数字化转型下的企业战略管理

本章首先对战略管理进行概述，然后探讨数字化转型对企业战略规划的深远影响，提出数字化转型背景下的战略管理创新路径，并分析其对企业竞争力提升的作用。本章可以为企业在数字化时代制定战略提供理论支持。

第一节 企业战略管理概述

在当今复杂多变的商业环境中，企业战略管理对企业的生存与发展至关重要。它如同企业航行的指南针，引领企业在激烈的市场竞争中找准方向，合理配置资源，实现可持续发展。

一、企业战略管理的基本概念

企业战略是企业在综合考量各种内外部资源的基础上，为实现特定目标而制定的全局性、长远性的规划。企业战略的核心在于明确企业的发展方向，涵盖产品与市场选择、业务拓展路径、竞争策略制定等关键内容。以华为公司为例，华为坚持以技术创新为核心，持续加大研发投入，不断拓展全球市场，逐步在通信领域建立起强大的竞争优势，这正是企业战略在实际运营中的生动实战。

企业战略管理是一个综合性的过程，它以企业战略为核心，涵盖战略制定、实施、评估和调整等多个环节。这一过程贯穿企业发展的全生命周期，各环节紧密相连、相互影响，共同构成了企业战略管理的有机整体。企业战略管理的目的在于使企业在复杂多变的市场环境中，充分发挥自身优势，抓住发展机遇，应对各种挑战，实现可持续发展。

二、企业战略管理的重要性

在风云变幻的市场环境下，企业依托科学且合理的战略规划流程，能够深入剖析市场走势、洞察竞争对手的动态，同时全面审视自身所拥有的资源和能力，从而清晰地确定自身在市场中的定位，找准发展的方向。清晰明确的战略方向，让企业在面对市场的起伏波动时，能够迅速做出反应，灵活调整策略，始终保持业务发展与市场趋势同频共振，为企业的长期稳健发展筑牢根基。

（一）精配资源，提高企业竞争力

在当今商业环境中，资源的有限性是企业运营过程中不可避免的现实挑战。面对这一挑战，企业战略管理的作用变得尤为突出和关键。企业必须通过深入的市场调研和分析，把握市场需求的动态变化，同时对竞争格局进行细致的观察和评估，并对企业自身的能力进行客观的审视和评估。通过这种深度挖掘与分析，企业能够精准地识别和锁定对业务发展至关重要的关键资源。一旦确定了关键资源，企业就可以对内部资源如人力、资金和技术等进行精心规划和合理布局，确保这些资源能够被有效地利用在最需要的地方。

此外，企业还应巧妙地整合外部资源，包括与合作伙伴和供应商建立稳固的合作关系，利用他们的优势来弥补自身的不足。通过这种内外资源的优化配置，企业不仅能够显著提高资源的使用效率，还能有效降低运营成本，提高产品和服务的质量，最终在激烈的市场竞争中脱颖而出，提高自身的竞争力。

（二）提速决策，提高企业应变能力

一套完善的决策机制和信息反馈制度，能够确保企业及时获取市场需求、竞争对手动态以及技术发展趋势等关键信息。这些信息成为企业决策的依据，帮助企业迅速做出决策，灵活调整业务策略。以智能手机市场的激烈竞争为例，小米公司凭借对市场信息的快速收集与精准分析，及时调整产品定位和营销策略，推出性价比极高的产品，满足不同层次消费者的需求，从而在市场竞争中脱颖而出。这不仅体现了企业决策的高效性，也展示了企业对市场变化的敏锐洞察力和快速响应能力。

此外，战略管理还能通过对信息的深入分析，帮助企业提前识别潜在风险，预先制订应对方案，有效提高企业的应变能力，最大限度降低市场波动和突发事件对企业的冲击。通过建立风险预警机制和灵活的应对策略，企业能够在面临不确定性时，保持稳定运营，确保长期的可持续发展。

（三）整合资源，助推企业协同发展

在企业的发展进程中，与供应商、合作伙伴以及客户建立紧密的合作关系至关重要。这种合作关系能够实现资源共享与优势互补。通过建立战略合作伙伴关系，企业可以更好地利用外部资源，降低成本，提高效率。同时，这种合作关系有助于企业更好地理解市场需求，从而开发出更符合消费者期望的产品和服务。

通过战略规划，企业能够敏锐地识别潜在的合作伙伴，并制定切实可行的合作策略，进而建立起长期稳定的合作关系。战略管理还能够强化企业内外部资源的协同效应，促进各部门之间的沟通与协作，提升企业的整体实力，进一步巩固企业在市场中的地位。通过有效的资源整合和优化配置，企业能够实现规模经济，提高市场竞争力，最终实现企业的长远发展目标。

（四）驱动全面发展，实现企业可持续增长

在当今这个竞争激烈的商业环境中，企业战略管理对于确保企业沿着正确方向发展起到了至关重要的作用。它不仅强调了战略执行的重要性，而且将其视为推动企业全面发展的核心驱动力。企业通过精心构建一个高效的执行机制，能够确保战略决策被准确无误地转化为实际行动。同时，建立科学的绩效评估体系，使企业能够持续监控和评估战略执行的效果，确保企业沿着既定的战略方向稳步前进。这种机制和体系的结合，不仅提高了运营效率，降低了运营成本，还提升了产品的质量和服务水平，从而提高了企业的市场竞争力。

此外，战略管理还能够激发企业不断创新，以适应瞬息万变的市场和客户需求。在战略管理的过程中，企业会持续探索新的技术、新的业务模式以及新的市场机会，从而推动企业实现可持续增长。这种前瞻性的战略思维和行动，确保了企业在激烈的市场竞争中能够保持领先地位，不断开拓新的增长点，实现长期稳定的发展。

三、企业战略管理的过程

（一）战略分析

战略分析是企业战略管理的首要环节，其目的在于了解企业所处的内外环境正在发生的变化，对企业的战略环境进行全面、深入的分析与评价，并预测未来的发展趋势以及这些趋势可能对企业产生的影响。

内部环境分析：企业的内部环境是指企业本身所具备的条件和素质，包括生产经营活动的各个方面，如生产、技术、营销、财务、研发、员工等。通过内部分析，企业能够明确自身的优势与弱点，以便在制定和实施战略时扬长避短、发挥优势，充分利用企业自身的各种资源。例如，苹果公司在技术研发和品牌建设方面具有强大的优势，但在产品价格和市场份额方面可能面临一些挑战。

外部环境分析：企业外部环境一般包括法律环境、经济环境、技术环境、社会环境以及企业所处行业的竞争状况等。分析企业的外部环境关键在于及时寻找和发现有利于企业发展的机会，以及识别对企业构成威胁的因素。例如，随着环保政策的日益严格，新能源汽车行业迎来了新的发展机遇，而传统燃油汽车行业则面临着转型升级的压力。

（二）战略选择

战略选择阶段主要涉及战略方案的制订、评价与选择。

制订战略方案：战略选择要根据战略分析阶段确定的战略目标，制订可供选择的发展战略方案。企业可以采用多种方法来制订战略方案，如 SWOT 分析①、波特五力模型②等。例如，通过 SWOT 分析，企业可以根据自身的优势、劣势、机会和威胁，制定出增长型战略、扭转型战略、防御型战略和多种经营战略等不同类型的战略方案。

评价与选择战略：根据一定的评价标准和资源条件，对制定的战略方案进行评价和选择。评价标准可以包括战略的可行性、风险性、收益性等多个方面。例如，企业在选择战略时，需要考虑战略方案是否符合企业的资源状况和能力水平，能否应对市场竞争和外部环境的变化，以及可能带来的收益和风险等。选定方案后进行资源分配，确定战略实施的政策和计划，并将战略目标分解为子目标，制定相应的策略和计划。战略选择主要包括公司层战略、业务层竞争战略及跨国战略的选择。

---

① SWOT 分析：一种用于企业战略规划、市场营销等领域的常用工具，通过对企业内部优势（Strengths）、劣势（Weaknesses）以及外部机会（Opportunities）、威胁（Threats）进行全面系统的分析，为企业制定发展战略提供依据。

② 波特五力模型：波特五力模型中的五种力量包括：现有竞争者的威胁、潜在进入者的威胁、替代品的威胁、供应商的议价能力、购买者的议价能力。

（三）战略实施

"战略实施"这个术语通常用来描述将既定的战略规划转化为具体行动的整个过程，是战略管理过程中的一个关键环节。

在战略执行的过程中，战略实施扮演着至关重要的角色。即便战略规划制定得再周密和完善，如果在实施阶段缺乏有效的执行体系和具体的操作措施，那么战略管理的目标也难以实现。

为了确保战略实施的成功，企业必须构建并完善战略监控机制，这包括持续地跟踪战略实施的进展情况，并将实施的实际成果与既定的战略目标进行详细的比较分析。当发现实际成果与战略目标之间存在显著差异时，企业必须迅速采取有针对性的、切实可行的修正措施。这些措施可能涉及对战略实施路径的调整、对策略的重新制定，以及对资源配置的优化等。通过这些及时的调整，企业能够确保战略目标的最终实现，同时使企业在不断变化的市场环境中保持正确的战略方向，并确保战略能够顺利地实施和执行。

第二节　数字化转型对企业战略规划的影响

一、战略目标的设定

在传统商业情境下，企业设定战略目标的模式具有显著局限性。企业往往依赖长期积累的历史经验，遵循行业既定的常规路径，决策过程高度依赖管理层基于有限市场认知的主观判断。在相对稳定的市场环境中，这种模式或许能维持一定的运营节奏，但因其思维固化，难以敏捷应对市场的快速变化。例如，某些传统制造业企业在规划产能扩张时，单纯依据过往订单量的增长趋势，忽视了新兴技术可能带来的市场需求结构的变化，导致产能过剩或不足。

随着数字化时代的全面到来，企业战略目标设定的底层逻辑被彻底重塑。数字化技术凭借其强大的数据收集与分析能力，使企业能够获取海量且多元的数据资源。通过先进的数据挖掘算法与智能分析工具，企业能够深入剖析这些数据，精准洞察市场动态。如电商平台可借助大数据分析，实时掌握消费者的购物偏好、消费周期以及新兴消费趋势，进而据此调整产品品类布局与营销策略，将战略目标精准定位在满足消费者潜在需求上，实现从传统的以生产为导向向以消费者为核心的战略转型。这种转型不仅提高了企业对市场变化的响应速度，更使企业在激烈竞争中抢占先机，重塑市场竞争力与发展格局。

二、战略规划的制定

数字化转型使企业战略规划的制定过程发生了根本性改变。在数字化战略规划制定阶段，大数据分析已然成为企业精准把握市场趋势和需求的一柄利刃。企业不再局限于传统单一的数据收集渠道，而是广泛收集来自内部运营系统各个环节的数据，如生产流程中的成本数据、库存周转数据、销售部门的业绩数据等；同时，积极开展外部市场调研，收集行业报告、竞争对手情报等数据；社交媒体平台更是成为获取消费者真实想法和及时反馈的重要渠道。通过对多渠道获取的数据进行的深度整合与分析，企业能够深入了解市场竞争态势，清晰勾勒出消费者偏好的轮廓，进而制定出更具针对性的战略目标，避免战略方向的盲目性。

与此同时，各类数字工具如雨后春笋般涌现，为企业战略规划提供有力支持。人工智能预测模型凭借强大的机器学习能力，能够基于海量历史数据和实时市场信息，对未来市场走向进行精准预测。情景规划软件则可以模拟不同市场情景下企业的发展状况，包括经济繁荣、经济衰退、新技术的突破性应用以及竞争对手的重大战略调整等各种可能出现的场景。企业借助这些工具，能够提前预演不同战略决策下的发展路径，提前制定应对策略，极大地增强了企业战略规划的科学性，提高了精准度，使企业在复杂多变的市场环境中能够从容应对各种挑战，稳健前行。

三、战略规划的执行

实时监控与调整：数字化技术为战略执行提供了强大的实时监控能力。企业借助大数据分析工具，能够对销售、生产、客户反馈等关键数据进行实时监测。一旦发现数据异常，企业可以迅速作出反应，调整战略。例如，生产企业通过实时监测设备运行数据，能够提前预测设备故障，及时安排维护，避免生产中断；电商企业则根据实时销售数据，灵活调整价格和促销策略，以提高销售额。

提升沟通协作效率：协作软件和项目管理平台等数字化工具打破了团队之间的沟通壁垒。团队成员可以实时共享信息、协同工作，无论身处何地都能高效合作。跨国企业利用在线协作工具，实现全球团队的无缝协作，共同推进战略项目，确保战略执行的一致性和有效性。

重视技术与人才培养：在战略规划执行过程中，数字化转型促使企业高度重视技术创新和数字技能培养。企业需要不断更新基础设施，提升技术水平，以适应数字化时代的发展需求。同时，通过内部培训、引进专家等方式，企业可以培养员工的数字技能，如数据分析、人工智能应用等，为战略执行提供坚实的人才保障。

四、战略规划的调整

在动态演进的商业生态中，市场格局持续更迭，新技术呈井喷式发展，这要求企业的战略规划具备高度灵活性，以应对激烈的竞争挑战。数字化转型为企业构建了一套高效且全面的监测评估体系，成为企业战略调整的关键驱动力。

企业借助先进的数字化平台，如专业市场数据监测系统与内部运营管理平台，能够实时采集来自企业内部各业务环节（如生产、销售、研发等）及外部市场环境的多元信息。这些信息涵盖竞争对手动态、政策法规变动、消费者需求演变等多个维度。然后，运用精心构建的数据分析模型，对战略规划的实际执行效果进行精准且及时的评估。

当市场环境发生重大变化，如竞争对手推出创新性产品，凭借独特功能与设计迅速抢占市场份额，或者行业内出现颠覆性技术突破，可能重塑商业模式与竞争格局时，企业可依托数字化转型所赋予的敏捷响应能力，迅速集结相关部门与专业人才，开展深入的战略研讨与分析。基于全面的数据支撑与专业研判，企业能够快速调整战略规划，优化产品研发方向、市场推广策略、资源配置方式等关键要素，确保战略与动态变化的市场环境持续适配，保持战略的适应性与有效性，从而在复杂多变的市场竞争中保持领先地位。

五、战略风险管理

在数字化转型的浪潮下，企业战略风险管理领域发生了深刻变革，既迎来了前所未有的机遇，也面临着诸多全新挑战。

从机遇角度来看，大数据分析和人工智能技术极大地提升了企业对潜在风险的洞察能力。以往，企业在风险识别和评估时，往往依赖有限的数据样本相对传统的分析方法，这使得风险判断的准确性和及时性大打折扣。而如今，借助大数据分析，企业能够整合海量的内外部数据，这些数据来源广泛，涵盖市场动态、行业趋势、客户行为、供应链信息等各个方面。通过复杂算法对这些数据进行深度挖掘，企业可以精准地识别出隐藏在表象背后的风险因素。例如，一家大型制造业企业，通过收集设备运行数据、原材料供应数据以及市场需求波动数据，并利用大数据分析技术，提前预测到原材料价格的大幅上涨以及可能出现的供应链中断风险，从而调整采购策略，与供应商签订长期合作协议，有效规避了潜在风险。

人工智能技术则进一步增强了风险评估的科学性和精准性。企业能够构建复杂的风险预警模型，这些模型基于深度学习算法，能够实时监测各类风险指标的变化情况。一旦风险指标达到预设的阈值，系统便会自动发出预警信号。以金融行业为例，银行利用人工智能驱动的风险评估模型，对客户的信用数据进行多维度分析，不仅能够准确评估客户的信用风险，还能根据客户的实时财务状况和消费行为，动态调整风险评估结果，提前采取如增加抵押物要求、收紧信贷额度等措施，以降低坏账损失，保障金融资产的安全。

然而，随着企业数字化程度的不断加深，大量的敏感数据，如客户信息、商业机密、财务数据等都存储在数字化系统中。这些数据一旦泄露，不仅会给企业带来巨大的经济损失，还可能严重损害企业的声誉。此外，网络攻击也是数字化时代企业面临的严峻挑战之一，可能给企业战略实施带来灾难性后果。

面对这些新风险，企业必须制定全面且系统的风险管理策略。在数据安全防护方面，企业应加大技术投入，采用先进的数据加密技术，确保数据在传输和存储过程中的安全性；建立严格的数据访问权限管理体系，对不同岗位的员工设置不同的数据访问权限，防止内部人员违规操作导致数据泄露；定期进行数据备份，并将备份数据存储在安全地点，以应对可能出现的数据丢失情况。同时，企业还应加强网络安全防护，部署防火墙、入侵检测系统等安全设备，实时监测网络流量，及时发现并阻止网络攻击行为。此外，企业还需制定完善的应急预案，一旦发生数据安全事件或网络攻击，能够迅速采取措施，将损失降到最低限度，确保企业战略的顺利实施。

第三节　数字化转型下企业战略管理创新路径

在数字化转型的大趋势下，企业面临着复杂多变的市场环境和前所未有的挑战与机遇。战略管理作为企业发展的核心环节，如何在数字化浪潮中实现创新变革，成为企业实现可持续发展的关键。

一、数据驱动的战略制定创新

整合多元数据资源：在数字化时代，数据成为企业战略制定的核心资产。企业需要整合内部运营数据、客户数据、供应链数据等，以及外部市场数据、行业动态数据、竞争对手数据等，构建全面的数据视角。通过建立数据库，企业可以对海量数据进行集中存储和管理，确保数据的一致性和准确性。

运用先进数据分析技术：借助大数据分析、机器学习算法、人工智能等先进技术，企业能够从数据中挖掘出有价值的信息。这些信息包括市场趋势、消费者需求变化、竞争对手策略等，为战略决策提供科学依据。机器学习算法可以对历史销售数据进行分析，预测未来销售趋势，帮助企业制定合理的库存策略和市场拓展计划；自然语言处理技术则可用于分析社交媒体和客户反馈数据，帮助企业了解消费者的情感倾向和需求痛点，为产品创新和服务优化提供方向。

实时监测与动态调整战略：数字化技术使企业能够实时监测市场动态和战略执行情况，及时发现问题并作出调整。建立战略预警指标体系，利用数据分析工具对关键指标进行实时跟踪，一旦指标出现异常波动，系统将自动发出预警，企业可据此迅速分析原因，及时调整战略方向和策略，确保战略目标的实现。

二、战略执行的数字化创新

（一）数字化业务流程再造

在当今信息化飞速发展的时代，企业必须紧跟时代的步伐，利用数字化技术对现有的业务流程进行全面的梳理和再造。这一过程旨在实现流程的自动化、智能化以及协同化，从而提高企业的整体运营效率和质量。通过引入企业资源规划（ERP）、客户关系管理（CRM）、供应链管理（SCM）等先进的管理系统，企业能够打破传统的部门壁垒，优化业务流程，实现资源的高效配置和利用。

特别是在生产制造领域，企业可以借助工业互联网和物联网技术，实现生产设备的互联互通和生产过程的实时监控。这样的技术应用不仅能够优化生产流程，还能显著提高生产效率，同时降低生产成本。在销售和服务领域，通过利用客户关系管理（CRM）系统实现客户信息的集中管理和销售流程的自动化，企业能够快速适应市场变化，提高客户满意度和服务质量。

（二）物联网在供应链管理中的应用

随着物联网技术的快速发展，其在供应链管理中的应用已带来革命性的变化。通过在物流设备、运输车辆、仓储设施以及产品本身安装传感器，企业能够实时采集到物流信息、库存数据和产品状态信息。这些实时信息使企业能够对供应链进行全程监控和优化，实现供应链的可视化和智能化管理。基于实时库存数据，企业可以自动触发补货订单，优化运输路线以降低物流成本，进而提高供应链的协同效率和市场适应速度。物联网技术的应用不仅提高了供应链的透明度，还增强了供应链的灵活性和适应性，使企业能够更快地适应市场变化，满足消费者需求。此外，物联网技术还帮助企业实现更加精细化的库存管理，通过精确预测需求，减少过剩库存和缺货风险，进一步提高企业的运营效率和成本控制能力。

（三）人工智能优化生产与运营

人工智能技术在企业生产和运营中的应用前景广阔，能够为企业带来显著的效益提升。在生产环节，通过利用机器学习算法对生产数据进行深入分析，企业可以预测设备故障，实现预防性维护，从而减少设备的维护时间。同时，通过优化生产工艺参数，企业能够进一步提高产品的质量和生产效率。在运营管理方面，人工智能技术同样大有可为。它可以用于智能客服、智能排班、风险预测等多个方面，显著提高运营管理的效率和准确性，为企业创造更大的价值。此外，人工智能还可以通过分析市场趋势和消费者行为，帮助企业制定更精准的营销策略，从而提升企业的市场竞争力。在产品设计和研发阶段，人工智能技术通过模拟和预测产品性能，能够缩短研发周期，降低研发成本，同时提高产品的创新性和市场适应性。

三、客户服务与市场适应的数字化创新

个性化客户服务：在当今信息爆炸的时代，企业通过运用大数据分析和人工智能技术，能够深入挖掘客户的偏好、行为和需求，从而实现个性化服务。通过构建详尽的客户画像，企业能够为不同客户提供定制化的产品推荐、服务方案和营销活动。例如，在线购物平台根据客户的浏览历史和购买行为，智能地为客户推荐个性化的商品；而金融机构则根据客户的风险偏好和财务状况，为客户提供定制化的理财方案，满足他们独特的财务需求。

数字化客户体验提升：随着科技的进步，数字化渠道已经成为企业提升客户体验的新途径。企业优化网站界面设计，开发功能强大的移动应用程序，利用社交媒体等手段，为客户提供更加便捷、高效的服务体验。在线客服系统能够实时解答客户的咨询问题，而社交媒体平台则可以及时回应客户的反馈，使客户感受到企业的关注和重视。此外，企业还运用虚拟现实、增强现实等前沿技术，为客户提供沉浸式的产品使用体验，增强客户对产品的认知和兴趣，提升整体的客户满意度。

数据驱动的市场适应策略：在激烈的市场竞争中，企业需要快速适应市场变化，而数据驱动的市场适应策略正是实现这一目标的关键。通过对市场数据的实时监测和深入分析，企业能够及时洞察市场变化，快速调整产品和服务策略。利用社交媒体监测工具，企业可以收集用户对产品和品牌的评价和反馈，及时发现市场需求的变化和潜在问题。根据这些数据分析结果，企业能够迅速调整产品功能、价格策略或营销策略，以更好地满足市场需求，提升市场竞争力，确保在竞争中保持领先地位。

四、组织管理的数字化创新

构建敏捷组织结构：在数字化时代，企业需要具备快速适应市场变化的能力，因此构建敏捷组织结构至关重要。企业应减少管理层级，简化决策流程，建立扁平化的组织结构。同时，打破部门壁垒，促进跨部门协作，组建跨职能团队，以提高组织的协同效率和创新能力。敏捷组织结构使企业能够更快地适应市场变化，及时调整战略和业务方向。

打造数字化企业文化：企业文化是企业的灵魂，数字化企业文化强调创新、协作、包容和快速适应。企业应通过培训、宣传等方式，培养员工的数字化思维和创新意识，鼓励员工积极运用数字化技术解决工作中的问题。营造包容失败的文化氛围，让员工敢于尝试新的想法和方法。同时，建立开放

的沟通机制，利用企业社交平台等工具，促进员工之间的信息共享和交流，提高团队协作效率。

实施数字化绩效管理：企业应利用数字化技术建立科学合理的绩效管理体系，实现绩效评估的自动化和精准化。通过设定关键绩效指标（KPI），并利用数据采集和分析工具实时跟踪员工的工作表现，为绩效评估提供客观依据。数字化绩效管理能够及时发现员工工作中的问题和不足，为员工提供有针对性的反馈和培训，促进员工的成长和发展，同时也为企业的战略执行提供有力保障。

五、数字化人才的培养与引进

培养内部数字化人才：企业应加强内部员工的数字化培训，提升员工的数字素养和技能。通过开展内部培训课程、组织在线学习、举办工作坊等方式，帮助员工掌握大数据分析、人工智能、云计算等数字化技术的应用。鼓励员工参与数字化项目实践，在实践中提升数字化能力。此外，企业还可以建立内部导师制度，让经验丰富的数字化专家指导新员工成长。

引进外部专业人才：除了内部培养，企业还需从外部引进具有先进数字化技能的专业人才，如数据科学家、人工智能工程师、数字化营销专家等。这些外部人才能够为企业带来新的理念和技术，加速企业的数字化转型进程。企业应制定有吸引力的人才引进政策，提供良好的职业发展空间和薪酬待遇，以吸引优秀的数字化人才加入。

建立人才发展体系：企业应建立完善的人才发展体系，为数字化人才提供持续发展的机会。制定明确的职业发展规划，为员工打造晋升通道和发展方向。定期对员工进行能力评估，并根据评估结果为员工提供个性化的培训和发展建议。鼓励员工跨部门、跨领域流动，培养复合型数字化人才，以满足企业数字化转型的多样化需求。

六、合作伙伴关系与生态系统构建的创新

第一，拓展合作版图。在数字化浪潮下，企业想要取得成功，离不开广泛的合作伙伴网络。企业不应局限于传统合作对象，而应积极与技术供应商、平台运营者、内容创作者以及服务提供方等携手。比如，与云计算服务商合作，获取强大的算力与海量数据存储支持；与社交媒体平台联手，拓宽市场推广渠道，提升品牌知名度。

第二，深化合作层次。企业与合作伙伴的关系不能仅停留在简单的交易往来上，而应迈向深度战略合作。通过共同开展技术研发、产品创新、市场推广等活动，企业可以实现资源共享、优势互补，开拓更广阔的市场。如汽车制造商和科技公司合作研发智能驾驶技术，推动汽车行业智能化发展；电商平台与品牌商合作开展联合营销活动，提升双方的销售额与市场份额。

第三，构建数字化生态体系。企业需主动构建数字化生态系统，整合产业链上下游资源，开拓互利共赢的生态局面。以平台型企业为核心，吸引供应商、合作伙伴、开发者、用户等各方参与者，打造开放、协同、创新的生态环境。各方通过数据共享、业务协同，实现价值共创、共同进步。

在数字化转型进程中，企业战略管理的创新路径是多维度、系统性的。从数据驱动的战略制定到数字化战略执行，从客户服务与市场适应创新到组织管理和人才培养的变革，再到合作伙伴关系与生态系统构建，各个环节紧密相连、相互影响。企业只有全面推进战略管理的数字化创新，才能在激烈的市场竞争中崭露头角，实现可持续发展。

第四节　数字化转型下企业战略创新与竞争力提升

一、数字化转型对企业战略创新与竞争力提升的重要性

（一）推动企业发展目标实现

在数字经济蓬勃发展的当下，数字化转型已成为企业战略创新的关键催化剂，更是企业实现生存与持续发展的核心驱动力。传统营销策略在快速更迭的市场需求面前逐渐力不从心，企业唯有借助数字化转型，深入洞察市场趋势，才能探索出更具前瞻性的战略路径。

数字化转型带来的战略创新，对企业竞争力的提升立竿见影。在数字化时代，企业的竞争优势不再单纯依赖于传统的资源积累，而是更多地取决于对海量数据的深度挖掘、精准分析以及高效运用能力。同时，熟练掌握和灵活运用大数据、人工智能、云计算等新兴技术，也成为企业在竞争中脱颖而出的必备技能。通过数字化转型实现战略创新，企业不仅能精准定位市场需求，优化产品与服务，还能有效提高运营效率，降低成本，从而全方位增强

企业的市场竞争力。这也使得如何科学、高效地借助数字化转型实施战略创新，成为每家企业亟待深入研究并解决的关键课题。

（二）增强企业社会责任感

数字化转型助力下的企业战略创新与竞争力提升，在多个维度推动着企业社会责任的履行。在技术创新方面，数字化工具和技术为企业研发更环保、节能的产品提供了可能，大幅降低了企业生产经营活动对环境造成的负面影响，为可持续发展贡献了力量。与此同时，数字化赋能下的战略创新还能借助大数据分析、智能检测等手段，全面提高产品质量和安全性，从源头上减少因产品问题引发的安全事故，切实保障消费者权益。

随着企业在数字化转型中竞争力的不断增强，企业创造经济价值的能力也同步提升，这为社会创造了更多的就业岗位，增加了税收收入，为经济发展注入了新的活力。不仅如此，数字化转型还促使企业更加关注社会公益事业和社区发展。借助数字化平台，企业能够更便捷地参与慈善捐赠、社区服务等公益活动，加强与社区的互动与联系，积极回馈社会，树立良好的企业形象。

（三）优化企业内部管理

在数字化转型的浪潮之下，企业迎来了重塑内部管理架构的绝佳契机。数字化转型为企业搭建起了一体化的管理平台，彻底打破了部门之间的信息壁垒。以往，各部门数据相互独立，信息流通不畅，导致工作衔接出现诸多问题。如今，通过企业资源规划（ERP）系统，财务数据实现了实时更新并共享，使管理层能够随时掌握企业的资金状况，合理规划资金流向；客户关系管理（CRM）系统则将分散在各个业务环节的客户信息进行整合，助力销售与客服部门更精准地服务客户。

在生产环节中，数字化管理系统更是发挥着关键作用。系统能够实时监控生产进度，从原材料的投入到半成品的加工，再到成品的产出，每一个步骤都尽在掌控之中。同时，对于原材料库存等信息，系统也能进行动态跟踪，一旦库存低于安全阈值，系统便会自动发出预警，企业可以及时进行补货，避免因原材料短缺导致生产延误；若库存过高，系统也会提醒企业调整采购计划，防止库存积压占用大量资金。

在人力资源管理方面，数字化工具同样大放异彩。利用线上招聘平台和智能筛选软件，企业可以从海量的简历中快速筛选出符合岗位要求的候选人，大大提高了招聘效率。在员工培训阶段，借助学习管理系统（LMS），企业能够根据员工的岗位需求、技能短板以及过往学习记录，精准识别员工的培训需求，并制定个性化的培训课程。而在绩效考核时，数字化工具能够全面收集员工的工作数据，从工作任务完成情况、团队协作表现到创新成果等多个维度进行评估，使考核结果更加公平、公正，从而有效激发了员工的积极性和创造力，全面提升了企业的整体运营效率。

（四）拓展市场空间

数字化转型为企业带来了前所未有的市场拓展机遇，使企业能够突破地域限制，借助互联网平台驰骋全球市场。在传统商业模式下，企业的市场范围往往局限于周边地区，发展空间受到极大制约。但随着数字化时代的到来，电商平台成为企业触达全球消费者的重要渠道。企业只需在知名电商平台上开设店铺，就能将产品和服务展示给世界各地的客户，打破了时间和空间的界限。社交媒体的兴起更是为企业提供了新的营销阵地，通过图文、视频等形式的内容营销，企业可以与潜在客户进行互动，提升品牌知名度和产品认可度。

以跨境电商的发展为例。这一新兴业态让许多中小企业迎来了发展的春天。它们无需投入巨额资金在海外建立实体销售渠道，只需依托跨境电商平台，就能将产品销售到世界各地。如一些小型的手工艺品企业通过跨境电商将独具特色的手工艺品远销欧美市场，拓宽了收入来源，实现了业务的快速增长。此外，大数据分析成为企业在拓展市场过程中的有力武器。通过对海量消费数据的挖掘和分析，企业可以深入了解不同地区、不同消费群体的需求特点。比如，针对欧美市场消费者对环保产品的喜爱，企业可以开发绿色环保的产品系列；针对亚洲市场消费者对精致包装的偏好，企业可以优化产品的包装设计。基于这些精准的市场洞察，企业能够精准制定营销策略，开发符合当地市场需求的产品和服务，进一步提升市场占有率，在激烈的全球市场竞争中抢占先机。

二、数字化背景下企业战略创新与竞争力提升的内在逻辑

（一）技术驱动与市场洞察

数字技术的快速发展为企业带来了巨大的变革机遇。企业可以运用大数据、云计算和人工智能等先进技术，优化经营流程、研发新产品、提升服务

水平，从而在市场中赢得竞争优势。随着科技水平的不断提高，企业的智能化和自动化程度也显著提升，进一步增强了企业的竞争力。在数字化时代，数据已成为一种重要的资源。企业通过收集和分析海量数据，能够更好地了解市场动态和消费者需求，为战略制定提供有力支持。准确的市场洞察能够帮助企业把握市场机会，规避潜在风险，确保战略创新的有效性和针对性。

（二）客户需求与用户体验

随着数字时代的到来，消费需求变得越来越多元化和个性化。为了满足顾客的期望，企业必须深入挖掘顾客的需求，并且持续地调整自己的产品与服务策略。通过实时的客户调研、社交媒体分析等手段，企业能够更准确地把握顾客的真实需求，为产品创新和服务升级奠定坚实的基础。

另外，提升用户体验是赢得顾客信任的关键所在。企业应当注重产品的易用性和服务的及时性，持续地优化用户体验。通过优化用户界面、提供个性化服务和建立顾客社群等措施，企业能够有效地增强顾客的黏性，进一步提升顾客的满意度和忠诚度。这些措施不仅有助于树立品牌声誉，而且能够促进顾客的重复购买行为，为企业带来长期的经济收益。

（三）组织变革与人才适配

数字化转型要求企业在组织架构和人才管理方面进行相应变革。传统的层级式组织架构在数字化时代容易导致信息传递缓慢、决策效率低下，难以适应市场的快速变化。因此，企业需要构建更加灵活、扁平化的组织架构，以促进信息的快速流通和团队间的高效协作。例如，许多互联网企业采用项目制的团队运作模式，根据业务需求快速组建跨部门团队，项目完成后团队成员又能迅速投入到新的项目中，极大地提高了组织的应变能力。

同时，数字化转型需要具备数字化技能和创新思维的人才。企业要加强数字化人才的引进和培养：一方面，从外部招聘具有大数据分析、人工智能应用等专业技能的人才，为企业注入新鲜血液；另一方面，通过内部培训和在线学习等方式，提升现有员工的数字化素养和技能，使他们能够适应数字化工作流程。只有实现组织架构与人才的适配，才能确保企业战略创新的顺利实施，提升企业的竞争力。

（四）生态协同与合作共赢

在数字化背景下，企业不再是孤立的个体，而是置身于一个庞大的商业生态系统之中。企业需要与供应商、合作伙伴、客户等建立紧密的生态协同关系，实现资源共享、优势互补、合作共赢。例如，在供应链管理中，通过数字化平台实现信息共享，企业与供应商能够实时协同制订生产计划和进行库存管理，从而降低成本，提高效率。

此外，企业还可以与其他企业开展战略合作，共同研发新技术、开拓新市场。例如，科技企业与金融机构合作，利用数字技术开发新的金融产品和服务，满足市场需求。这种生态协同的模式不仅有助于提升企业自身的竞争力，还能推动整个行业的发展，营造良好的商业生态环境，为企业战略创新提供更广阔的发展空间。

三、数字化背景下企业战略创新与竞争力提升的策略

（一）传统业务的数字化转型与升级

1.精准锚定数字化升级目标

在数字化的大环境之中，企业若想保持持续竞争力，对传统业务进行数字化转型与升级已成为必然之举。这一复杂过程的首要任务，便是清晰、明确地设定数字化升级的目标。这些目标涵盖诸多关键领域，如显著提升企业运营效率，通过数字化手段优化业务流程，减少不必要的时间损耗与流程冗余；切实降低生产成本，利用数字化技术精准控制资源投入与产出，提高资源利用效率；全方位优化客户体验，利用数字化渠道与工具，为客户提供更加便捷、个性化、高效的服务与产品交互体验等。当这些目标被精准锚定后，便能为企业后续数字化战略的规划与制定提供明确的方向，避免盲目跟风与资源浪费，确保数字化转型有的放矢，推动企业发展为高质量迈进。

2.全方位深度评估业务流程

企业要想实现传统业务的数字化升级，绝不能闭门造车，仅凭主观臆断，而是需要对现有的业务流程展开深入、细致、全面的评估工作。这要求企业组建专业的评估团队，运用科学的评估方法与工具，深入剖析各个环节的资源配置，精准识别出流程中存在的潜在浪费现象以及资源不足。与此同时，企业还应积极地开展市场调研，通过多种方式，如问卷调查、客户访谈、焦点小组等，广泛收集客户的真实反馈与需求信息，深入了解客户在与企业交互过程中的痛点与期望。只有这样，企业才能确保数字化升级紧密贴合市场动态以及客户的实际需求，使数字化转型真正成为提升企业竞争力、提高客

户满意度的有力武器，而非脱离实际的"花架子"。

3. 科学甄选与合理应用数字技术

在数字化转型的道路上，企业需要依据自身的业务需求，甄选出最为合适、最具价值的技术加以应用。例如，云计算技术可为企业提供强大的计算资源与数据存储能力，满足业务扩张与数据处理的需求；大数据技术能够帮助企业深度挖掘海量数据的价值，实现精准决策与精准营销；人工智能技术则可以在客户服务、生产制造、质量检测等多个环节发挥重要作用，提高效率与质量。然而，面对这些新兴技术，企业不能盲目跟风，而应在充分调研与分析的基础上，参考同行业成功应用案例，结合自身业务特点与发展战略，谨慎选择。在技术应用初期，可先进行小范围的试点或模拟实验，通过实际运行数据与效果反馈，验证技术的可行性、稳定性以及对企业业务的实际提升效果。待试点成功后再逐步推广至全业务领域，确保数字化技术在企业中得以高效、合理应用，真正为企业转型升级赋能。

（二）开放式创新平台的打造与拓宽

1. 精准定位与高效搭建创新平台

在数字化时代，企业单打独斗的创新模式已难以适应市场的快速变化，构建开放式创新平台成为汇聚各方智慧与资源的关键举措。企业应紧密结合自身的战略目标以及业务发展需求，对开放式创新平台进行精准定位。明确平台是聚焦产品研发创新、商业模式创新，还是服务创新等特定领域，抑或是综合性创新平台。在此基础上，高效搭建线上线下有机融合的创新平台。线上平台可借助互联网技术，突破地域限制，广泛连接全球范围内的创新人才、科研机构、企业合作伙伴等，实现信息共享、技术交流、项目合作等功能；线下平台则可打造创新空间，举办创新活动，组织创新研讨会等，为创新参与者提供面对面交流、协作的机会，促进创新思想的碰撞与落地。通过线上线下相结合的方式，企业可以吸引企业内部员工、外部供应商、高校科研团队、行业专家以及广大客户等多元创新资源积极参与，为企业创新发展注入源源不断的活力。

2. 完善合作机制的制定与落地实施

开放式创新平台的高效运行离不开完善、合理、公平的合作机制作为支撑。企业作为平台的主导者，需牵头制定一套涵盖合作方式、利益分配、知识产权归属等关键要素的合作机制。

在合作方式上，明确各方在创新项目中的角色、职责以及协同流程，确保合作过程顺畅、有序。

在利益分配方面，要依据各方的投入资源、贡献程度以及风险承担等因素，制订公平、透明、合理的分配方案，充分调动各方参与创新的积极性。

在知识产权归属上，要提前明确创新成果的知识产权归属规则，避免后续纠纷，保障各方的合法权益。同时，企业应加强对合作机制的宣传与培训，确保所有参与方都能清晰理解并严格遵守，通过契约精神与制度约束，保障合作各方能够公平、高效地参与创新过程，实现互利共赢，共同推动创新项目顺利开展，为企业创造更多价值。

3. 强化创新支持与创新运营模式

构建开放式创新平台，不仅在于搭建一个交流协作的空间，更在于要为创新者提供全方位的支持，营造良好的创新运营环境。企业应整合内外部资源，为创新者提供技术、资金、市场推广等多方面的支持。在技术支持方面，企业应开放自身的技术资源，如研发设备、技术文档、专利成果等，同时引入外部技术专家，为创新者提供技术咨询与指导；在资金支持上，企业应设立创新基金、提供项目资助；并协助创新者申请政府补贴与社会融资等，解决创新者的资金难题；在市场推广方面，企业应利用自身的市场渠道、客户资源以及品牌影响力，帮助创新成果快速推向市场，实现商业价值。

此外，企业还应积极探索多样化的创新运营模式。如，众包模式，将创新任务外包给广大网民或专业群体；产学研合作模式，与高校、科研机构深度合作，开展前沿技术研究与应用开发；孵化模式，为创新项目提供孵化场地、创业辅导等服务，培育创新企业与创新成果。多种运营模式的有机结合可以加速创新成果从创意到产品的转化过程，提升企业创新效率与创新能力，为企业的持续发展注入强劲动力。

（三）品牌塑造与数字化营销策略创新

1. 精准品牌定位与数字化技术深度融入

在数字化时代，品牌已成为企业核心竞争力的重要组成部分，而精准的品牌定位是品牌塑造的基石。企业应通过深入的市场调研、大数据分析等手段，精准定位目标客户群体，全面了解他们的年龄、性别、消费习惯、价值取向等多维度特征，从而确定品牌在市场中的独特定位，明确品牌要传达的核心价值与个性形象。在此基础上，企业应积极运用数字化技术全方位塑造品牌形象。例如，利用虚拟现实、增强现实技术，为消费者打造沉浸式的品牌体验，让他们更加直观地感受品牌魅力；借助数字化设计工具，优化品牌标志、包装、宣传物料等视觉元素，提高品牌的独特性与辨识度，使其在众多竞争者中脱颖而出。同时，确保品牌视觉形象与企业整体形象高度一致，传递出统一、专业、可靠的品牌信息，提升品牌在消费者心中的认知度与美誉度。

2. 数字化营销模式的创新性落地实施

数字化营销已成为企业推广品牌、拓展市场、提升销量的关键手段。企业应紧跟数字化营销的发展趋势，加强数字化营销能力建设，创新性地实施多种数字化营销模式。

一方面，充分利用大数据技术对海量顾客数据进行深度挖掘与分析，精准把握顾客的需求偏好、购买行为以及潜在需求，实现对目标客户的精准定位，为个性化营销提供数据支持。

另一方面，依据顾客画像制定个性化的营销策略，通过社交媒体、电子邮件、手机短信等多种数字渠道进行精准推送，向不同顾客群体推送符合其兴趣与需求的产品信息、促销活动等内容，提高营销信息的触达率与转化率。同时，企业还可积极探索新兴的数字化营销模式，如直播带货、短视频营销、内容营销等，借助网红、KOL 等网络红人的影响力，快速提升品牌曝光度与产品销量；利用搜索引擎优化（SEO）、搜索引擎营销（SEM）等手段，提高企业在搜索引擎中的排名，提高品牌在网络空间的可见度，吸引更多潜在客户，全方位提升品牌的市场影响力与竞争力。

（四）人才培养与组织创新策略优化

1. 数字化人才的系统性培养与提升

数字化转型的深入推进，对企业的员工素质提出了全新的要求，数字化人才成为企业核心竞争力的关键要素。

第一，企业应通过组织内部培训、邀请外部专家讲座、开展线上线下学习课程等多种形式，提高全体员工对数字化技术的认知水平与接受程度，让数字化思维深入人心，为数字化转型奠定坚实的人才基础。

第二，企业应制订系统性的人才培训计划，针对不同岗位、不同层级的员工，设计个性化的数字化技能培训课程，涵盖数据分析、编程开发、数字营销、人工智能应用等多个领域，帮助员工逐步掌握数字化技能，提升他们在数字化环境下的工作能力与创新能力。

第三，企业应积极鼓励员工参与数字化创新实践，为员工提供创新项目机会，设立创新奖励机制，激发员工的创新积极性与主动性，让员工在实践中不断提升数字化素养，为企业数字化转型贡献智慧与力量，打造一支适应数字化时代发展需求的高素质人才队伍。

2. 组织结构的创新性变革与优化

企业应积极推进组织结构创新，构建更加灵活、高效、扁平化的组织架构。通过减少管理层级，缩短决策链条，提高决策效率与适应速度，企业能够迅速捕捉市场机遇，应对各种挑战。

为了打破不同部门之间的障碍和壁垒，企业应当积极建立跨部门的项目团队以及协作小组等创新的工作模式，促进信息在组织内部的自由流动与广泛共享，从而实现资源的优化配置与协同利用，进一步提高整个组织的工作效率和创新能力。

此外，企业还可引入敏捷开发、精益管理等先进管理理念与方法，进一步优化组织流程，提升组织运营效率，激发组织活力。这将为企业的创新发展营造良好的内部环境，使企业组织能够更加灵活、高效地适应数字化时代的市场变化与竞争挑战，为战略创新与竞争力提升提供坚实的组织保障。

第五章 企业营销的数字化转型研究

本章从市场营销的基本分析入手，探讨企业在数字化营销中的合规策略，分析营销策略与数字化产业的融合机制，以及数字化转型对企业营销绩效的影响。本章可以为企业在数字化营销中找准方向、提升效果提供参考。

第一节 市场营销的基本分析

市场是商品交换的特定场所，而市场营销则是个人与集体创造产品和价值，并通过交换以满足自身需求和欲望的社会管理过程。其核心作用在于解决生产与消费之间的矛盾，满足顾客在生活与生产方面的消费需求。

一、市场营销的概念与观念

（一）市场营销的核心概念

要深入理解营销职能，必须掌握以下核心概念。

需要、欲望和需求：需要是人的一种主观感受，是个体在生存过程中对某种缺乏且渴望得到的事物所产生的心理反应。例如，一个人感到饥饿，这是一种基本的生理需要。欲望是对具体需要满足的期望。比如上例中的那个感受到饥饿的人可能渴望吃一顿美味的意大利面。需求则是由购买力支撑的对某些具体产品的购买意愿。例如，如果那个人有足够的钱并且愿意购买意大利面，那么他就有了对意大利面的需求。

产品和服务：产品是指能够满足人们需求或欲望的任何事物，它既可以是有形的实体，也可以是无形的服务，甚至一个创意、一项活动都能被视作产品。例如，一辆汽车是有形的产品，而汽车保险则是一种服务。新开发的软件应用是一种创意产品，组织的一场音乐会则是一种活动形式的产品。所有这些例子都展示了产品和服务的多样性，以及它们如何满足不同消费者的需求。

市场细分、目标市场和市场定位：营销者通过分析顾客的人口统计特征、心理特点和行为差异等信息，将市场划分为具有不同产品和服务需求的消费者群体，进而选定目标市场，并针对目标市场开发设计特定产品。例如，一家运动鞋公司可能会根据年龄、性别、收入水平和生活方式等因素，将市场细分为专业运动员、健身爱好者和休闲运动者等群体。然后，公司可能会选择专注于为专业运动员提供高性能运动鞋作为其目标市场，并针对这一群体开发具有特殊技术支持的产品。

价值、成本与满意：价值是顾客对产品或服务满足自身某种需求能力的评价。例如，如果一个顾客购买了一台高效率的洗衣机，他可能会根据洗衣机的清洁效果、耐用性、能耗和价格来评价其价值。成本则是为了达到特定的目标或生产产品/提供服务所付出的资源（如金钱、时间、劳动力等）总耗费。满意是顾客对产品实际感知效果与期望效果对比的结果。如果洗衣机的实际表现超出了顾客的期望，那么顾客就会感到满意；反之，如果洗衣机的表现没有达到顾客的期望，那么顾客可能会感到不满意。

交换：交换是指通过提供某些东西作为回报，从他人那里获取所需产品的活动。交换是市场营销活动的核心，企业开展营销的目的就是要确保交换顺利达成。例如，当顾客在超市购买一盒牛奶时，他们提供货币作为回报，而超市则提供牛奶。这种简单的交换活动是市场经济的基础，也是企业与消费者之间建立关系的起点。企业通过确保交换过程的顺畅和高效，不仅满足了顾客的需求，也实现了自身的商业目标。

（二）市场营销观念

1. 生产观念

生产观念认为企业的一切活动都应以产品为中心，以产品需求为核心。在这一时期，企业生产的产品旨在满足市场需求，企业处于强势地位，全球市场基本属于卖方市场。例如，在20世纪初的工业革命时期，福特汽车公司通过大规模生产T型车，成功满足了当时人们对汽车的庞大需求。由于产品供不应求，企业几乎不需要开展过多的市场营销活动，消费者对产品的接受程度极高。这种观念强调的是生产效率和规模经济，企业通过标准化和流水线生产方式来降低成本、提高产量。在这一阶段，企业往往拥有强大的生产能力和技术优势，能够迅速适应市场需求的变化。比如，亨利·福特的流水线生产方式不仅改变了汽车制造业，也对整个工业生产方式产生了深远的影响。企业通过不断优化生产流程，减少浪费，提高生产效率，从而在市场中占据有利地位。

2. 产品观念

产品观念强调产品的质量和性能。企业通过提高产品质量和性能来满足消费者需求，从而赢得市场优势。以苹果公司为例，其产品如 iPhone 和 iPad，凭借卓越的设计和用户体验，成功在市场上树立了高端品牌形象，吸引了大量忠实消费者。这种观念认为，只要产品足够优秀，消费者自然会购买。因此，企业会投入大量资源进行产品研发和创新，以确保其产品在市场中具有独特的卖点和竞争优势。比如，索尼公司在其鼎盛时期，凭借其在音频和视频技术上的创新，推出了众多深受消费者喜爱的产品，如随身听和特丽珑电视。这些产品不仅在技术上处于领先地位，而且在设计上也体现了对消费者需求的深刻理解。

3. 推销观念

推销观念认为企业需要通过积极的推销活动来推动产品销售。企业利用广告、促销等手段吸引消费者购买产品。例如，宝洁公司通过大量的电视广告和超市促销活动，成功推广了旗下的众多日用消费品，如汰渍洗衣粉和潘婷洗发水，从而在竞争激烈的市场中脱颖而出。这种观念认为，消费者不会主动购买产品，因此企业必须通过各种推销手段来激发消费者的购买欲望。在这一阶段，广告和促销活动成为企业营销策略的重要组成部分。比如，可口可乐公司凭借其标志性的广告语和全球范围内的广告宣传，成功地将可口可乐打造成了全球知名的饮料品牌。此外，企业还会通过举办各种促销活动，如打折、买一赠一等，来吸引消费者购买产品。

4. 市场营销观念

市场营销观念强调以消费者为中心，通过满足消费者需求来实现企业目标。企业通过市场调研、市场细分、目标市场选择和市场定位等方式，更好地满足消费者需求。以星巴克为例，星巴克通过市场调研发现，消费者对高品质咖啡和舒适环境的需求，因此将自己定位为"第三空间"，不仅提供咖啡，还提供了一个社交和休闲的场所，从而吸引了广泛的消费者群体。这种观念认为，企业应该深入了解消费者的需求和偏好，然后提供相应的产品和服务来满足这些需求。比如，宜家家居通过其独特的市场定位，提供设计时尚、价格合理的家具产品，满足了消费者对家居装饰的需求。同时，宜家还提供了一个可以体验产品的购物环境，让消费者在购买前能够亲身体验产品的质量和设计。

5.社会营销观念

在当今的商业环境中，社会营销观念已成为企业制定和执行市场营销策略时不可或缺的一部分。这种观念的核心在于，企业不应仅关注自身的经济利益，而是在开展市场营销活动时，必须同时兼顾社会利益。企业通过积极履行社会责任，不仅能够促进自身的发展，还能与社会共同进步，实现双赢。

以蚂蚁森林为例，支付宝推出的蚂蚁森林公益项目，鼓励用户通过绿色出行、在线缴费等低碳行为获取"能量"，积攒到一定程度即可在现实中种植一棵真树。蚂蚁森林将企业的业务拓展与环境保护、公众环保意识增强紧密结合。截至目前，蚂蚁森林已带动数亿用户参与，在荒漠化地区种下了数以亿计的树木，有效改善了生态环境。同时，这一项目也极大地提升了支付宝在用户心中的品牌形象，提高了用户黏性与活跃度，实现了企业与社会利益的双赢。

又如伊利长期聚焦于儿童营养健康领域。通过开展"伊利方舟"公益项目，伊利为全国众多偏远地区的儿童提供安全健康教育，覆盖交通安全、食品安全、防溺水等多个方面。在追求自身发展的同时，伊利积极履行社会责任，助力儿童健康成长，为社会的未来发展贡献力量。这种社会营销观念下的举措，使伊利在消费者心中树立了良好的品牌形象，推动了产品的市场推广与销售增长。这些案例充分表明，中国企业已深刻认识到社会营销观念的重要性，通过积极承担社会责任，实现了自身发展与社会进步的良性互动，为构建可持续发展的商业生态奠定了坚实基础。

二、市场营销的作用

在现代企业的发展过程中，市场营销与经济管理如同双轮驱动，其融合是市场的自然选择，更是企业求胜的必由之路。[①]市场营销工作的关键作用有如下四个方面。

（一）达成企业生产目标

市场营销工作是实现企业生产目标的必要条件，为企业的再生产提供保

---

① 倪言言.企业市场营销与经济管理的有效融合［J］.商场现代化，2025（3）：62-64.

障。通过营销活动，企业能够满足消费者需求，使商品的使用价值得以充分体现，进而实现商品的价值。比如，元气森林通过深入的市场调研，敏锐地捕捉到消费者对健康、低糖饮品的强烈需求，进而推出了一系列零糖、零脂、零卡的气泡水等产品。这些产品一经上市，便迅速风靡市场，不仅满足了市场需求，还成功塑造了元气森林的健康品牌形象，显著提升了市场份额。此外，借助多元化的营销策略，如与热门综艺合作、开展线上线下互动活动等，元气森林成功将产品推广至更广泛的消费群体，进一步拓展了市场空间。

（二）连接生产与消费

市场营销工作宛如桥梁，连接着生产与消费，是开拓市场的先锋。企业通过营销活动将产品及相关信息传递给消费者，同时把消费者对商品的意见和新需求反馈给企业，有力推动企业持续研发新产品。以小米科技为例，通过社交媒体、官方网站等渠道，小米能够及时向消费者介绍最新款手机的性能、特点等信息。同时，借助米粉社区等平台，小米还积极收集用户反馈，以此为依据不断优化下一代产品的设计与功能。这种紧密的互动模式不仅提高了消费者对小米品牌的忠诚度，还使小米能够迅速响应市场变化，灵活调整产品策略。例如，小米通过收集用户对智能家居互联互通的需求反馈，不断完善米家生态系统，推出更多智能设备，在竞争激烈的科技市场中始终保持领先地位。

（三）为决策提供依据

市场营销工作为企业的各项经营决策提供客观依据，发挥着关键的指导作用。营销人员在推销商品的过程中，深入开展市场调查，全面了解供需动态，精准掌握商品供应情况和市场竞争态势，为企业的产品决策、生产安排、销售策略等提供重要信息。例如，名创优品通过分析全球门店的销售数据、消费者偏好以及市场趋势，决定在不同季节、不同地区推出符合当地消费者需求的商品款式，并合理调整库存与定价策略。这种基于数据的科学决策过程，使名创优品能够精准预测市场趋势，有效减少库存积压，显著提高资金周转率。同时，通过市场调研，名创优品还能及时发现潜在市场机会，适时调整产品线，如推出联名款商品，满足消费者追求个性化、时尚化的新需求。

（四）推动企业改进

商品在市场上的销售表现，能够清晰反映企业的优势与不足，进而促使企业提升人员素质、优化经营管理水平、改进生产工艺、提升技术水平、降低成本、提高产品质量、丰富产品品种、加速新产品的开发和老产品的更新换代。以比亚迪汽车为例，通过分析消费者对新能源汽车的反馈，比亚迪持续加大在电池技术研发上的投入力度，不断提升电池续航里程，同时积极开发更多不同款式、不同定位的新能源车型，满足从家庭用车到高端商务用车等不同的需求。这种以市场为导向的持续改进策略，不仅大幅提升了比亚迪产品的市场竞争力，还极大提升了企业的创新能力。又如，全友家居通过收集消费者对环保家居的反馈，积极采用可持续材料，改进生产工艺，减少生产过程中的环境污染，从而吸引了越来越多注重环保和可持续生活方式的消费者，在家具市场中赢得了良好口碑。

第二节　企业数字化营销中的合规策略

在数字经济高速发展的当下，数字化营销已成为企业拓展市场、提升竞争力的关键手段，为企业带来了广阔的发展机遇。然而，随着数字化营销的深入推进，企业也面临着日益复杂的合规挑战。数字化营销模式的创新不仅改变了传统的营销格局，更对企业的合规管理体系提出了全新的要求。企业必须在严格遵循相关法律法规的基础上，构建并实施科学有效的合规策略，确保数字化营销活动在合法合规的轨道上稳健运行。[①]

一、严守用户隐私保护法规

（一）明确数据收集与使用目的及范围

在数字化营销的大背景下，企业为了实现精准营销目标和优化用户体验，往往会收集和使用涵盖用户个人基本信息、消费行为习惯等多维度的大量数据。但这一切活动都必须以严格遵守用户隐私保护法规为前提，切实保障用户的个人隐私以及数据安全。

不同企业的业务性质各异，这直接决定了其数据收集需求的差异性。在收集用户数据之前，企业务必依据相关的法律法规，进行深入细致且全面的

---

① 秦月. 新质生产力背景下的企业数字化营销策略研究 [J]. 营销界，2024（20）：41-43.

分析。收集范围应精确界定，仅涵盖与企业业务紧密相关的数据，如医疗记录、社交关系等无关信息绝不能纳入收集范畴。例如，电商企业若以优化商品推荐为目的，那么收集的数据应围绕用户的浏览记录、购买历史、搜索关键词等与商品偏好直接相关的信息。

企业有责任通过显著位置弹窗提示、在用户协议中详细说明等多种方式，向用户充分告知数据的使用目的、分析方式以及共享对象。例如，若企业计划采用协同过滤算法分析用户数据以实现个性化商品推荐，并会将经过脱敏处理的数据共享给第三方合作伙伴用于精准广告投放，这些信息都应明确告知用户。只有在获得用户明确、自愿的同意，如勾选同意框、点击确认按钮后，企业才能启动数据收集流程，并开展后续的数据存储、分析与应用活动。

（二）筑牢用户个人隐私和数据安全防线

在技术层面，企业可采用先进的 AES 加密算法，对用户的敏感数据（如身份证号、银行卡号等）进行加密处理，确保数据在数据库中以密文形式存储。这样，即使数据库被非法访问，黑客也难以获取真实数据。同时，采用基于角色的访问控制技术（RBAC），根据员工的工作岗位和职责分配相应的访问权限。例如，普通客服人员仅能查看用户的基本联系信息，而数据分析师则有权访问经过脱敏处理的用户消费行为数据。在管理层面，建立严格的数据安全管理制度，明确规定数据的访问需提前申请，审批流程需在 24 小时内完成。在操作流程方面，要求每次数据操作都必须详细记录操作时间、操作人员、操作内容等信息。此外，定期开展数据安全审计，每月对数据访问记录、操作日志进行全面审查。一旦发现异常的高频数据访问、未经授权的数据修改等潜在的安全风险，应立即启动应急预案，冻结相关数据访问权限，并展开深入调查。

（三）严格遵循相关法律法规

企业需深入研读相关法律法规，并成立专门的法务合规团队，定期组织内部培训，确保每一位涉及数据处理的员工都熟悉法规要求。以用户数据获取环节为例，在收集用户注册信息时，企业必须严格按照法律法规要求操作，明确告知用户数据收集的必要性、使用目的和范围，并获取用户的明确同意。例如，当用户在网站上注册账户时，企业应通过清晰的隐私政策和用户协议，详细说明将收集哪些信息（如姓名、邮箱、电话号码等），并明确这些信息将用于何种目的（如账户验证、提供个性化服务或发送促销信息等）。同时，企业应提供一个明确的勾选框，让用户有机会选择是否同意这些条款。

在数据使用环节，企业必须确保数据使用严格限定在授权范围内，严禁将用户的购物数据用于其他未经授权的商业用途。例如，如果用户在一家在线书店购买了书籍，企业只能将这些数据用于改善用户体验、提供售后服务或进行市场分析，而不能将这些数据出售给第三方广告公司用于定向广告。为此，企业应建立严格的数据访问控制机制，确保只有授权人员才能访问敏感数据，并且这些人员都经过了充分的合规培训。

在数据存储环节，企业应依据法律法规规定的存储期限，对超过保存期限的数据及时进行删除或匿名化处理，以减少数据存储风险。例如，对于某些类型的个人数据，如医疗记录或财务信息，法律法规可能要求企业仅在一定期限内保留这些数据。一旦达到这个期限，企业应使用安全的数据删除方法，确保数据无法被恢复，或者将数据进行匿名化处理，使其无法与任何个人身份相关联。

在数据销毁环节，企业应采用专业的数据销毁工具，确保数据无法被恢复，彻底消除潜在的数据安全隐患。企业不应仅仅依赖于简单的删除命令，因为这些数据可能仍然存在于硬盘的未分配空间中。相反，应使用符合行业标准的数据擦除软件，如美国国防部标准的磁盘擦除程序，以确保数据的彻底销毁。

此外，企业应将法律法规要求融入内部的隐私保护制度和业务流程中，形成覆盖数据获取、使用、存储到销毁的全生命周期合规管理体系。这样可以从根本上杜绝因违法违规操作而导致的法律风险，避免诸如巨额罚款、企业声誉受损等严重后果。例如，企业可以建立一个跨部门的合规委员会，定期审查和更新数据处理政策，确保所有业务活动都符合最新的法律法规要求。同时，企业还应建立一个内部报告机制，鼓励员工报告任何潜在的合规问题，并对这些问题进行及时的调查和纠正。通过这些措施，企业可以构建一个强大的合规文化，确保在处理个人数据时始终遵循最高的道德和法律标准。

二、严格遵守广告法律法规

在数字化营销中，广告宣传是企业提升产品或服务知名度、促进销售、扩大市场份额的重要手段。为了维护公平竞争的市场秩序和保障消费者的合法权益，企业必须严格遵守相关广告的法律法规。

（一）确保广告信息真实、准确、合法

企业发布的每一则广告，无论是文案还是画面展示，都应如实反映产品或服务的真实情况。在宣传产品性能时，必须以科学检测数据、实际使用效果为依据，绝不能为吸引眼球而编造虚假性能指标。例如，若一款电子产品广告宣称具备超强续航能力，就必须有专业机构测试验证的续航时长数据作为支撑，不能模糊表述或夸大其词。

在功效宣传方面，保健品广告不得声称具有治愈疾病的功效，因为保健品本质是调节人体机能，并非药品，误导消费者会严重损害其权益。同时，要杜绝使用绝对化用语，这类词汇缺乏客观评判标准，容易误导消费者。此外，虚假案例也绝不能出现在广告中，如虚构消费者使用产品后的惊人效果来诱导购买，一旦查实，企业将面临严重的法律后果。

（二）规范广告宣传行为

企业应深入研究并全面掌握广告法规在广告内容合法性、社会责任以及道德规范等方面的具体要求。在广告内容创作阶段，文案撰写人员和创意设计人员应反复斟酌，确保广告不包含侮辱不同种族、性别、传统信仰群体的词汇和形象，避免出现对特定人群的歧视性暗示或明示内容。

从广告形式上看，无论是平面广告、视频广告还是互动式广告，都应远离不良元素，因为这些内容不仅会污染社会文化环境，还会严重损害企业自身形象。例如，某些广告中出现的低俗、暴力元素，不仅会引起公众反感，还可能导致企业受到监管部门的处罚。同时，企业要严格遵守广告发布的时间和区域限制，确保广告投放符合相关规定。

（三）建立健全广告宣传管理制度

为了从源头上保障广告宣传活动的合法合规，企业有必要构建一套全面且完善的广告宣传管理制度。在广告策划环节，策划团队要结合企业产品特点、目标受众以及法律法规要求，制订科学合理的广告策划方案，明确广告的主题、目标和内容框架。在制作过程中，制作团队要严格按照策划方案和规范流程进行操作，对使用的素材、画面效果等进行严格把控，确保不出现违法违规内容。审核环节尤为关键，企业应设立专门的审核小组，成员包括法务人员、市场专家等，对广告内容进行多轮细致审核，从法律合规性、市场适应性等多个角度进行评估。在发布环节，要严格按照审核通过的版本，

在规定的渠道、时间、区域进行发布。此外，企业还应加强对广告宣传活动的内部监管和自律，定期对已发布和待发布的广告内容进行审查。可以每月或每季度开展一次广告审查活动，对发现不符合法规要求的广告，如存在虚假宣传嫌疑、含有不良内容等情况，立即启动整改程序，及时撤换问题广告，避免造成不良影响，同时对相关责任人进行问责，不断完善广告宣传管理制度，提升企业广告宣传的合法合规水平。

三、强化网络安全防范

随着互联网技术和数字化媒体的不断发展，企业在数字化营销中广泛运用社交媒体、电子邮件、短信、企业网站等多种数字化渠道。这些渠道在提升企业营销效果的同时，也给企业信息系统带来了如黑客攻击、数据泄露、恶意代码入侵等网络安全风险。因此，企业必须采取有效措施，加强网络安全防范。

（一）加强网络监控

企业需投入充足的资源，构建一套功能完备且高度智能化的网络监控系统。该系统应具备全方位的实时监测能力，不仅能够对网络流量的大小、流向以及波动趋势进行精准追踪，还能密切关注数据传输的速率、完整性以及传输路径等关键信息。借助先进的行为建模技术，该系统还能深入分析用户在企业网络中的行为模式，包括登录时间、访问频率、操作习惯等。

通过该系统，企业能够及时捕捉到异常流量，如突然爆发的大量数据请求，或未经授权的非法访问行为，如黑客试图通过漏洞入侵企业系统等安全威胁。一旦发现异常，系统会立即触发预警机制，相关技术人员可迅速响应，采取如阻断异常连接、隔离受影响区域等处置措施，有效防范网络攻击和数据泄露事件的发生，保障企业网络的稳定运行和数据安全。

（二）强化通信加密

在数字化营销活动中，数据在传输过程中面临着诸多安全风险，因此采用 SSL（Secure Socket Layer）、VPN（Virtual Private Network）等安全加密协议至关重要。SSL 协议能够在客户端和服务器之间建立安全的加密通道，确保数据在传输过程中被加密成密文，只有拥有正确密钥的接收方才能解密读取，有效防止数据在传输过程中被窃取或篡改。例如，当用户在线上购物网站上输入信用卡信息时，SSL 协议会立即启动，将这些敏感信息加密，从而保护用户的支付安全。而 VPN 则通过在公用网络上建立专用网络，利用加密技术对传输数据进行封装和加密，使得企业内部各系统之间以及企业与用户之间的数据传输仿佛在一个安全的私有网络中进行。这极大地提高了数据传输的机密性和完整性，避免数据被第三方监听，保障了企业与用户的信息交互安全。例如，当远程员工需要访问公司内部资源时，VPN 可以创建一个加密的通道，确保数据在互联网上传输时的安全性，防止敏感信息泄露。

（三）安装专业防病毒软件

企业应部署具备强大防护能力的专业防病毒软件，这类软件应具备广泛的病毒查杀能力，能够有效抵御各类恶意代码、病毒和木马的攻击。例如，一款优秀的防病毒软件可以检测并清除超过百万种已知和未知的病毒，包括那些利用零日漏洞进行攻击的新型病毒。

为了应对不断变化的病毒威胁，及时更新病毒库至关重要。定期更新病毒库可以确保防病毒软件能够识别并查杀最新出现的恶意程序。例如，每天自动更新病毒定义文件，可以确保企业系统对新出现的网络威胁有即时的防护能力。企业还需制订定期全面病毒扫描计划，按照一定的时间周期，对企业信息系统中的所有文件、数据以及应用程序进行深度扫描，及时发现并清除潜在的安全威胁。无论是隐藏在系统文件中的病毒，还是潜伏在业务数据中的恶意代码，都能被精准定位并清除，从而全方位保障企业和用户的信息安全。例如，每月进行一次全面扫描，可以确保即使是最隐蔽的威胁也无法在企业网络中长期潜伏。

（四）完善网络安全管理制度

建立健全科学合理、详细全面的网络安全管理制度是企业网络安全防护的重要基础。

在制度中，应明确划分各部门和人员在网络安全管理中的具体职责和权限，如网络运维部门负责网络设备的安全维护，信息安全部门负责制定安全策略和监督执行等。同时，应规范网络安全操作流程，从员工登录企业网络的身份验证方式，到日常业务操作中的数据访问权限设置，再到文件传输、系统升级等关键操作的流程规范，都要有明确规定。此外，还要加强对员工的网络安全培训，通过定期开展培训课程、组织安全知识讲座以及模拟安全演练等方式，增强员工的安全意识，提高员工的防范技能，让员工深刻认识到网络安全的重要性以及自己在其中的责任。

此外，制定完善的应急响应预案，明确在发生网络安全事件时的应急处理流程、责任分工以及沟通协调机制，确保在面对网络瘫痪、数据泄露等紧急情况时员工能够迅速响应、有效处置，最大限度降低损失。

四、着力加强知识产权保护

在数字化营销广泛普及的背景下，企业在营销活动中会大量使用文字、图片、视频等各类素材，这些素材往往涉及知识产权保护问题。因此，企业既要确保自身的数字化营销活动不侵犯他人的知识产权，也要加强自身知识产权的保护。

（一）核实使用内容的知识产权

在数字化营销活动中，企业所使用的各类素材，如图片、文案、音乐、视频等，很可能涉及他人的知识产权。因此，企业在使用这些内容前，必须开展全面且细致的知识产权核查工作。这包括通过专业的知识产权数据库进行检索，明确素材的权利归属；联系著作权人或相关权利代理机构，确认内容是否仍在保护期内以及具体的使用限制条件等。在获取必要的授权许可时，务必签订严谨的书面合同，详细、准确地约定使用范围。例如，企业是仅用于线上广告投放，还是也可用于线下宣传资料；明确使用的期限，精确到具体的起止日期；以及明确使用的方式，如是否允许对素材进行二次加工、修改等。只有通过如此严谨的流程，确保所使用的内容来源合法合规，才能有效避免侵权行为引发的法律纠纷，保障企业数字化营销活动的顺利推进。

（二）加强自主知识产权保护

企业在数字化营销过程中创造的具有商业价值的成果，如独特的品牌标识、创新的营销技术、精心制作的宣传文案等，都应得到妥善保护。企业应重视自主知识产权的培育和保护，积极主动地、及时地对具有商业价值的商标、专利、著作权等进行注册和登记。在商标注册方面，不仅要注册核心商标，还要考虑注册防御性商标，以防止他人恶意抢注类似商标，混淆市场。在专利方面，要及时将营销活动中涉及的创新技术、独特的商业模式等申请专利，获得法律的排他性保护。在著作权方面，对原创的文案、设计、视频等及时进行著作权登记，明确权利归属。同时，构建完善的知识产权管理体系，明确企业内部各部门在知识产权管理中的职责，规范知识产权的申请、使用、维护等流程。定期对自主知识产权进行梳理和评估，加强对自主知识产权的管理和维护，防止他人未经授权使用或侵权，确保企业的创新成果能够为企业带来持续的竞争优势。

（三）运用法律手段维护权益

当企业在市场监测或日常运营中发现他人侵犯自身知识产权时，务必果断采取法律手段维护合法权益。

企业可以向侵权方发送律师函，明确指出其侵权行为的具体表现、涉及的知识产权内容，以及侵权方应承担的法律责任，并要求侵权方在规定的期限内停止侵权行为，并对因侵权行为造成的损失进行赔偿。若侵权方对律师函不予理会，企业可根据具体情况提起诉讼。

在诉讼过程中，企业需收集充分的证据，包括证明知识产权归属的相关文件，以及侵权行为发生的证据（如侵权产品、侵权宣传资料、侵权行为发生的网页截图等）。通过法律程序企业将追究侵权方的民事赔偿责任，要求侵权方赔偿因侵权行为给企业造成的经济损失，包括直接损失和间接损失，如企业为制止侵权行为所支付的合理费用等。

此外，对于一些知识产权纠纷，企业还可以选择申请仲裁。仲裁具有程序简便、效率高、保密性强等特点，能够快速有效地解决纠纷，维护企业的合法权益，并让侵权方为其违法行为承担相应的法律后果。

五、提升数字化营销活动专业化水平

数字化营销作为企业发展的必然趋势，对营销人员的专业素养和技能提出了更高的要求。企业必须加强数字化营销人才的培养与引进，提升数字化营销团队的整体水平，以适应快速变化的数字化营销环境。

（一）制订人才培养计划

企业应紧密围绕自身数字化营销发展战略，精心制订一套全面且系统的人才培养计划。

第一，组织内部培训课程。依据数字化营销的不同模块，如社交媒体营销、搜索引擎优化、内容营销等，设计一系列针对性强的课程，由企业内部经验丰富的营销骨干担任讲师，分享实战中的宝贵经验与技巧。

第二，定期邀请行业专家举办讲座。这些专家涵盖学术界资深学者以及在头部企业负责数字化营销的实战精英，他们能带来前沿的理论知识与最新的行业动态，可以拓宽员工的视野。

第三，大力鼓励员工参加外部培训和学术交流活动。为员工提供资金支持与时间保障，让员工能接触到行业内更广泛的资源与先进理念，帮助员工不断更新知识结构，全方位提升专业技能和实战能力。

（二）加强人才引进与留用

企业应积极搭建多元化的人才引进渠道，通过参加各类专业人才招聘会、与知名高校的相关专业建立合作关系、在专业招聘平台发布具有吸引力的职位信息等方式，吸引具有丰富数字化营销专业技能和实践经验的人才加入。同时，企业应提供具有竞争力的薪酬待遇，确保基本薪资在行业内处于较高水平，并设置丰富的绩效奖金、项目奖金等激励机制，充分肯定人才的价值。此外，企业应打造良好的工作环境，从舒适的办公硬件设施，到开放包容的企业文化氛围，都力求让人才拥有愉悦的工作体验。另外，企业应高度关注员工的职业发展规划，定期与员工进行一对一沟通，了解他们的职业目标，为他们量身定制晋升路径，提供跨部门轮岗、参与重要项目等广阔的发展机会，全方位激发员工的工作积极性和创造力，从而留住优秀人才。

（三）强化数字化营销能力建设

企业应持续引进和应用先进的数字化营销技术和工具，如大数据分析、人工智能营销系统、社交媒体营销平台等，以提升数字化营销的效率和精准度。同时，企业应建立标准化、规范化的数字化营销流程和操作标准，确保营销活动执行的高效性和一致性。此外，企业还应加强对数字化营销活动的效果评估和数据分析，根据评估结果及时调整营销策略，不断提升数字化营销活动的价值和效益。例如，通过分析用户在社交媒体平台上的互动数据，企业可以了解用户对不同营销内容的反馈，进而优化后续的营销方案，提高营销活动的投资回报率。

在数字化营销蓬勃发展的今天，企业只有全面、深入地落实上述策略，才能充分把握数字化营销带来的机遇，同时有效应对各种风险挑战，实现可持续、健康发展。

第三节　企业营销策略与数字化产业融合

在当今时代，数字化产业的迅速崛起深刻改变了消费者的购物习惯以及信息获取方式，为企业提供了更为多样化的营销渠道与精准的数据分析工具。企业营销策略与数字化产业的融合，已成为提升企业竞争力与市场占有率的关键途径。

一、企业营销策略与数字化产业融合的现状

（一）数字营销行业特性鲜明

数字营销行业如今呈现出极为显著的多样化与碎片化特性。在传播渠道方面，传统的电视、广播、报纸等媒体的市场份额不断被新兴的社交媒体、短视频平台等数字渠道所挤占。微博、抖音等社交媒体平台，已成为企业营销布局的核心阵地。这些平台打破了传统营销的单向传播模式，搭建起企业与消费者直接互动的桥梁。企业可借助丰富的视觉内容与短视频，以极具冲击力和吸引力的方式，将产品或服务全方位、生动地展示给消费者。

随着人工智能与大数据技术的迅猛发展，企业对目标受众的洞察能力大幅提升。企业能够精准分析消费者的需求和偏好，从而制定出高度个性化的营销策略。这使得营销不再是面向大众的笼统行为，而是针对细分群体甚至个体的精准出击，有力地推动了数字营销向碎片化的方向发展。

（二）企业营销数字化变革深入推进

大数据、移动互联网、人工智能等新一代信息技术的广泛普及，为企业营销策略的数字化转型提供了强大动力。企业纷纷摆脱传统销售模式的束缚，全力推动销售流程的数字化。并且，这种数字化转型已从销售环节向企业运营的全流程渗透。从产品研发阶段利用数据分析挖掘市场需求，到生产环节引入数字化管理系统实现自动化与数据化，提高生产效率与产品质量；再到销售过程中借助数字渠道精准触达客户，以及售后服务依托数字化工具实现高效响应与反馈收集，各个环节都在数字化的轨道上高效运行。

以智能制造企业为例，数字化管理系统的引入让生产流程焕然一新。设备自动化运行，数据实时采集与分析，生产效率大幅提升，产品质量也更有

保障。同时，通过收集和分析海量用户在线行为数据，企业能够敏锐捕捉潜在市场动态变化，为产品创新与营销策略调整提供有力支持。

（三）数字化营销受技术强劲驱动

在当今数字化营销领域，"数据＋技术"已经成为企业制定营销策略的两个核心驱动力。企业凭借强大的数据整合能力，能够将来自不同渠道和平台的大量数据汇聚到一起，进而构建出全面且立体的消费者画像。举例来说，企业可以利用先进的大数据分析工具，深入挖掘社交媒体上用户之间的互动数据，从而精准地识别消费者的兴趣点、消费习惯等关键信息，为营销决策提供坚实可靠的数据支撑。

在数字化营销的众多技术中，人工智能技术的地位变得越来越重要。众多电商平台广泛应用推荐算法，这些算法能够根据用户的购买历史和浏览行为，为用户推送高度个性化的商品和服务。这种个性化的推荐策略极大地提高了用户的购买转化率，也使企业在激烈的市场竞争中脱颖而出，获得更多的市场份额。

二、企业营销策略与数字化产业融合的新特征

（一）数据的核心地位

在数字化产业深度融合的大环境下，数据的重要性日益凸显，已成为企业营销的核心资源，贯穿于营销的各个关键环节。

在营销决策阶段，企业在规划市场方向、产品定位时，不再单纯依赖经验判断，而是借助多渠道收集海量数据。这些渠道包括线上销售平台的交易记录、社交媒体上的用户讨论、网站的浏览日志等。企业运用专业的数据分析工具，对收集到的数据进行深度挖掘，分析消费者的行为模式、兴趣偏好和购买趋势。通过这些数据洞察，企业能够精准把握市场需求，做出更具针对性的营销决策，避免盲目投入资源。

在策略制定阶段，基于数据分析结果，企业能够制定出更为精准的营销策略。例如，根据消费者的年龄、地域、消费习惯等数据，细分市场并推出差异化的产品和服务，实现精准营销。以美妆行业为例。企业通过分析消费者的肤质数据和购买记录，为不同肤质的消费者推荐合适的护肤品，从而提高产品的销售转化率。

在效果评估阶段，数据同样发挥着关键作用。企业通过对比营销活动前

后的数据变化，如销售额、用户活跃度、市场占有率等指标，能够准确评估营销活动的效果，及时调整策略，优化营销方案。

（二）互动的及时性

在当今数字化时代，企业与消费者之间的互动达到了前所未有的紧密程度。随着社交媒体平台如微博、微信的普及，以及在线客服系统的广泛应用，消费者现在可以随时随地通过这些渠道表达自己的意见和建议。这些平台不仅为消费者提供了便捷的反馈途径，而且也极大地缩短了企业与消费者之间的沟通距离。

例如，当消费者在使用某款智能手机应用时遇到技术问题，他们可以立即通过应用内置的即时通讯功能与客服取得联系。客服人员能够实时解答疑问，甚至在对话中直接指导用户如何操作，从而快速解决问题。这种及时的互动不仅解决了消费者的问题，还提升了他们的满意度和忠诚度。

在另一个场景中，消费者在使用一款新推出的智能家电产品时，可能会出现一些创新的使用方法或提出潜在的功能需求。通过社交媒体平台，他们可以分享自己的体验和建议。企业通过监控这些反馈，可以迅速捕捉到市场的新趋势和消费者的新需求，从而及时调整产品策略，甚至开发出新的功能来满足这些需求。

以电商平台为例，消费者在购物过程中可能会对某个商品有疑问，通过点击在线客服咨询，如果能够得到快速而准确的回复，他们不仅更愿意完成购买行为，而且在后续购物时也更倾向于选择这个平台。这种及时的互动不仅提高了销售转化率，还增强了消费者的黏性。

对于企业来说，及时获取消费者的反馈至关重要。它不仅能够帮助企业快速发现产品或服务中存在的问题，还能及时进行改进和优化。例如，一家餐饮企业通过在线调查和社交媒体监控，发现顾客普遍对某道菜品的口味有所不满，企业迅速调整了食谱，并在短时间内推出了改良版的菜品。这种快速响应不仅提升了顾客的满意度，还增强了企业的市场竞争力。

（三）内容的多元化

随着数字化时代的到来，营销内容的形式变得前所未有的多样化，包括图文、视频、直播等多种类型。这些多样化的内容形式不仅丰富了营销手段，也极大地拓宽了与消费者互动的渠道。在不同的营销渠道中，企业可以观察到各自独特的特点，以及受众群体的不同喜好。

小红书作为一个以年轻用户为主的社交分享平台，其内容以图文分享为主。用户们在这里分享生活点滴、产品使用心得以及各种生活小贴士。这些内容通常简洁明了，富有生活气息，能够迅速吸引那些寻求生活灵感和实用建议的用户。小红书上的图文内容以高质量的图片和精练的文字为特点，让用户在浏览时既轻松又愉悦。

抖音是一个以短视频为核心内容的平台。平台上的短视频通常时长较短，内容生动有趣，节奏明快，非常适合现代快节奏的生活方式。抖音上的创作者们利用各种创意和特效，制作出各种吸人引眼球的内容，从幽默搞笑到生活小技巧，从时尚潮流到美食制作，应有尽有。这些短视频很容易在用户之间形成快速传播，从而迅速吸引大量关注。

淘宝直播等平台则通过实时互动的直播形式，让消费者能够更直观地了解产品的使用方法和效果。直播带货已经成为一种新兴的营销方式，主播们在直播中展示产品、回答观众问题，甚至进行现场试用，使消费者能够获得更加真实、全面的产品信息。这种形式不仅增加了购物的趣味性，也极大地增强了消费者的购买信心。

面对如此丰富多样的内容形式和渠道，企业需要深入了解每个渠道的特点和受众需求，从而创作出富有个性化且具有吸引力的内容。这要求企业不仅具备敏锐的市场洞察力，还需要有创新的内容制作能力。企业需要根据自身品牌定位和目标市场，选择合适的营销渠道和内容形式，制作出能够引起目标受众共鸣的内容。

只有这样，企业才能在海量的信息中脱颖而出，吸引消费者的关注，实现营销目标。在这个过程中，内容的创意和质量显得至关重要。企业需要不断探索和尝试，找到最适合自己品牌的声音和表达方式，以此来构建与消费者之间的深度连接，最终在竞争激烈的市场中占据一席之地。

三、企业营销策略与数字化产业融合的策略建议

（一）基于数据驱动的决策模式

在当今数字化时代，企业必须构建一个完善的数据平台，这个平台应包括数据库、数据分析工具和数据可视化工具等，以高效地完成数据的收集、存储、分析和利用。通过这一平台，企业能够充分挖掘数据的潜在价值，进而做出更加精准的决策。例如，通过分析消费者的购买历史和行为模式，企业可以预测市场趋势，优化库存管理，甚至研发新产品。

同时，企业应定期组织培训和学习活动，提升员工的数据意识和数据分析能力。这些活动可以包括内部研讨会、在线课程以及与数据分析专家的交流互动。例如，企业可以邀请数据科学家来讲解最新的数据分析方法，或者安排员工参加外部的数据分析培训，确保团队的专业技能始终与时俱进。

此外，企业还可以与数据分析公司、广告公司等第三方机构展开合作，借助外部的专业力量更好地利用数据资源，提升营销效果。这些第三方机构能够帮助企业制定更具针对性的营销策略，并提供专业的数据分析服务。例如，通过与专业的市场研究公司合作，企业可以获取深入的消费者洞察报告，从而在竞争激烈的市场中脱颖而出。

（二）实施个性化营销策略

企业应通过市场调研、用户反馈收集、数据分析等方式，深入了解消费者的个性化需求，并据此制定营销策略。市场调研可以通过问卷调查、焦点小组讨论或社交媒体监听等手段进行，以获取消费者的真实想法和需求。用户反馈则可以通过客户服务记录、在线评论和评分系统等渠道来收集。

在产品和服务方面，企业应提供定制化选项，涵盖产品设计、营销信息以及服务交付等各个环节。例如，服装品牌可以提供个性化定制服务，让消费者选择布料、款式和尺寸，甚至在衣服上绣上个人名字。在营销信息方面，企业可以根据消费者的购买历史和偏好，发送个性化的推广邮件和优惠券。服务交付的个性化则可以通过提供专属客户经理或定制化的售后服务来实现。

定制化能够增加产品的附加值，有效提升消费者的满意度和忠诚度。例如，咖啡连锁店通过分析顾客的消费习惯，能够为常客提供个性化的咖啡推荐和忠诚度奖励计划，从而提高顾客的回头率和品牌忠诚度。

（三）整合多渠道营销策略

企业可利用社交媒体平台，通过发布有价值的内容、与用户互动交流以及投放广告等方式，与消费者建立紧密联系，提升品牌的知名度和影响力。例如，企业可以在 Facebook、Instagram 和微博等平台上发布品牌故事、用户评价和产品使用教程，以吸引并保持消费者的兴趣。

同时，企业应开发或利用现有的移动应用，为用户提供便捷的服务和个性化的体验。移动应用可以提供一键购买、位置服务、个性化推荐等功能，让消费者能够随时随地轻松购物。例如，一家在线零售商可以开发移动购物应用，使用 GPS 定位功能向用户推送附近的促销信息。

此外，实现线上线下渠道的融合至关重要。企业可以线上开设旗舰店，线下设立体验店，让消费者先在线上浏览商品、预约试穿，再前往实体店进行体验和购买，从而打造无缝的购物体验。例如，一家家具品牌可以在线上提供 3D 家具预览工具，让消费者在购买前能在虚拟环境中看到家具在自己家中的效果，然后到实体店实际体验产品的质感和舒适度。

（四）持续创新与技术升级

企业应密切关注新兴技术的发展趋势，持续推进产品创新和技术升级。通过利用虚拟现实、增强现实等技术，企业可以为消费者提供沉浸式的购物体验，从而吸引他们的注意力。例如，珠宝品牌可以采用虚拟试戴技术，让消费者在购买前在线上试戴各种款式的珠宝，以此提高购买意愿。

同时，企业应积极探索 5G、物联网等技术在营销领域的应用，以提升营销效率和用户体验。例如，借助 5G 网络，企业可以实现实时视频直播，让消费者在线上实时观看新品发布会或时尚秀；而物联网技术则可以应用于智能货架和库存管理，确保产品供应与消费者需求同步。

通过技术创新，企业能够为消费者提供更加个性化、便捷且互动性强的服务，满足消费者不断变化的需求。例如，利用人工智能技术，企业可以开发智能客服机器人，提供全天候的客户咨询服务，及时解答消费者的问题，提高服务效率。

此外，企业还可以通过提供有价值、专业化的内容，如发布行业研究报告、举办在线研讨会等方式，展示自身的专业知识和行业洞察，进而提升品牌形象和用户忠诚度。例如，科技公司可以定期发布关于最新科技趋势的白皮书，吸引行业内的关注和讨论，树立行业领导者的形象。

四、企业营销策略与数字化产业融合的新趋势

（一）智能化营销

1.人工智能在企业营销中的运用

在当前企业营销策略与数字化产业融合的进程中，智能化营销占据着重要地位，其中人工智能技术的应用尤为突出。企业借助人工智能技术，可以实现营销决策的自动化。这一过程的达成意味着企业能够依据大数据分析、市场趋势预测等多方面的信息，快速且准确地做出营销决策，减少对人工经验判断的

依赖。在客户关系管理方面，人工智能技术能够依据客户的历史消费数据、行为偏好等信息，进行精细的客户分类，为不同类型的客户提供个性化服务。同时，在服务优化方面，人工智能通过对客户反馈的实时监测，能够快速识别服务中的问题并进行针对性改进，显著提升营销的整体效率与效果。

2. 机器学习对企业营销的作用

机器学习技术在企业营销策略与数字化产业融合中也发挥着至关重要的作用。它能够帮助企业更深入地分析并精准预测消费者的行为与需求。具体而言，企业可以构建特定的机器学习算法，将海量的消费数据纳入分析范围。这些数据涵盖消费者的购买历史、浏览记录、收藏偏好等多方面。通过对这些海量数据的深度挖掘，机器学习算法可以发现其中隐藏的规律与模式，从而对消费者的购买行为进行预测。这一预测功能使企业能够提前制定相应的营销干预策略。例如，针对预测到即将购买某类产品的消费者群体，企业可以提前推送相关的促销信息或配套产品推荐，提高营销活动的针对性和有效性。

（二）绿色营销

1. 提升环保意识与实施绿色营销策略

在现代社会的发展进程中，随着消费者环保意识的逐步提高，绿色营销在企业营销策略与数字化产业融合的未来发展中将成为一项重要策略。消费者在购买产品和服务时，越来越倾向于发挥环保型产品。企业敏锐地捕捉到这一趋势，通过积极推广环保产品和服务，精准地满足消费者的环保需求。这一举措不仅顺应了社会发展的大方向，也为企业自身的可持续发展奠定了坚实的基础。例如，在电子消费产品领域，一些企业推出的由可回收材料制造的产品，凭借其环保属性吸引了众多具有环保意识的消费者。

2. 履行社会责任与提升企业价值

在营销策略与数字化产业融合的过程中，企业积极履行社会责任对提升自身的价值有重大意义。企业可以通过参与各种公益活动，不断提升自身的社会形象和品牌价值。特别是环保公益活动，它能够将企业的品牌与环保理念深度结合。例如，企业开展植树造林公益活动或海洋环境保护项目等，这些活动不仅为社会做出了积极贡献，也增强了消费者对企业的认同感，提高了消费者对企业的忠诚度。企业在这一过程中以实际行动向消费者传达了积极履行社会责任的信号，树立了良好的企业形象。

（三）体验营销

1. 提供独特消费体验的策略

在企业营销策略与数字化产业融合的大背景下，体验营销成为企业与消费者建立紧密联系的重要手段。企业可以通过创造独特的消费体验来吸引消费者的注意力。例如，打造线下体验店，让消费者在店内亲身体验产品的功能和特性。这种方式相较于单纯的产品展示，能够让消费者更加直观地感受产品的价值。以智能家居产品为例，线下体验店可以设置真实场景模拟，让消费者亲身体验智能家居系统如何便捷地控制家庭设备。此外，企业还可以举办丰富多彩的线下活动，如产品试用会、新品发布会等，营造独特的消费氛围，提升消费者的参与感。

2. 增强消费者参与感的途径

在营销策略与数字化产业融合的过程中，企业应高度重视增强消费者的参与感和忠诚度。其中一个有效的途径是通过社交媒体平台与消费者进行互动和沟通。在社交媒体时代，信息传播速度极快，企业与消费者之间的互动能在短时间内产生广泛的影响。企业可以在社交媒体平台上发布产品信息、使用教程、活动预告等内容，同时积极回复消费者的评论和提问，形成良好的互动氛围。此外，通过社交媒体平台收集消费者的反馈和建议也非常关键。消费者处于市场和产品的使用一线，他们的意见对于企业优化产品和服务具有重要的参考价值。企业根据消费者的反馈及时调整产品功能、优化服务流程等，以满足消费者的需求，进而增强消费者的忠诚度。

（四）综合趋势

在企业营销策略与数字化产业融合的未来发展进程中，智能化、绿色化和体验化并非孤立存在，而是呈现出协同发展的态势。在绿色营销中，人工智能可以通过对环保产品市场数据的深入分析，为企业提供精准的市场定位和推广策略；在体验营销中，人工智能技术可以通过分析消费者行为数据，优化线下体验店的场景布局和活动安排，为消费者提供更贴合其需求的独特体验。

在绿色化方面，智能化技术可以辅助企业更好地宣传产品的环保属性，如利用智能设备进行实时环保数据监测和展示。同时，在体验营销的线下活动中，可以通过打造环保主题的内容，丰富体验营销的环保内涵。

在体验化方面，智能化和绿色化的融入能够显著提升体验营销的效果。智能化技术可以优化消费者的线上体验，如智能客服能够快速解答关于环保产品的疑问；绿色化理念的融入则能让消费者在体验过程中深刻感受到企业的社会责任感，从而增强体验的深度和独特性。

第四节　数字化转型对企业营销绩效的影响

数字化转型对企业营销绩效的影响已成为学术界和实务界共同关注的焦点。随着信息技术的快速发展，企业通过数字化转型能够显著提升营销效率、优化客户体验、增强市场竞争力。

一、数字化转型对企业营销绩效的直接影响

在数字经济蓬勃发展的当下，数字化转型已成为企业发展的必然趋势，对企业营销绩效产生了多方面的直接影响。

（一）提高信息处理与决策能力

数字化转型不仅帮助企业突破了传统信息获取的局限，还借助大数据、人工智能等先进技术，广泛且高效地收集来自市场、消费者和竞争对手的海量信息。例如，电商企业利用平台数据收集系统，能够详尽获取消费者的浏览轨迹、购买偏好、评价反馈等信息。通过对这些信息的深度挖掘与分析，企业能够更深入地理解消费者行为和市场动态，准确把握市场趋势。

基于数据分析，企业可以为产品研发、定价策略以及促销活动的制定提供科学依据。例如，通过分析消费者的购买历史和行为模式，企业可以预测未来的市场趋势，并据此调整产品线，研发符合市场需求的新产品。在定价策略上，企业可以利用大数据分析竞争对手的价格策略和消费者的支付意愿，制定出更具竞争力的价格。在促销活动的规划上，企业可以根据消费者的购买习惯和偏好，设计出更有针对性的促销方案，使营销决策更具针对性和前瞻性，有效提升营销活动的效果，直接推动营销绩效的增长。

（二）提升营销效率与精准度

数字化工具的广泛应用显著提升了企业营销的效率与精准度。在营销沟通环节，社交媒体、即时通信软件等数字化平台打破了企业与消费者之间的

沟通障碍，实现了实时、双向的信息互动。企业能够及时回应消费者的咨询和反馈，增强消费者对品牌的信任与好感。例如，通过社交媒体平台，企业可以实时监控消费者的评论和反馈，迅速响应消费者的问题和需求，提升消费者的满意度。

在营销执行过程中，自动化营销工具发挥了重要作用。电子邮件营销自动化系统可依据预设规则自动发送邮件，精准定位目标客户群体，不仅节省了大量人力和时间成本，还提高了营销信息的传递效率。企业借助数据分析和人工智能算法对消费者进行精准画像，深入了解消费者的兴趣爱好、消费习惯和购买能力等特征，从而实现精准营销。例如，通过分析消费者的购物历史和浏览行为，企业可以向特定的消费者群体推送个性化的广告和促销信息，提高广告投放的精准度和转化率，减少营销资源的浪费，直接提升营销绩效。

（三）优化营销渠道与提升客户体验

在数字化转型的浪潮中，企业营销渠道的优化成为提升客户体验的关键。随着线上营销渠道的蓬勃发展，企业得以突破传统市场的地域限制，将业务触角延伸至全球，触及更广泛的潜在客户群体。数字化技术的应用，使营销渠道从单向信息传播转变为双向互动的平台，企业能够根据客户的反馈和行为进行实时调整，提供更加个性化和精准的服务。

以社交媒体平台为例，企业可以通过分析用户在社交网络上的互动数据，深入了解他们的兴趣和偏好，从而推送相关的产品信息和促销活动。这种基于数据分析的营销策略，不仅提高了营销的效率，还极大地增强了客户的参与感，提高了他们的满意度。

再比如，电子商务网站通过跟踪用户的浏览历史和购物车内容，能够智能推荐符合其偏好的商品，甚至预测用户可能感兴趣的新产品。这种个性化的购物体验，让客户在享受便捷的同时，也感受到了企业对客户需求的深刻理解和细致关怀。

此外，移动应用的普及为营销渠道的优化提供了新的机遇。通过移动应用，企业可以随时随地与客户保持联系，提供即时的客户服务和支持。例如，餐饮外卖应用可以根据用户的地理位置和历史订单信息，推荐附近的美食和优惠活动，并提供快速下单和支付功能，极大地方便了用户的生活。

在客户体验方面，数字化技术的应用带来了颠覆性的变革。通过虚拟现实和增强现实技术，客户可以在线上获得接近真实的购物体验。例如，家具电商可以利用 AR 技术，让用户在家中就能预览家具的摆放效果，从而做出更加明智的购买决策。

企业还可以利用大数据分析工具，对客户在不同渠道的行为数据进行深入挖掘，从而不断优化产品和服务。通过收集和分析客户反馈，企业能够及时调整市场策略，改进产品功能，提高服务质量，进而实现客户体验的持续提升。

这种营销渠道的优化和客户体验的提升，对企业的营销绩效产生了深远的积极影响。企业不仅能够实现更高的销售目标，还能在激烈的市场竞争中脱颖而出，获得更好的市场表现。通过不断优化营销渠道和提升客户体验，企业能够提高品牌忠诚度，为长期发展奠定坚实的基础。

二、数字化转型对企业营销绩效的间接影响

数字化转型除了对企业营销绩效产生直接影响外，还通过一系列间接途径，从多个维度推动企业营销绩效的提升。

（一）优化内部管理流程，提高运营效率

数字化转型促进了企业内部管理流程的优化，实现了资源的高效整合与协同。企业资源规划（ERP）系统的应用，打破了部门之间的信息壁垒，实现了采购、生产、销售、财务等各部门的数据共享与流程优化。这不仅降低了部门间的沟通成本，减少了信息传递延迟，还显著提高了整体运营效率。在库存管理方面，数字化技术实现了库存的实时监控和精准预测，避免了库存积压或缺货现象，降低了库存成本，为营销活动提供了坚实的后勤保障，间接推动了营销绩效的提升。

例如，一家制造企业通过 ERP 系统整合了供应链管理，使原材料采购与生产计划紧密衔接，减少了因物料短缺导致的生产延误。同时，借助实时数据分析，企业能够准确预测市场需求变化，及时调整生产策略，有效避免了过剩库存的产生。此外，数字化工具还帮助企业实现了销售数据的即时分析，使企业能够快速响应市场变化，调整销售策略，进一步提升了营销绩效。

（二）推动企业创新，增强市场竞争力

数字化转型为企业创新注入了强大动力，提升了企业的市场竞争力，进而间接促进了营销绩效的提升。在产品创新方面，数字化技术使企业能够更

精准地把握消费者需求和市场趋势，加速产品研发和创新过程。通过虚拟现实和增强现实技术，企业在产品设计阶段即可进行虚拟展示和测试，提前收集消费者反馈，优化产品设计。在服务创新方面，数字化转型催生了新的服务模式和内容，如在线教育、远程医疗等，满足了消费者多样化的需求，提升了企业的市场竞争力，为营销绩效的增长提供了有力支持。例如，服饰企业可以利用 AR 技术为顾客提供虚拟试衣体验，不仅提升了顾客的购物体验，还降低了因尺码不合适导致的退换货率。同时，通过大数据分析，能够快速捕捉到流行趋势，及时调整产品线，推出符合市场需求的新款服装，从而在激烈的市场竞争中脱颖而出。

（三）调整组织架构与人才结构，适应数字化发展

为适应数字化时代的发展需求，企业积极调整组织架构，打破部门间的壁垒，建立起更加灵活和高效的跨部门协作机制。在数字化营销项目中，市场部门、技术部门和客服部门紧密协作，共同推动营销活动的策划、执行和优化。企业高度重视数字化人才的引进和培养，不断提高员工的数字素养和技能水平。一支具备数字化营销能力的团队，能够更好地运用数字化工具和技术开展营销活动，从而间接提升营销绩效。

三、数字化转型赋能企业营销绩效的实现路径

（一）基于技术赋能的创新驱动路径

通过技术赋能，企业能够推动营销创新，从而在激烈的市场竞争中脱颖而出。

随着大数据技术的广泛应用，企业能够对海量的数据进行深度挖掘与分析。这种能力使得企业能够发现潜在的市场机会和消费者需求，为精准营销提供坚实的数据支持，从而更有效地吸引目标客户群体。

人工智能技术在营销领域的应用变得越来越广泛，智能推荐系统就是其中的一个典型例子。该系统根据消费者的历史行为和偏好，智能地为其推荐相关的产品或服务，从而提高购买转化率，提升企业的销售业绩。

物联网技术的实现使产品更加智能化，并且实现了设备之间的互联互通。这种技术为消费者提供了更加便捷和个性化的体验，增强了产品的竞争力。随着消费者体验的提升，营销绩效也相应地受到了正面的影响，为企业带来了更多的商业机遇。

（二）市场拓宽与竞争优势获取路径

在当今这个信息爆炸的时代，数字化转型帮助企业打破了传统的地域限制，使企业能够将业务拓展到全球范围，从而极大地拓展了市场范围，并在激烈的市场竞争中获取了显著的竞争优势。通过电子商务平台和社交媒体等现代数字渠道，企业能够将自身的产品和服务推向更加广阔的市场，接触到更多的潜在客户。

数字化转型不仅提升了企业的市场适应速度，还增强了企业的竞争力。企业能够实时地了解市场动态和竞争对手的最新情况，快速地调整营销策略，抢占市场先机。

此外，数字化营销渠道低成本和高效率的特点，使企业能够以更低的成本获取更多的客户，提高市场份额，显著提升营销绩效。

（三）客户关系管理与品牌建设路径

数字化转型对企业的客户关系管理和品牌建设产生了深远且积极的影响。在客户关系管理方面，数字化技术的应用使企业能够更加高效地收集客户数据，并借助先进的分析工具深入挖掘这些数据背后的价值。这不仅帮助企业更好地理解客户的实际需求和行为模式，还能够基于这些洞察提供更加个性化和精准的服务与体验。通过这种方式，企业能够显著提升客户的满意度和忠诚度，从而在激烈的市场竞争中脱颖而出。

通过部署和使用客户关系管理（CRM）系统，企业能够对客户信息进行有效的整合和管理。CRM系统使得企业能够跟踪和维护客户全生命周期的每一个环节，从潜在客户的识别到老客户的维护，确保在每一个接触点都能够提供一致且高质量的服务体验。这种全面的管理方式有助于企业构建长期稳定的客户关系，为企业的持续发展奠定坚实的基础。

而在品牌建设方面，数字化营销渠道为企业提供了前所未有的品牌传播机会。企业可以利用社交媒体平台、内容营销、搜索引擎优化（SEO）、电子邮件营销等多种数字营销手段，以更加精准和高效的方式触达目标受众。通过这些渠道，企业能够塑造并传播独特的品牌形象，清晰地传达品牌价值主张，提高品牌的知名度和美誉度。随着品牌影响力的不断增强，企业能够吸引更多的潜在客户，进而促进营销绩效的提升，最终实现业务增长和市场份额的扩大。

第六章　企业供应链金融管理的数字化转型研究

本章首先阐释企业供应链管理的理论基础，分析数字化转型下供应链管理的运作模式，探讨供应链管理数字化转型的路径，并研究数字化转型下的风险迎审机制。本章可以为企业优化供应链金融管理提供理论支持与实践指导。

第一节　企业供应链管理的理论阐释

在当今复杂多变的经济环境中，为了保持竞争优势并实现可持续发展，企业必须重视并优化供应链管理。[①] 企业供应链管理已成为企业发展的关键要素，对企业的生存与发展起着至关重要的作用。

一、企业供应链管理的内涵

在竞争激烈的商业环境中，企业供应链管理已成为企业获取竞争优势的关键因素之一。供应链管理借助先进的信息技术和管理技术，将供应链上各个业务伙伴的业务流程相互集成，形成一个无缝、高效的运作体系。这一体系不仅覆盖了从原材料采购、产品制造、分销到最终用户交付的全过程，而且通过精细化管理，确保了产品和服务的及时性、准确性和高质量，从而极大地提高了客户满意度。

同时，供应链管理在降低系统的整体成本方面也发挥着至关重要的作用。通过优化库存水平、减少浪费、提高物流效率和缩短生产周期，供应链管理能够显著提升各参与企业的经济效益。这种成本的降低不仅体现在直接的财

---

① 陈运恒. 贸易型企业供应链管理要点探讨 [J]. 销售与管理，2024（35）：108-110.

务数字上，还包括时间成本、机会成本等更为广泛的范畴。

供应链管理的范畴非常广泛，涉及战略规划、采购、生产、库存、物流、销售和客户服务等多个层面。从管理对象来看，供应链管理不仅关注企业内部的资源和流程，还将供应链中的所有节点企业视为一个有机整体。这意味着从需求市场到供应市场的整个物流职能领域都被纳入管理范畴，进行同步化运作，确保整个链条的顺畅和高效。

在管理理念上，供应链管理强调节点企业之间的合作联盟。它倡导通过长期合作协定，实现相互信任、信息共享、风险共担和收益共享，从而形成紧密的伙伴关系。这种伙伴关系超越了简单的资源和技术连接，基于共同的目标和愿景，通过协同工作，实现整个供应链的增值。

在管理决策方面，供应链管理的关键在于识别供应链的核心企业，确定与哪些企业的流程进行联结以及如何进行集成和管理，以构建高效的供应链网络结构。这需要对整个供应链的运作有深刻的理解和洞察，包括对市场动态、客户需求、技术发展等多方面的考量。

同时，供应链管理重点关注网链企业之间的合作关系管理。通过优化合作关系，企业可以减少不确定性和风险，实现系统最优。这包括对供应商的选择和评估、合作伙伴间的沟通协调，以及对整个供应链的绩效监控和改进。最终目标是提高服务水平，降低系统整体运营成本，实现供应链的可持续发展和企业的长期成功。

二、企业供应链管理的内容

供应链管理主要涉及核心层、规划层、业务层、支持层四个层次。

（一）供应链管理的核心层

核心能力：在供应链管理的理念中，关键在于识别并强化供应链中核心企业的核心优势业务。这要求将非核心的业务流程外包给在相应领域具有明显竞争优势的成员企业。通过这种方式，每个企业都能够专注于自身最擅长的业务，从而提高整个供应链的效率和竞争力。

合作共赢：供应链管理的终极目标是通过信息共享和协同合作，实现供应链各成员企业的共赢。这包括通过并单运输和多频次小批量递送的策略，有效降低库存水平，同时控制供应链的运营成本。这样的合作不仅可以提高供应链的整体效率，还能实现成本节约和利润增加，让供应链上的所有企业都能共同分享由此带来的收益。

（二）供应链管理的规划层

企业在进行供应链战略匹配时，必须深入理解供应链战略如何与企业的整体战略相协调。这包括供应链战略与产品需求性质的匹配，以及核心企业在供应链外包与自营业务之间的决策。这些决策将直接影响企业的运营效率和市场竞争力。

供应链网络规划是一个复杂的过程，它包括制定供应链网络构建策略、明确构建步骤，以及核心企业的设施选址等关键决策。这些决策对确保供应链的高效运作和成本效益至关重要。

供应链运作流程的优化是提升企业竞争力的关键。这需要企业了解不同类型的供应链业务运作流程，并掌握业务流程再造的方法和实践。通过这种方式，企业能够提升效率、降低成本，从而在市场中获得竞争优势。

在构建供应链合作关系时，企业需要规划合作关系的层次、识别合作伙伴的类型，并分析影响合作关系的各种因素。良好的合作关系能够提供资源的共享，提高供应链的灵活性和响应速度，最终提升整个供应链的价值。

（三）供应链管理的业务层

供应链运作管理：涉及竞争优势与供应链运作模式的演变，包括供应链的推式与拉式、有效性与反应性、精细化与敏捷性、定制式与延迟化，以及供应链运营的协作机制。

供应链采购管理：涵盖供应链下采购管理理念的演进、采购管理的特点、采购行为的转变。这包括交易性与合作性、集中化与分散式、电子化与招投标等采购模式，与物料相匹配的采购策略、订单合并的采购策略，以及供应商的评选、供应商关系的建立与审核、供应商关系的解除与发展。

供应链分销管理：包括需求预测与订单管理、订单分拣与集合，供应链分销物流网络库存的集中与分散配置，配送物流网络的集中与分散模式，以及供应链客户价值管理、客户关系管理等。

供应链库存控制：包括供应链库存的类型，供应链库存的影响因素，独立需求库存控制策略，供需不确定的安全库存设置，供应商管理库存和联合库存管理模式。

（四）供应链管理的支持层

供应链信息集成：为了保证供应链能够顺畅运作，信息系统的支持作用必不可少。这包括供应链信息技术的标准化趋势、供应链信息系统的技术架构、供应链信息管理系统的组成以及供应链信息技术的实施。

供应链合同管理：为了保障供需双方的权益和明确各自责任，供应链合同的支持作用也必不可少。这涉及供应链合同的优化、合同风险管理，以及供应链收益管理等内容。

供应链绩效评估：良好的供应链绩效评估体系能够推动供应链的持续改进，因此，把供应链绩效评估归为供应链管理的支持层面。供应链绩效评估的内容包括供应链绩效指标的选择、绩效评估的方法，以及供应链绩效评估的衡量框架等。

第二节　数字化转型下企业供应链管理运作

在当今数字化时代，企业供应链管理正经历着深刻的变革与转型。数字化技术的快速发展为企业带来了前所未有的机遇和挑战，促使企业不断优化供应链管理运作，以提高效率、降低成本、增强竞争力。

一、数字化背景下企业供应链管理的特点

在数字化的浪潮中，企业供应链管理呈现出许多新的特点，这些特点不仅改变了企业的运营模式，也提升了整个供应链的效率和响应速度。首先，数字化供应链更加重视数据驱动的决策。企业通过收集和分析来自市场、客户、供应商以及内部运营的海量数据，能够深入洞察市场趋势和消费者行为，从而做出更加精准的预测和决策。例如，利用大数据分析技术，企业可以预测某一产品的未来需求量，进而合理安排生产计划和库存，有效避免库存过剩或短缺的情况。

其次，数字化技术的应用，如物联网、人工智能和机器学习算法，使企业能够实时监控供应链的每一个环节。这种能力不局限于企业内部，还延伸到了供应商和分销商，实现了供应链各环节的实时协同。例如，通过物联网技术，企业可以实时追踪货物在运输过程中的位置和状态，确保货物安全、及时到达目的地。同时，人工智能和机器学习算法能够分析历史数据和实时数据，预测潜在的供应链风险，并提出相应的应对策略，有效提高了供应链的抗风险能力。

再者，数字化供应链管理的灵活性和敏捷性是其另一显著特点。面对快速变化的市场环境和诸多不确定性，企业能够迅速调整供应链布局和运作模式，以更好地适应市场需求的变化。

最后，数字化供应链管理还能够显著提升客户体验。通过实时跟踪订单状态、优化配送服务、提供个性化推荐等方式，企业可以提高客户满意度和忠诚度。例如，利用先进的数据分析技术，企业可以准确预测客户的购买习惯和偏好，从而提供更加个性化的服务和产品推荐。同时，实时订单跟踪系统使客户可以随时了解自己订单的最新状态，获得更加透明和安心的购物体验。

二、数字化转型下企业供应链流程的重塑

（一）供应链可视化

在数字化转型的浪潮中，企业供应链流程的重塑首先体现在供应链的可视化管理上。借助先进的数字化技术，企业能够将分散在各个环节的数据和信息集中整合，构建起一个透明、可视化的供应链网络。这个网络不仅包括传统的物流、信息流和资金流，还涵盖更广泛的数据，如供应商的生产状态、货物的实时位置、库存的动态变化等。

通过集成的可视化界面，企业可以实时监控整个供应链的运行状态。这包括货物在运输过程中的每一个节点、库存水平的实时更新，以及生产进度的精确跟踪。例如，一家制造企业可以实时追踪其原材料从供应商处发出，经过运输到达工厂，再到最终产品完成并发出的整个过程。

供应链可视化技术的应用使企业能够及时发现供应链中的瓶颈和问题，从而迅速采取措施进行优化。比如，通过实时监控，企业可以发现某个关键零部件的供应出现延迟，进而立即调整生产计划，避免生产线停滞。此外，企业还可以利用可视化技术与供应商和客户进行实时沟通，加强合作，共同优化供应链流程，确保供应链的高效运作。

（二）供应链协同

数字化转型不仅改变了企业内部的运作模式，还促进了企业与供应链伙伴之间的协同发展。通过数字化技术，企业能够与供应商、客户、物流服务商等实现信息共享和协同工作。这种协同工作模式极大地提高了供应链的整体效率，降低了成本，增强了企业的市场竞争力。例如，服装企业可以与供应商实现信息共享，实时了解原材料的供应情况，并根据市场需求的变化及

时调整采购计划，从而降低采购成本。同时，企业还可以与物流服务商协同合作，共同优化物流配送方案，提高物流效率，减少不必要的运输成本。

供应链协同还加深了企业与客户的互动，使企业能够更准确地了解客户需求，及时调整产品和服务以适应市场变化，从而提高客户满意度。例如，通过分析客户购买数据和反馈，企业可以预测市场趋势，调整产品设计和营销策略，以满足客户的个性化需求。

（三）供应链敏捷化

数字化转型为企业供应链赋予了前所未有的敏捷性。借助数字化技术，企业能够快速适应市场变化，灵活调整供应链策略。例如，一家电子产品企业可以利用市场数据分析，快速调整生产计划，以应对市场需求的波动。当某款产品突然热销时，企业可以迅速增加产量，反之，企业需及时缩减生产，避免库存积压。

供应链敏捷化还意味着企业能够快速应对供应链中的突发事件。比如，通过实时监控，企业可以及时发现关键物流节点的延误情况，并立即启动应急预案，调整物流配送方案，确保产品能够准时送达客户手中。

此外，供应链敏捷化还有助于提高企业的创新能力。通过与供应链伙伴的紧密协同合作，企业可以快速获取市场信息和技术创新成果，并将其迅速应用于产品研发和生产中。这样，企业就能迅速推出符合市场需求的新产品，保持竞争优势。例如，一家企业通过与技术供应商的合作，快速采用了最新的制造技术，从而在短时间内推出了具有创新功能的新产品，满足了消费者对高科技产品的需求。

第三节　企业供应链管理数字化转型的路径

在数字化时代的浪潮中，企业供应链管理的数字化转型已成为提升企业竞争力的关键举措。这一转型过程涉及多个方面的变革与创新，需要企业从战略规划、技术应用、组织架构调整以及数据管理等多个维度入手，探索出适合自身发展的数字化转型路径。[①]

---

① 郑燕楠. 企业供应链管理数字化转型研究［J］. 财经界，2024（24）：69-71.

一、明确数字化转型的战略定位

与企业战略目标相结合：企业供应链管理的数字化转型应紧密围绕企业的总体战略目标展开，将数字化技术作为实现战略目标的重要手段。通过数字化转型，企业能够优化供应链流程，提高供应链的适应速度和灵活性，降低成本，提升客户满意度，从而增强核心竞争力。例如，对于以快速适应市场需求为战略目标的企业，数字化转型应侧重于实现供应链的实时可视化和协同运作，以便快速调整生产和采购计划，满足客户的个性化需求。

确立数字化转型的愿景和目标：企业应明确数字化转型的愿景和目标，为转型过程提供明确的方向。数字化转型的愿景应体现企业对未来供应链管理的期望，如实现供应链的智能化、数字化、绿色化等。数字化转型的目标应具体、可衡量、可实现、相关联并有时限（遵循 SMART 原则）。

制定数字化转型的战略规划：企业需要制定全面的数字化转型战略规划，包括确定转型的阶段、步骤和重点领域。在规划过程中，应充分考虑企业的现状和资源禀赋，合理安排转型的资源投入和时间进度。同时，要注重与企业内部各部门和外部供应链伙伴的沟通与协作，确保数字化转型战略的顺利推进与实施。

二、技术驱动的数字化转型

（一）选择合适的数字化技术

企业应根据自身的需求和实际情况，选择合适的数字化技术来支持供应链管理的数字化转型。

在当前的数字化浪潮中，供应链管理面临着诸多挑战与机遇，而合适的数字化技术是应对挑战、把握机遇的关键。不同类型的供应链有着不同的特点和需求。例如，一些企业侧重于生产制造环节，其供应链的数字化重点可能在于生产计划与调度的智能化；而对于以销售和服务为主的供应链，市场需求的精准预测和客户服务的高效响应则更为关键。

从实际情况来看，企业需要充分考虑自身的规模、行业特性、技术基础等因素。大型企业可能需要选择集成多种功能模块的大型数字化系统，以实现供应链的全流程管控；而中小企业则可能更倾向于选择轻便、灵活且易于实施的数字化工具。同时，企业还需要关注技术的发展趋势，如人工智能、物联网、大数据等，选择能与现有技术架构相融合、具有扩展性的数字化技术，以确保数字化供应链管理系统能够随着企业的发展不断升级和完善。

（二）推动供应链数字化平台的建设

在数字化浪潮席卷全球的当下，企业间的竞争已不再局限于单一产品或服务的较量，供应链管理的效能已成为决定企业竞争力的关键因素。在此背景下，推动供应链数字化平台的建设，成为企业提升供应链管理水平的核心举措。

企业构建一体化的供应链数字化平台，需要对供应链各个环节，如采购、生产、销售、物流等业务系统进行深度整合。该数字化平台的核心功能涵盖多个关键领域。数据采集功能需高效、准确，能够实时收集来自供应链各节点的海量数据，包括原材料价格波动、生产设备运行状态、产品库存数量等。数据存储方面，应采用先进的分布式存储技术，确保数据的安全性和可扩展性。数据分析与处理功能则运用大数据分析算法和人工智能技术，从海量数据中挖掘有价值的信息，为企业决策提供有力支持。可视化功能通过直观的图表、看板等形式，将复杂的数据转化为易于理解的信息，方便企业管理者实时掌握供应链运行状况。

在实际应用中，企业通过供应链数字化平台，能够实现对采购环节进行精准的供应商管理和采购成本控制；在生产环节，可以优化生产计划与排程，提高生产效率；在销售环节，可以根据市场需求及时调整营销策略；在物流环节，可以实现货物运输的实时跟踪与优化配送路线。这些都极大地提升了供应链的协同效率，显著加快了供应链的适应速度，使企业能够灵活应对市场的动态变化。

（三）利用数字化技术优化供应链流程

企业利用数字化技术对供应链流程进行优化与再造，是提升供应链竞争力的重要途径。其核心在于剔除流程中的冗余环节，提高流程的效率与质量。

库存管理的数字化优化：借助物联网技术，企业能够实现对库存的实时监控。这一技术手段可以有效避免库存积压和缺货现象。实时监控使得企业能够准确掌握库存数量与状态，及时调整补货策略，确保库存始终处于合理水平。

采购计划的大数据优化：通过大数据分析技术，企业能够对采购计划进行优化。大数据分析可以整合多方面的数据信息，如市场价格波动、供应商历史数据等，帮助企业制订更为科学合理的采购计划，降低采购成本。

生产计划的智能化排程：运用人工智能技术，企业能够实现生产计划的智能排程。人工智能算法可以综合考虑生产设备状况、订单优先级、原材料供应等多种因素，制订出最优的生产计划，显著提高生产效率，确保订单可以按时交付。

三、组织架构与人才支持

组织架构的调整与优化：企业应进行组织架构的调整与优化，以适应数字化转型的需求。数字化转型要求企业打破传统的部门壁垒，建立跨部门的团队协作机制，实现信息的快速传递和共享。

培养数字化人才：企业应重视数字化人才的培养和引进，打造一支高素质的数字化人才队伍。数字化人才应具备扎实的信息技术知识和丰富的供应链管理经验，能够熟练运用数字化技术解决供应链管理中的问题。企业可以通过内部培训、外部引进等方式，不断提升数字化人才的能力和素质。

促进组织文化的变革：企业应推动组织文化的变革，营造积极向上的数字化文化氛围。数字化文化应倡导创新、协作、数据驱动等价值观，鼓励员工积极参与数字化转型工作。

四、数据治理与供应链协同

加强数据治理：数据治理是企业供应链管理数字化转型的基础，企业应加强数据治理，确保数据的准确性、完整性和安全性。数据治理包括数据规划、数据采集、数据存储、数据处理、数据使用和数据安全等各个环节。企业应建立完善的数据管理制度和流程，明确数据管理的责任和权限，确保数据的质量和安全。

实现供应链协同：供应链协同是企业供应链管理数字化转型的重要目标，企业应借助数字化技术实现供应链各个环节的协同运作。供应链协同包括供应商协同、制造商协同、销售商协同和物流服务商协同等方面。企业应搭建协同平台，实现信息的共享和交互，优化供应链流程，提升供应链的效率和竞争力。

推动供应链金融创新：在企业供应链数字化转型中，供应链金融扮演着关键角色。企业通过创新供应链金融，满足上下游企业的金融需求，提供便捷高效的金融服务。供应链金融整合资金流、物流和信息流，提供一站式服务，包括融资和结算等。例如，在制造业供应链中，供应商和经销商可通过供应链金融获得融资支持并优化结算流程。数字化技术推动了供应链金融管理的创新。区块链技术确保了交易数据的安全，大数据分析技术提高融资决策的效率，它们共同促进了供应链生态的良性发展。

五、风险管理与持续改进

识别和评估数字化转型风险：企业应识别和评估数字化转型过程中可能面临的风险，包括技术风险、数据安全风险、组织变革风险等。通过风险评估，企业能够准确掌握风险发生的概率及其潜在影响，为制定风险应对策略提供坚实的基础。

制定风险应对策略：企业应根据风险评估的结果，制定相应的风险应对策略，包括风险规避、风险降低、风险转移和风险接受等。例如，对于技术风险较高的项目，企业可以选择采用成熟的技术方案来降低风险；对于数据安全风险，企业可以加强数据安全管理，建立完善的数据安全保护体系。

建立持续改进机制：企业应建立持续改进机制，不断优化供应链管理的数字化转型效果。该机制包括绩效评估、反馈机制和改进措施等。企业应定期对数字化转型的效果进行评估，及时发现问题和不足，并采取相应的改进措施，推动数字化转型不断深入。

第四节　数字化转型下企业供应链风险迎审机制

在数字化转型的大背景下，企业供应链面临着前所未有的变革与挑战。作为企业运营的关键环节，供应链的稳定性与效率对企业的生存和发展起着决定性作用。有效管理供应链风险，已成为企业在激烈市场竞争中保持竞争力的核心要素之一。

一、数字化转型对企业供应链风险的多维度影响

当前，数字化浪潮正推动企业供应链发生深刻变革。数字化转型给企业带来了诸多的机遇，同时伴随着一系列风险。以下将从多个方面剖析其具体影响。

（一）数字化技术的双面性

数字化技术在企业供应链领域的应用带来了显著的运营优势。实时数据

分析技术使企业能够精准把握市场动态与消费者需求变化，从而优化生产计划与库存管理决策。例如，服装制造企业可以通过大数据分析，预测下一季的流行趋势，并据此调整生产计划，减少库存积压。物联网跟踪技术可实时监控货物位置与状态，提高供应链的透明度与可追溯性。又如，通过在运输的集装箱中安装传感器，企业可以实时监控货物的温度和湿度，确保货物在运输过程中的安全。云计算强大的数据存储和处理能力为供应链管理搭建了高效便捷的平台，促进了各环节的协同运作。通过云平台，企业可以实现供应商、制造商、分销商和零售商之间的信息共享，提高整个供应链的效率。

但数字化技术的普及也带来了新的风险。网络攻击和数据泄露事件频发，对企业运营安全构成威胁。一旦关键数据被窃取或篡改，企业可能面临运营中断、品牌形象受损、消费者信任丧失等危机。例如，一家制药公司遭受网络攻击，导致其研发数据被窃取，不仅影响了公司的正常运营，还对公司的声誉造成了严重损害。此外，供应链全球化使得企业在不同国家和地区运营时，需面对不同的信息安全与法律法规，增加了企业跨境运营的风险。又如，一家跨国企业在中国和欧洲都有业务，由于两地的数据保护法规不同，企业在处理个人数据时必须遵守更严格的欧洲法规，否则将面临法律风险。

（二）供应链网络复杂度上升

数字化加速全球化进程，供应链网络越发复杂。供应链跨越多国多地，涉及不同文化背景、业务实践和法律体系，增加协调与管理难度，要求企业具备更强跨文化沟通能力和法律合规意识。例如，一家汽车制造商的供应链可能涉及亚洲的零部件供应商、欧洲的设计团队和北美的组装工厂，这种全球化的供应链需要企业具备跨文化沟通能力，以确保各环节能够顺畅协作。

数字化网络的互联互通特性使得供应链风险传导更快、更广。某个节点的微小故障可能通过网络迅速放大并传播，引发全局性的供应链中断。这种"蝴蝶效应"式的风险传导机制要求企业深刻认识供应链网络的复杂性，并加强风险管理措施，以降低潜在风险的影响。例如，一家电子产品的供应链中，如果某个关键零部件的供应商出现生产中断，由于供应链紧密连接，这一中断可能迅速影响到整个供应链，导致多个制造商的生产停滞。

（三）需求波动与市场不确定性加剧

数字化时代，消费者行为和市场趋势变化迅速。社交媒体和在线平台普及使得消费者获取信息更加便捷，购买决策也变得更加多变难测。需求波动性体现在产品种类、数量，以及对交付速度和服务质量的高要求上。传统的库存管理和生产计划方式已难以适应这种变化，企业需构建更灵活敏捷的供应链策略。例如，一家在线零售商需要根据社交媒体上的热点事件迅速调整其库存，以满足消费者对热门产品的即时需求。

地缘政治风险和国际贸易紧张局势加剧，进一步增加了市场的不确定性。贸易壁垒、关税波动、地缘政治冲突等都可能冲击全球供应链，导致供应链中断和成本上升。因此，企业必须提升供应链的柔性和适应速度，以便在市场环境变化时迅速调整策略，确保供应链的连续性和稳定性。例如，一家跨国食品公司可能需要根据国际贸易政策的变化，调整其全球采购策略，以避免关税增加带来的成本上升。

（四）供应链技术依赖风险加剧

在数字化时代，企业供应链对人工智能、大数据分析等技术的依赖程度日益加深。这些技术的应用极大地提升了供应链智能化和自动化水平，带来了运营效率和准确性的显著提升。但技术依赖存在潜在风险。一旦技术系统故障或遭受黑客攻击，供应链各环节从原材料采购到生产、物流直至销售，都可能陷入瘫痪。例如，一家使用高度自动化生产线的汽车制造商，如果其控制系统遭受网络攻击，可能会导致整个生产线停止运作。

技术快速更新换代，使企业面临技术过时的风险。前期投入技术可能短时间内面临淘汰，企业需频繁进行技术升级或替换，从而造成巨大的经济损失。例如，一家使用旧版 ERP 系统的公司，发现其系统无法与最新的供应链管理软件兼容，需要进行昂贵的系统升级。

（五）合规与伦理挑战突出

随着数字化的深入发展，供应链运营面临着严峻的合规与伦理挑战。在全球化背景下，供应链跨越多国多地，不同地区的数据保护法规、劳动法规和环境标准存在差异。企业在全球运营时必须严格遵守各地的法律法规，否则将面临重大法律风险和经济损失，同时还会损害品牌形象和消费者信任。例如，一家服装品牌在东南亚的工厂如果未能遵守当地的劳动法规，可能会面临国际社会的谴责和消费者的抵制。

数字化技术广泛应用引发数据隐私、算法偏见等伦理问题。供应链管理中，企业收集处理大量个人数据，须严格遵循数据保护原则，确保个人隐私不被侵犯。例如，一家电子商务公司必须确保其客户数据的安全，防止数据泄露导致的侵犯隐私问题。算法在供应链决策中应用渐广，但算法偏见可能导致不公平的决策结果，若处理不当将引发社会争议和监管风险，影响企业的声誉和长期发展。又如，如果一家公司使用的人工智能算法在招聘过程中存在性别偏见，可能会引起公众的不满和监管机构的调查。

二、数字化转型下企业供应链风险迎审机制的构建策略

（一）基于大数据与人工智能的风险识别系统

1. 实时数据采集与分析

在当今这个信息爆炸的时代，企业需要构建一个基于大数据和人工智能技术的风险识别系统。这个系统的核心功能是实时数据采集与分析，它能够整合供应链各个环节的关键信息，包括但不限于供应商的经营数据、物流运输的实时动态、市场需求的变化趋势等。通过这些数据的整合，企业能够形成一个全面、动态的信息监控网络，对供应链的各个环节进行实时监控和分析，从而及时发现潜在的风险并采取相应的措施。例如，当系统监测到某个供应商交货时间延迟时，它会立即分析原因，可能是供应商生产出现问题、物流延误或受其他外部因素影响。企业可以迅速采取措施，如寻找替代供应商或调整生产计划，以确保供应链的连续性不受影响。

2. 数据挖掘与机器学习

为了更深入地理解数据并预测未来趋势，企业需要运用先进的数据挖掘技术和机器学习算法。这些技术能够帮助系统挖掘数据之间的关联规则，识别出数据背后隐藏的模式，从而精准预测供应链中可能出现的风险点。此外，系统还具备自我学习和优化功能，它能够通过分析历史数据和实时反馈，自动调整和完善风险预测模型。这种自我优化的能力使得系统能够不断提高预警的准确性和时效性，为企业风险管理提供更加可靠的支持。例如，借助机器学习算法，系统可以预测特定季节或市场活动对产品需求的影响，从而帮助企业提前做好库存和生产计划的调整。

（二）多层次、多维度的风险评估体系

1. 风险评估的全面性

为了确保供应链的稳定性和持续性，企业必须构建一个全面且多维度的风险评估体系。这个体系需要深入剖析各种潜在的风险因素，并准确地评估

这些风险可能带来的影响。在进行风险评估时，企业不仅要考虑已识别风险的发生概率，还要评估这些风险对企业可能造成的潜在影响程度。此外，企业还应该探索风险事件可能持续的时间跨度，以及这些风险事件对企业长期运营的深远影响。通过这样全面的分析，企业能够更好地理解风险的本质，从而制定出更加有效的风险管理策略。例如，企业可评估自然灾害对供应链的影响，并制订相应的应急计划，以确保在灾害发生时能够迅速恢复运营。

2. 风险评估的针对性

在进行风险评估的过程中，企业应当结合自身的战略目标、资源配置情况以及风险容忍度，综合考量各项相关因素。这样做能够确保风险评估的全面性和针对性，使企业能够更加精准地识别和评估与自身业务紧密相关的关键风险。通过这种细致入微的评估，企业能够确定不同风险的相对优先级，为制定精准有效的风险应对策略提供坚实可靠的科学依据。这不仅有助于企业及时发现和应对潜在风险，还能够确保企业在面对不确定性时迅速作出反应，保障企业的稳定运营和长期发展。例如，对于一家依赖特定原材料的制造企业，评估原材料供应中断的风险将具有极高的优先级，企业将据此制定相应的多元化采购策略和库存管理措施。

（三）数字化监控与预警机制

1. 实时监控与数据分析

企业应构建完善的数字化监控与预警机制，以确保供应链在复杂环境中稳定高效运作。该机制依托高度集成化和智能化的数字化平台，对供应链各环节的关键状态和风险指标进行实时、全面、深入的监控。平台实时收集并分析库存水平、物流状态、供应商绩效等核心数据，运用先进的数据处理技术和算法，精准识别数据中的异常模式或偏离预设安全范围的情况。例如，系统可以实时监控库存水平，当库存低于安全库存时，系统会自动发出预警，并提出补货策略，以避免生产中断。

2. 预警与决策支持

一旦检测到潜在风险，预警机制将立即启动，通过自动化通知系统迅速将预警信息传达给相关人员，确保企业能够及时适应。此外，该机制还结合高级数据分析技术，对供应链中的风险趋势进行科学预测和模拟，为企业提供前瞻性的风险洞察和决策支持。例如，通过历史数据分析和市场趋势预测，企业可以预测未来某一时间段内可能出现的原材料价格波动风险，并据此调整采购策略，以降低成本风险。

（四）弹性供应链与风险分散策略

供应链的灵活性：构建弹性供应链并实施风险分散策略，是企业实现供应链在不确定性环境下持续稳定运作的关键。弹性供应链通过多元化策略增强灵活性和适应性，降低各类风险对供应链的潜在冲击。为此，企业应与多个供应商建立合作关系，减少对单一供应商的依赖，从而降低因供应商问题导致的供应链中断风险。例如，一家电子产品制造商可能会与多个芯片供应商建立合作关系，以避免因某一供应商的生产问题导致整个生产线停滞。

库存与物流管理：实施分布式库存管理，在不同地理位置建立和维护适量库存，以应对市场需求波动或供应链中断，及时满足客户需求，同时降低库存积压和缺货风险。企业还应注重物流安排的灵活性，根据市场变化和供应链状况动态调整物流路径和运输方式，确保产品和服务的顺畅流通和及时交付。例如，通过建立区域配送中心，企业可以缩短产品从仓库到客户的运输时间，提高客户满意度。

（五）数字化驱动的持续改进机制

1. 数据驱动的改进

为提升供应链风险迎审机制的有效性和适应性，企业应构建数字化驱动的持续改进机制。利用先进的数字化平台，全面、系统地收集和分析供应链运作过程中产生的海量数据。通过深入挖掘和分析这些数据，企业能够精准识别现有风险迎审机制存在的问题和不足，进而有针对性地进行调整和优化。例如，通过分析销售数据和库存数据，企业可以发现某些产品在特定地区的库存积压问题，并据此调整生产和配送计划，以降低库存成本、提高资金周转率。

2. 技术创新与应用

基于数据驱动的优化策略提高了改进机制的效率和准确性，确保改进方向与企业实际需求和市场环境变化相契合。数字化技术的创新和发展为供应链管理带来了新的机遇，企业应充分利用这些技术，推动供应链管理在流程、模式、策略等层面的全面创新。例如，利用物联网技术，企业可以实时监控货物在运输过程中的位置和状态，提高物流效率和透明度；通过区块链技术，企业可以实现供应链信息的不可篡改和可追溯，提高供应链的透明度和信任度。

三、数字化转型下企业供应链风险迎审机制的未来发展趋势

在数字化转型的浪潮中，企业供应链风险迎审机制正迎来前所未有的变革。未来的发展趋势将体现在以下几个方面。

更加智能化的风险管理：随着人工智能、机器学习、大数据等前沿技术的不断进步和广泛应用，企业供应链风险迎审机制将迈向更加智能化的阶段。这些技术将极大地提高风险识别的准确性和及时性，使企业能够更精确地预测风险的发生概率、影响范围和发展趋势。例如，通过机器学习算法分析历史数据，企业可以预测特定季节或市场变动下的供应链风险。智能化决策支持系统将为企业提供更具针对性和科学性的风险应对策略，从而实现风险管理的自动化和智能化。又如，一个智能系统可能根据实时数据自动调整库存水平，以应对突发的供应链中断。

高度的精细化管理：通过对供应链各环节数据的深度挖掘和分析，企业能够更细致地了解风险的来源、特点和影响机制。这将促使企业制定更加精准的风险评估标准和应对措施，实现对供应链风险的精细化管控。例如，通过分析供应商的交货记录和质量控制数据，企业可以识别出潜在的供应风险并及时采取措施。精细化管理将有助于降低风险损失，提高供应链的整体效率和稳定性。又如，通过优化运输路线和提高装载效率，企业可以降低物流成本并缩短交货时间。

广泛的协同化管理：供应链风险管理的协同化趋势将更加明显。企业将加强与供应商、客户、物流服务商等供应链各环节的合作与协同，实现信息的实时共享和风险的共同应对。通过建立供应链风险联盟或合作平台，企业能够与合作伙伴共同制定风险管理策略，共享风险应对资源，提高整个供应链的抗风险能力。例如，多家企业可以共同投资于一个共享的物流平台，以提高运输效率并降低单个企业的物流成本。

注重可持续发展：在全球可持续发展的大背景下，企业供应链风险迎审机制将更加注重可持续性。企业不仅关注供应链的经济风险，还将重视环境风险和社会风险。在风险管理过程中，企业还需考虑环境保护、社会责任等因素，推动供应链的绿色发展和社会责任履行。例如，企业可能会选择使用

环保材料或支持可持续的农业实践来减少对环境的影响。同时，企业将努力确保其供应链中的劳动条件符合国际标准，以履行其社会责任。通过这些措施，企业能够实现经济、环境和社会的协调发展，从而长远保持竞争力和可持续性。

第七章　企业财务管理的数字化转型探究

本章从企业财务管理的基本知识入手，探讨其数字化转型的必要性，分析转型路径选择，并研究基于数字化转型的财务共享中心建设。本章可以为企业提升财务管理效率与质量提供理论依据与实践方案。

第一节　企业财务管理的相关知识

财务管理，作为企业管理体系的核心组成部分，其本质是对企业资金流动及其所形成的财务关系进行组织、协调与控制的经济管理活动。在这一过程中，企业通过科学合理的财务规划、决策与监控，能够实现资金的有效筹集、运用与分配，以支持企业的持续运营与发展。

一、企业财务管理的特点

（一）价值管理性

核心地位凸显：企业财务管理聚焦资金流动以及价值创造与实现，通过精心组织财务活动，如资金筹集、投资决策、营运资金管理、利润分配等，全力达成企业价值最大化。例如，企业通过发行股票和债券筹资，再投资于高回报项目，以提升整体价值。

综合性强：企业财务管理不仅涉及企业财务资源，还与生产、经营、销售等各环节紧密相连。企业需综合考量企业战略目标、市场环境、风险承受能力等因素，制定合理的财务策略与决策。例如，企业依据市场趋势调整产品定价策略，以平衡收入增长与市场竞争力。

货币计量主导：企业财务管理以货币为主要计量尺度，记录、核算企业经济业务，使财务信息具备可比性与可汇总性，便于管理层决策与控制。如编制财务报表，能让管理层清晰掌握利润、成本、现金流量等关键财务指标，以作出经营决策。

（二）综合管理性

管理内容全面：企业财务管理覆盖财务活动各个方面，包括资金筹集、运用、回收及利润分配；既要关注财务状况，又要兼顾经营成果与发展潜力。例如评估企业资产使用效率，以确保资金有效运用与长期增长。

管理手段多样：企业运用财务预算、控制、分析等多种手段来管理、监督企业财务活动。这些手段相互配合，形成了一套完整的管理体系，有助于提升财务管理水平。如通过财务预算设定年度收支目标，通过财务控制确保操作与预算一致，通过财务分析评估经营绩效。

涉及范围广泛：企业财务管理涉及企业内部各部门及外部利益相关者，如投资者、债权人、供应商、客户等。企业需协调好企业内部各部门之间的关系，满足外部利益相关者需求，以实现企业整体目标。比如，企业与供应商协商原材料价格以降低成本，向投资者展示财务健康状况以吸引投资。

（三）利益协调特性

利益关系复杂：企业财务管理涉及企业与投资者、债权人、职工、政府等多方面的利益关系，这些关系相互交织成一个复杂的利益网络。例如，企业要平衡股东高回报期望与债权人资金安全要求，同时满足员工薪酬福利与政府税收要求。

协调目标明确：企业财务管理的目标是协调各方利益关系，通过合理的财务政策与分配制度，保障各方利益，推动企业和谐发展。如实施股权激励计划，绑定员工利益与企业长期发展，提升员工的积极性与忠诚度。

协调方式多样：企业可通过协商、谈判、签订合同等多种方式来协调利益关系。同时，还可以借助信息披露、履行社会责任等方式提高企业透明度与公信力，赢得各方信任和支持。例如，企业定期发布财务报告与业绩更新，向投资者和公众展示经营状况与未来规划，树立良好的企业形象。

二、企业财务管理的重要性

（一）对企业生存和发展的保障

企业财务管理是企业生存和发展的重要保障，它为企业提供资金支持和财务决策依据。通过合理的财务管理，企业能够确保资金的充足供应，满足企业生产经营和发展的需要。例如，一个制造企业需要定期购买原材料、支付员工工资、更新设备，这些都需要稳定的资金流。财务管理通过预算编制、资金调度和现金流管理，能够确保这些需求得到满足，从而保障企业的正常运营。

同时，财务管理还能够为企业的决策提供科学的依据，帮助企业制定合理的发展战略，提高企业的竞争力。比如，在考虑是否进入一个新市场时，财务部门会通过市场分析、成本收益预测等手段，评估项目的可行性和潜在风险，为管理层提供决策支持。这不仅有助于企业避免盲目扩张带来的风险，还能确保企业资源得到最有效地利用，进而增强市场竞争力。

（二）对企业资源配置的优化

企业财务管理能够对企业的资源进行优化配置，提高资源的使用效率。通过对资金的筹集、投放和营运等活动的管理，企业能够将资金配置到最需要的地方，实现资源的最大化利用。例如，一个企业可能有多个项目同时进行，财务部门会根据项目的预期回报率、风险程度和资金需求量等因素，决定资金的分配，确保资金投向最有可能带来收益的项目。

同时，企业财务管理还能够对企业的资产进行管理和控制，确保资产的安全和增值。例如，通过定期的资产盘点、资产评估和资产维护，企业可以避免资产的闲置和浪费，确保资产的保值和增值。此外，通过有效的应收账款管理，企业可以加快资金回笼，减少坏账损失，提高资金使用效率。

（三）对企业风险防范的重要作用

企业财务管理能够对企业的风险进行防范和控制，降低企业的经营风险和财务风险。通过对财务活动的监督和控制，企业能够及时发现并解决潜在问题，避免风险的扩大。例如，通过定期的财务报告分析，企业可以及时发现成本超支、收入下降等问题，并采取措施进行调整，防止问题进一步恶化。同时，企业财务管理还能够通过制定合理的财务策略和风险控制措施，降低企业的风险水平，提高企业的抗风险能力。企业可以通过多元化投资、购买保险、建立风险基金等方式，分散单一业务或市场的风险。

此外，通过构建全面的内部控制体系以及风险预警机制，企业能够有效地对潜在的风险进行早期的识别和及时地应对。这样的做法不仅有助于企业提前做好准备，以应对可能出现的各类风险和挑战，还能确保企业在面对激烈的市场竞争时，能够保持稳健的发展态势。

三、企业财务管理的目标与原则

（一）企业财务管理的目标

筹资管理目标：在筹资管理方面，企业的核心目标是高效地获取所需资金，并且严格控制相关的筹资成本。这意味着企业需要以尽可能低的筹资成本来获取相同数量甚至更多的资金，以减少向出资者支付的利息、股利等报酬，以及在筹资过程中产生的各种费用。此外，企业还必须致力于降低筹资风险，确保能够按时偿还债务，从而减少企业价值中风险价值的比重，提升企业的整体财务健康状况。

投资管理目标：投资管理的目标是追求投资收益的最大化。企业应合理配置可用资金，精心挑选具有较高回报率的投资项目，以提高企业的整体获利能力和投资效益。同时，企业在追求高收益的过程中，也必须充分考虑投资风险，并采取有效的风险控制措施，确保投资收益的稳定性和可持续性，保障企业的长期发展和财务安全。

营运资金管理目标：营运资金管理的目标是合理、有效地使用资金，提高资金的使用效率，确保企业日常生产经营活动的顺利进行。此外，企业还应致力于加速资金周转，通过优化资金配置、加强监控等手段，减少不必要的资金占用，提高资金的利用效率，从而提升企业的运营效率和市场竞争力。

利润分配管理目标：利润分配管理的目标是通过科学合理的利润分配决策，促进企业价值的提升，实现股东财富的最大化，并确保企业的可持续发展。这涉及平衡股东的短期利益和企业的长期发展需要，通过合理的利润分配策略，既满足股东的期望，又保证企业有足够的留存收益用于再投资和扩张，从而推动企业的长期稳定增长。

（二）企业财务管理的原则

依法管理原则：企业在财务管理过程中，必须严格遵守国家相关法律法规，将资产管理与资金管理、资金使用与资金管理、管理责任与管理权限紧密结合，确保财务管理的合法合规。例如，企业在进行投资决策时，必须遵循《公司法》和《证券法》等相关法律法规，确保投资活动的合法性；在资金管理方面，企业需要按照《会计法》和《税法》等规定，合理安排资金的使用和管理，确保资金的合法合规。同时，企业还需要建立健全内部管理制度，明确各级管理人员的职责和权限，确保财务管理有序进行。

现金收支平衡原则：企业应确保现金收入与现金支出在数量和时间上达到动态平衡，避免现金短缺或过剩，保证企业资金的正常运转。例如，企业需要根据市场情况和自身经营状况，合理安排销售策略和采购计划，确保现金流入和流出的平衡。在现金管理方面，企业可以采用现金预算管理、现金流量管理等方法，对现金收支进行有效控制，避免因现金短缺或过剩影响企业的正常运营。

突出重点原则：企业应根据财务管理的全面情况，对各项任务按重要程度和紧迫程度进行排列，优先处理对企业发展影响重大、急需解决的问题，提升财务管理的效率和效果。例如，在市场竞争加剧的情况下，企业需要优先考虑如何提高产品质量和降低成本，以增强竞争力；在财务管理方面，企业需要优先考虑如何合理安排资金，确保资金有效利用，提高经济效益。

前瞻性原则：企业应基于发展战略，合理制订财务管理计划，关注市场变化和企业发展趋势，提前做好财务准备，为企业的发展提供有力支持。例如，企业在制定发展战略时，需要考虑市场环境和行业发展趋势，合理预测未来的收入和支出情况，制订相应的财务计划；在财务管理方面，企业需要关注市场利率和汇率变化，合理安排债务和投资，降低财务风险，提高财务稳定性。

适应性、可操作性原则：企业的财务管理制度应紧密结合自身实际情况，具有较强的适应性和可操作性，确保制度能够在实际工作中得到有效执行。例如，企业在制定财务管理制度时，需要考虑自身的经营规模、业务特点和管理能力，制定符合自身实际情况的管理制度；在制度执行方面，企业需要建立健全内部监督机制，确保各项制度得到有效执行，防止制度流于形式。

监督性原则：企业应加强对财务管理活动的监督，建立健全内部监督机制，确保财务活动的合法合规性和财务信息的真实性、准确性。例如，企业在进行财务管理时，需要建立内部审计制度，定期对财务活动进行审计，确保财务活动的合法合规；同时，企业还需要建立健全财务报告制度，确保财务信息的真实、准确，为企业的决策提供有力支持。

四、企业财务管理的基本环节

（一）财务预测

财务预测是企业财务管理的前瞻性环节，它涉及对企业未来财务状况和经营成果的科学预估。这一过程通常基于企业历史的财务数据，并结合当前的市场环境、行业趋势、内部资源和能力等多方面因素进行。通过财务预测，企业能够对未来可能出现的财务风险和机遇有所准备，从而为企业的战略规划和日常运营提供关键信息。

财务预测的方法多种多样，包括定性预测法和定量预测法。定性预测法依赖于专家的经验判断和市场调研，如德尔菲法和市场调研法，适用于难以量化的因素分析。而定量预测法则侧重于历史数据的统计分析，如时间序列分析、回归分析等，通过数学模型来预测未来的财务趋势。

企业应根据自身的行业特性、数据可用性以及预测的准确性需求，选择最合适的预测方法。例如，对于数据丰富且变化规律性强的企业，定量预测法可能更为适用；而对于创新型企业或新市场开拓，可能需要更多依赖定性预测法来捕捉不确定性和潜在的市场机会。

（二）财务决策

财务决策是企业财务管理的核心环节，它直接关系到企业的资金配置和财务目标的实现。在进行财务决策时，企业需要综合考虑内外部环境因素，包括市场状况、竞争态势、法律法规以及企业自身的财务状况和战略目标。

财务决策领域存在多种方法。优选对比法通过比较不同方案的优劣来进行选择；数学微分法适用于需要精确计算边际成本和边际收益的决策场景；线性规划法用于解决资源优化配置问题；概率决策法则在不确定性较高的情况下，通过概率计算来指导决策；损益决策法则侧重于风险和收益的权衡。

企业应根据不同的决策问题和环境，灵活选择合适的财务决策方法。例如，在进行大型投资决策时，可能需要运用概率决策法来评估不同投资方案的潜在风险和回报；而在日常运营中，优选对比法和线性规划法可能更为常用。

（三）财务计划

财务计划是企业根据财务决策的结果，对未来的财务活动进行的系统规划和安排。它包括资金筹集计划、资金使用计划、利润分配计划等多个方面，是企业财务管理的重要依据。

资金筹集计划关注如何有效地获取资金，包括股权融资、债务融资、内部融资等多种方式。企业需要根据资金成本、融资条件和市场环境来制定合理的筹资策略。资金使用计划则涉及资金的分配和使用效率，包括固定资产投资、营运资金管理等，旨在确保资金的合理配置和高效运用。利润分配计划则关系到企业利润的留存与分配，需要平衡股东利益和企业再投资的需求。

制订财务计划时，企业应遵循科学、合理、可行的原则，确保计划的实施能够促进企业财务目标的实现。同时，财务计划应具备一定的灵活性，以适应外部环境的变化和企业内部条件的调整。

（四）财务控制

财务控制是企业财务管理的重要手段，它确保企业财务活动按照既定的计划和目标进行。财务控制涉及对企业财务活动的监督和管理，包括预算控制、成本控制、现金流量控制等，旨在防范财务风险，提高资金使用效率。

财务控制的方法包括防护性控制、前馈性控制和反馈性控制。防护性控制侧重于预防措施，如建立和执行内部控制制度，以防止财务舞弊和错误的发生。前馈性控制则通过实时监控财务活动，及时发现偏差并采取措施进行调整。反馈性控制则是在财务活动结束后，通过财务分析和审计来评估财务活动的效果，为未来的财务控制提供反馈。

企业应根据不同的财务活动和管理需求，选择合适的控制方法。例如，在日常运营中，前馈性控制和反馈性控制可能更为常用；而在特殊项目或重大投资决策中，防护性控制则显得尤为重要。

（五）财务分析

财务分析是企业财务管理的重要组成部分，它通过对企业财务报表和其他财务资料的深入分析，评估企业的财务状况和经营成果。财务分析有助于企业了解自身的财务健康状况，及时发现潜在问题，并为未来的决策提供依据。

财务分析的方法包括比较分析法、比率分析法和综合分析法。比较分析法通过将企业的财务数据与历史数据、行业平均水平或竞争对手的数据进行对比，来评估企业的相对表现。比率分析法则通过计算并分析各种财务比率，如流动比率、负债比率、资产回报率等，来评估企业的偿债能力、运营效率和盈利能力。而综合分析法则结合多种分析方法，从宏观和微观两个层面全面评价企业的财务状况。

企业应根据不同的分析目的和需求，灵活选择适合的财务分析方法。例如，在进行年度财务报告分析时，可能需要综合运用多种方法来全面评估企业的表现；而在日常管理中，特定的比率分析法可能更为实用，能够帮助企业快速识别潜在的问题和发展趋势。

第二节　企业财务管理数字化转型的必要性

企业财务管理的数字化转型，是企业利用现代信息技术，特别是数字技术，对财务管理理念、模式、流程以及技术手段等进行全面变革与重塑的过程。

一、提升财务管理效率的需求

（一）自动化处理流程

数字化转型不仅改变了企业的运作方式，还极大地提升了财务管理的效率。以费用报销流程为例，企业通过数字化转型，员工可以通过企业内部的财务系统轻松提交报销申请，系统会自动识别发票上的关键信息，如金额、日期和供应商信息，并进行合规性检查，确保所有费用均符合公司政策和税务规定。通过预设的审批流程，系统能够自动完成审批环节，从而减少了人工审核的需求，大大缩短了报销周期。

在财务报表编制方面，数字化工具的运用使得整个过程更加高效和准确。这些工具能够根据预先设定的格式和算法，自动从各个业务模块中提取数据，包括销售、采购、库存等，然后进行汇总和分析。通过这种方式，财务报表能够快速生成，不仅节省了大量时间，还减少了因手工操作而导致的错误。与传统手工编制方式相比，数字化工具在效率和准确性方面都有显著提升，为企业的决策提供了更加可靠的数据支持。

（二）实时财务数据处理

数字化转型使得财务数据能够实时更新和处理，极大地提高了企业的响应速度和决策效率。在企业的日常经营活动中，每一笔交易、每一个业务活动都能及时反映在财务系统中，确保数据的时效性和准确性。

实时数据处理还意味着企业能够更快地响应外部变化，如市场趋势、竞争对手的动态以及宏观经济环境的变化。通过实时分析财务数据，企业能够及时调整战略方向，优化资源配置，从而在竞争激烈的市场中保持领先地位。数字化转型不仅提升了财务管理的效率，还为企业带来了更深层次的战略优势。

二、提高财务管理准确性的要求

数字化转型后，通过标准化的流程和自动化的数据处理，能够大大减少错误。以采购业务为例。当采购订单信息输入系统后，系统会自动根据预设的规则进行账务处理，并在每一步操作中进行数据验证，确保数据的准确性。

数字化技术为企业提供了强大的数据分析工具，能够对海量的财务数据进行深度挖掘和分析。企业可以运用数据分析软件对企业多年来的财务报表数据、销售数据、成本数据等进行多维度分析。例如，通过数据挖掘技术，企业可以发现成本与销售额之间的内在关系，找出影响成本的关键因素，为成本控制提供依据。同时，利用大数据分析可以对企业的财务状况进行风险评估，精准预测企业可能面临的财务风险，如现金流瓶颈、债务违约风险等。

三、适应市场竞争环境的变化

（一）快速决策支持

数字化转型的财务管理能够为企业决策提供及时、全面的支持。企业管理层在制定战略决策时，需要财务部门提供各种财务分析报告，如市场投资分析报告、成本效益分析报告等。数字化的财务系统能够在短时间内整合企业内外的各种财务数据资源，进行复杂的分析模型计算，为管理层提供高质量的决策依据。例如，当企业考虑进入一个新的市场时，财务部门可以利用大数据分析该市场的潜在规模、竞争对手的财务状况、相关的成本结构等信息，帮助企业管理层判断进入该市场的可行性。

（二）成本竞争优势

企业通过运用数字化的成本管理工具，可以实现对产品或服务的成本构成进行更为精细化和深入的管理。以制造业企业为例，数字化工具能够对原材料的采购成本、生产加工过程中的成本以及产品运输过程中的成本等多个环节进行详尽的成本分析。通过这种分析，企业能够识别出成本较高的关键环节，并采取相应的优化措施。此外，数字化平台还能够整合供应链上下游企业的财务信息，从而实现对整个供应链成本的全面优化。在采购环节，企业可以利用这些信息争取更有利的采购价格；在销售环节，企业能够优化配送成本，如选择更经济的物流方案或改进物流路线。这些措施共同作用，使企业在激烈的市场竞争中能够拥有成本优势，从而在价格竞争中占据有利地位。

四、满足监管与合规性要求

（一）加强监管环境的管理

随着经济的发展，企业面临的监管环境日益严格。无论是财务会计准则，还是监管部门对企业各项经营指标的要求，都在不断提高。

企业需要确保其财务信息的真实性和合规性。数字化转型使企业能够更好地满足监管要求。例如，通过数字化系统，企业可以实现财务数据的自动采集和加密传输，按照监管部门的要求进行规范化的财务报表编制和披露。同时，企业的财务信息系统可以与监管部门的系统进行对接，实时接受监管部门的监督检查。

（二）国际会计准则及跨境业务

在全球化的背景下，许多企业开展跨境业务，这就需要遵循不同国家和地区的会计准则和财务监管要求。数字化转型有助于企业实现财务信息的标准化处理和转换。

企业可以利用数字化技术建立国际会计准则转换系统，将按照国内会计准则编制的财务报表转换为符合国际会计准则要求的报表。同时，在跨境交易中，数字化系统能够实时确保财务数据的合规性，如遵守外汇管理政策下的资金流动规定、确保跨境税收管理中的税务申报准确等。

五、推动财务创新与战略价值提升

数字化转型的财务管理为企业财务创新提供了广阔的空间。例如，区块链技术在财务管理中的应用可以实现财务数据的安全共享和不可篡改。

在供应链金融领域，通过区块链技术，企业财务可以准确地追踪货物的流转情况，实时监控应收账款和应付账款的状态，从而开发出更加创新的金融服务模式。同时，在财务风险管理中，人工智能技术可以构建更加智能的风险预警模型，提升风险管理的效能。

数字化转型还改变了企业财务管理的角色和功能，使其从传统的后台支持部门逐渐成为企业的战略决策核心参与者。财务部门通过数字化手段获取和分析大量的市场信息、竞争信息和业务信息，能够为企业制定长期战略规划提供前瞻性的建议。例如，在企业的多元化战略决策中，财务部门可以利用数据分析对不同业务领域的投资回报率、风险状况进行评估，协助企业确定最优的业务组合战略。

六、提升企业财务人力资源的价值

（一）财务人员的转型与能力提升

在财务管理数字化转型的过程中，财务人员的角色发生了显著转变。传统财务人员主要从事会计核算等重复性工作，而数字化转型后，财务人员需要具备更强的数据分析能力、数字技术应用能力和战略思维能力。

企业可以通过内部培训和外部教育等方式，帮助财务人员提升这些能力。例如，组织财务人员参加数据挖掘、财务软件高级应用等方面的培训课程，鼓励财务人员学习大数据分析、人工智能等相关知识。

（二）财务团队人才结构的优化

数字化转型促使企业重新构建财务团队的组织结构。企业需要更多地引进信息技术、数据分析等领域的专业人才与财务专业人员共同组建复合型财务团队。这样的团队结构能够实现从数据采集、分析到决策支持的全流程数字化运作。例如，在财务共享服务中心，既有财务专业人员负责业务的审核和监督，也有信息技术人员负责系统的维护和优化，还有数据分析人员负责对财务数据进行深度挖掘和分析。

第三节　企业财务管理数字化转型的路径选择

企业财务管理数字化转型的核心在于引入先进的信息技术和管理理念，对财务管理的各个环节进行全面的优化和升级。这不仅涉及财务数据的采集、存储、处理和分析，还涉及财务管理流程的再造、财务组织的调整以及财务人员的培训与转型。[①]

一、优化财务管理流程

流程再造与标准化：企业财务管理流程的优化是数字化转型的基础。传统的财务管理流程往往依赖手工操作和纸质文件，不仅效率低下，还容易出现人为错误。通过流程再造，企业可以将财务管理流程标准化和自动化，从

---

① 陈晨，吴春蕾. 新技术与数字化转型对企业财务管理的影响［J］. 中国农业会计，2025，35（3）：46-48.

而提高工作效率，降低人为错误风险。

业财融合与协同：业财融合是企业财务管理数字化转型的重要方向。通过加强财务部门与其他业务部门的协同合作，企业可以实现财务数据与业务数据的深度融合。例如，在销售环节，财务部门可以与销售部门共享客户信息和销售数据，共同分析销售趋势和客户信用状况，从而制定更加合理的销售策略和信用政策。在采购环节，财务部门可以与采购部门协同，通过对供应商的财务状况和信用评估，选择性价比更高的供应商，降低采购成本。

二、构建数字化财务平台

（一）技术选型与集成

企业在选择技术时，应充分考虑技术的先进性、稳定性和安全性。大数据技术可以帮助企业从海量财务数据中提取有价值的信息，进行深度分析和预测。云计算技术则为企业提供灵活的计算资源和存储空间，支持财务数据的集中管理和实时处理。人工智能技术可以应用于财务数据的自动化处理和分析，提高工作效率和准确性。

在技术集成方面，企业应确保不同技术之间的兼容性和协同性。例如，企业可以将大数据分析与云计算平台相结合，利用云计算的强大计算能力对大数据进行分析和处理。同时，企业还可以将人工智能技术与财务软件相结合，实现财务数据的自动化处理和分析。

（二）平台功能与模块设计

数字化财务平台的功能和模块设计应紧密贴合企业的实际需求。一般来说，数字化财务平台应具备以下功能和模块。

财务核算模块：该模块是数字化财务平台的基础，负责处理企业的日常账务。它包括但不限于凭证的录入、审核、登记，账簿的自动更新与管理，以及财务报表的自动生成与分析。例如，当发生一笔销售交易时，系统能够自动记录相关的收入凭证，并实时更新总账和明细账，同时生成相应的销售报表供管理层审阅。此外，该模块还应支持税务申报、会计政策变更等复杂事务的处理，确保企业财务数据的完整性和合规性。

资金管理模块：此模块专注于企业资金流动的管理，旨在确保资金的高效运作和风险控制。它涵盖资金计划的制订、资金调度的优化、银行对账的自动化以及现金流量的实时监控。例如，企业可以根据市场情况和内部需求，制订短期和长期的资金计划，通过系统进行资金的集中调度，减少资金闲置，提高资金使用效率。同时，系统能够自动与银行系统对接，完成对账工作，降低人工错误，并提高工作效率。

预算管理模块：此模块帮助企业进行预算的编制、执行和控制，是实现企业资源合理配置的关键。它包括预算的制定、预算执行的监控、预算差异的分析以及预算调整的建议。例如，企业可以根据历史数据和市场预测，制定详细的年度预算，并通过系统实时监控预算执行情况。一旦发现预算执行与计划出现偏差，系统能够及时发出预警，并提供调整建议，协助管理层采取措施，确保预算目标的实现。

风险管理模块：此模块专注于企业财务风险的识别、评估和控制。它包括财务风险的早期预警、风险评估模型的建立、风险应对策略的制定等。例如，系统可以基于历史数据和市场动态，建立风险评估模型，对企业的财务状况进行持续监控。一旦发现潜在风险，系统能够及时发出警报，并提供多种应对策略供管理层选择，从而有效防范和控制财务风险。

决策支持模块：此模块通过集成先进的数据分析工具，为企业管理层提供强大的决策支持。它包括数据挖掘、预测分析、业务智能报告等功能。例如，系统能够对企业的销售数据、客户信息、市场趋势等进行深入分析，生成直观的图表和报告，帮助管理层洞察业务发展规律，制定科学的战略规划。此外，该模块还应支持模拟分析，允许管理层在不同决策方案下预览可能的财务结果，从而做出更加明智的决策。

三、培养复合型财务管理人才

（一）人才培养与引进策略

企业财务管理数字化转型对财务人员综合素质提出了更高要求，企业需通过多种途径培养和引进复合型人才。

人才培养举措：企业可采用内部培训与外部教育相结合的方式提升财务人员的数字化技能。内部培训时，企业可组织财务人员参加大数据分析、人工智能等技术培训课程，让他们掌握前沿技术在财务管理中的应用方法，如运用大数据分析优化预算编制，借助人工智能实现财务风险预警。通过实际案例分析与操作演练，财务人员能够将理论知识转化为实际工作能力。

人才引进策略：人才引进过程中，企业应重点考察应聘者数据分析、信息技术和创新管理等方面的能力，优先录用具备复合型技能背景的人才。同时，企业可与高校和专业培训机构合作，开展定制化职业培训项目。高校拥有丰富的学术资源和专业人才，专业培训机构则具有实践经验丰富的优势，两者结合能为企业定向培养和储备高素质复合型财务人才，满足企业对不同层次、不同专业方向人才的需求。

（二）职业发展与激励机制构建

企业构建完善的职业发展体系和激励机制，对激发财务人员的创新精神和工作热情至关重要。

职业发展规划：企业应为财务人员设计多样化的职业发展通道，如技术专家路径和管理层路径。技术专家路径专注于财务专业技术的深化，为精通财务分析、风险管理等领域的人员提供晋升空间；管理层路径则为具备管理能力和领导潜力的财务人员提供走向管理岗位的机会，满足不同员工的职业发展需求。同时，通过轮岗和跨部门合作，财务人员可接触不同业务领域，拓宽视野，积累多领域工作经验，提升综合素质和管理能力，更好地适应数字化转型下财务管理的多元化需求。

激励机制建设：企业需建立明确的绩效考核指标和奖励制度，对在财务管理数字化转型中表现突出的员工给予奖励和晋升机会。绩效考核指标应涵盖数字化技能应用、创新成果、团队协作等方面，确保考核全面、客观。奖励形式可包括奖金、荣誉证书等。此外，企业还可采用股权激励等方式，将员工利益与企业发展紧密绑定，提升员工的归属感和忠诚度，吸引和留住优秀人才，为企业持续发展提供人才保障。

四、优化财务组织结构

（一）企业财务管理组织结构调整

企业财务管理数字化转型需要与之相适应的组织结构作为支撑。传统的财务组织结构多以核算型为主，难以满足数字化转型的需求。因此，企业需要对财务组织结构进行调整和优化。

企业可以组建专门的数字化转型团队，负责财务管理的数字化转型规划和实施。该团队应由具备数字化技能和创新能力的财务人员组成，负责制定数字化转型战略、选择合适的技术工具、优化财务管理流程等。

同时，企业还可以设立财务管理数字化转型专员，负责具体的转型工作。

这些专员应具备较强的业务能力和技术应用能力，以推动财务管理的数字化转型进程。

（二）企业财务管理职责分工与协同合作

在优化财务组织结构的过程中，企业应明确各部门和岗位的职责分工，确保各项工作有序进行。

财务部门应加强与业务部门的协同合作，实现财务与业务的深度融合。例如，在预算管理方面，财务部门可以与销售、采购等部门共同制订预算计划和执行方案；在风险管理方面，财务部门可以与审计、合规等部门携手，共同识别和控制财务风险。

此外，企业还应建立良好的沟通机制和协作平台，促进各部门之间的信息共享和协同合作。通过定期召开会议、共享数据资源等方式，各部门能够及时了解企业的财务状况和经营情况，共同推动企业发展。

五、强化财务决策支持

（一）数据驱动决策

数字化转型的核心在于数据驱动决策。企业应充分利用大数据、云计算等技术，对财务数据进行深度挖掘和分析，为管理层提供科学的决策依据。

通过建立数据库，企业可以集中存储和管理海量的财务数据和非财务数据。利用数据挖掘和机器学习等技术，企业可以从这些数据中提取有价值的信息，识别潜在的市场机会和风险因素。例如，企业可以利用历史销售数据和市场趋势数据，预测未来的销售情况和市场需求变化，为市场策略制定提供依据；同时，还可以利用财务数据和运营数据，评估企业的盈利能力和成本控制效果，为经营管理提供支持。

（二）智能化决策支持系统

智能化决策支持系统是企业财务管理数字化转型的重要工具。通过引入人工智能、机器学习等技术，企业可以构建智能化的决策支持系统，实现财务数据的自动化分析和处理。

智能化的决策支持系统可以自动识别财务数据中的异常情况，及时发出预警信息，帮助企业防范潜在的风险。同时，系统还可以根据预设的算法和模型，为企业提供个性化的决策建议，帮助管理层做出更加科学的决策。

例如，企业可以利用智能化的决策支持系统，对财务报表进行实时监控和分析，及时发现财务数据中的异常波动，识别可能存在的财务风险。同时，系统还可以根据企业的战略目标和经营计划，为企业提供最优的财务资源配置方案，提高企业的经济效益。

第四节　基于数字化转型的财务共享中心建设

企业财务共享中心通常由一个或多个数据中心构成，负责处理企业的财务核算、资金管理、报表编制等核心业务。在数字化转型的浪潮中，财务共享中心作为企业财务管理的重要创新模式，正逐渐成为企业提升财务管理效率、优化资源配置、强化风险管控的重要手段。

一、财务共享中心的特点

集中化处理：财务共享中心将企业的财务业务集中到一个或多个数据中心进行处理，实现财务流程的集中化管理。这种集中化的处理方式不仅提高了财务管理的效率，还使得企业对财务数据的统一管理和分析变得更加便捷。

标准化流程：财务共享中心通过制定统一的财务流程和标准，确保财务业务的规范性和一致性。这种标准化的流程不仅提高了财务管理的质量，还使得企业对财务业务的监控和优化变得更加容易。

自动化技术应用：财务共享中心充分利用信息技术，实现财务流程的自动化处理。通过引入电子发票系统、自动对账工具、智能报表生成等自动化手段，企业能够大幅提高财务管理的效率和准确性。

数据共享与分析：财务共享中心实现了财务数据的集中管理和共享，为企业提供了全面、准确的财务数据支持。借助数据分析和挖掘技术，企业能够从财务数据中发现潜在的价值和风险，为企业的战略决策提供有力支持。

二、财务共享中心建设的必要性

提升财务管理效率：财务共享中心通过集中处理财务业务，实现了财务流程的自动化和标准化，大幅提高了财务管理的效率。例如，通过电子发票系统，企业能够自动开具和存储发票，大大减少了人工录入的工作量。这种高效的财务管理模式不仅降低了企业的运营成本，还提高了财务管理的准确性和可靠性。

优化资源配置：财务共享中心通过集中处理财务业务，实现了财务资源的优化配置。企业可以将更多的资源投入到核心业务和创新活动中，从而提升企业的整体竞争力。在财务共享中心模式下，企业能够更加清晰地了解自身的财务状况和资源分布情况。通过数据分析和挖掘技术，企业能够识别出资源浪费和低效环节，并进行相应的优化和改进。这种资源优化配置不仅提高了企业的运营效率，还为企业的长远发展奠定了坚实的基础。

强化风险管控：财务共享中心通过集中管理和分析财务数据，能够及时发现并应对潜在的财务风险。企业可以利用大数据分析和人工智能技术，对财务数据进行深度挖掘，从而识别出潜在的风险因素和异常情况。

三、财务共享中心建设的关键要素

（一）技术支撑

在财务共享中心建设的过程中，先进的信息技术支撑是至关重要的基础。企业必须积极引入大数据、云计算以及人工智能等前沿技术，以实现对财务数据的集中管理与深度分析。大数据技术能够处理和整合海量的财务数据，从中挖掘出有价值的信息，为企业的决策提供有力支持。例如，通过大数据分析，企业可以预测市场趋势，优化库存管理，从而降低成本，提高收益。云计算技术则为财务数据的存储和处理提供了强大的计算能力和弹性资源，确保了数据的安全性和稳定性。例如，利用云平台，企业可以实现跨地域的数据同步和备份，避免因硬件故障而导致的数据丢失。人工智能技术可以实现财务流程的自动化处理，提高了工作效率，减少了人为错误。例如，通过AI技术，企业可以自动识别和处理发票，减少了人工审核的时间，降低了错误率。

通过这些技术的应用，企业能够打破信息孤岛，实现财务数据的实时共享和协同工作，提高财务管理的透明度和决策的科学性。例如，通过实时数据共享，各部门可以及时获取财务信息，从而做出更准确的业务决策。同时，财务数据的透明化也有助于加强内部监督，防止财务舞弊行为的发生。

（二）流程优化

财务共享中心建设的离不开对传统财务流程的优化和再造。企业需要全面识别传统财务流程中存在的低效环节和冗余步骤，并采取有效措施进行改进。首先，流程优化能够提高财务管理的效率。通过去除烦琐的手工操作和重复劳动，实现财务流程的自动化和标准化，企业能够大大缩短财务处理的时间，提高工作效率。例如，通过自动化工具，企业可以快速完成账目核对和报表生成，减少了人工操作的时间，降低了错误率。

其次，流程优化可以降低企业的运营成本。通过减少不必要的环节和流程，企业能够降低人力、物力和时间成本，提高企业的经济效益。例如，通过优化采购流程，企业可以减少采购环节，降低采购成本，提高采购效率。

最后，流程优化还能够提高财务数据的准确性和可靠性。通过规范财务流程，加强内部控制，企业能够有效减少错误和舞弊行为的发生，保证财务数据的真实性和完整性。例如，通过建立严格的审批流程，企业可以确保每一笔支出都经过合理审核，从而避免不必要的财务风险。

（三）组织结构调整

财务共享中心建设的要求企业对组织结构进行相应的调整。设立专门的财务共享中心管理部门，负责财务共享中心的规划、建设和运营，是确保财务共享中心顺利运行的关键。在组织结构调整过程中，明确各部门和岗位的职责分工至关重要。财务共享中心管理部门应负责制定战略规划、协调各方资源、监督工作进展等。同时，其他相关部门也应明确自身的职责，积极配合财务共享中心建设的运营。例如，人力资源部门需要负责招聘和培训财务共享中心所需的人才，信息技术部门需要提供必要的技术支持。

加强内部沟通和协作也是组织结构调整的重要内容。通过建立有效的沟通机制，促进各部门之间的信息共享和协同合作，企业能够提高员工的工作效率，减少内部冲突。例如，通过召开定期的跨部门会议，各部门可以及时交流信息，协调工作进度，共同解决工作中遇到的问题。只有各部门密切配合，形成合力，才能更好地支持财务共享中心建设的发展。

（四）人才培养与引进

财务共享中心建设的需要高素质的财务人才支持。企业应采用内部培训和外部引进相结合的方式，培养和引进具备数字化技能和创新能力的复合型财务人才。在人才培养方面，企业可以通过组织内部培训、参加行业研讨会等方式，提升财务人员的数字化技能和知识储备。例如，企业可以定期举办财务软件操作培训，提高员工对新工具的熟练程度。同时，企业还可以与高校和专业培训机构合作，开展定制化的职业培训项目，为企业储备和引进高素质的复合型财务人才。例如，企业可以与知名商学院合作，为员工提供财务管理的高级课程，提升他们的专业水平和市场竞争力。

四、财务共享中心建设的挑战与对策

（一）技术挑战及应对策略

1. 技术挑战

财务共享中心建设的高度依赖先进的信息技术，这对企业的技术能力提出了严苛要求。在技术选型阶段，企业需从众多技术方案中做出选择，既要考虑技术的先进性、稳定性，又要兼顾成本效益与企业实际需求。不同的技术方案在功能特性、适用场景、维护成本等方面存在显著差异，一旦选型不当，可能导致系统性能不佳、功能无法满足企业业务需求等问题。

平台搭建过程同样充满挑战。企业需整合各类硬件设备、软件系统和网络资源，构建一个稳定、高效的运行平台。然而，不同设备和系统之间可能存在兼容性问题，网络架构的设计也需充分考虑数据传输的速度与稳定性，以确保财务数据能够及时、准确地在共享中心各节点之间流转。

在系统实施环节，从旧有财务系统向共享中心系统迁移是一项复杂工程。数据迁移过程中可能出现数据丢失、数据错误等问题，同时，新系统与企业现有业务流程的适配也需要精细调整，若处理不当，将严重影响企业的正常财务运作。

2. 应对技术挑战的有效策略

为了有效应对技术挑战，企业首先应加强自身技术研发和创新能力。通过加大对技术研发的投入，企业能够吸引和培养一批高素质的技术人才，组建专业的技术团队。这个团队应具备深厚的技术功底和丰富的实践经验，能够紧跟技术发展趋势，自主研发适合企业的财务共享中心技术解决方案。

此外，企业可积极与技术合作伙伴展开合作。技术合作伙伴通常在特定领域拥有先进的技术和丰富的经验，能够为企业提供专业的技术支持和解决方案。双方共同攻克技术难题，可以加快项目进度，降低技术风险。例如，企业可以与知名的软件供应商合作，引入成熟的财务共享中心软件平台，并根据企业实际需求进行定制化开发；同时，与专业的网络服务提供商合作，优化网络架构，提升数据传输的稳定性和安全性。通过加强技术合作和交流，企业能够充分利用外部技术资源，更好地应对技术挑战，确保财务共享中心的顺利建设和运营。

（二）组织变革挑战及应对策略

1. 组织变革挑战

财务共享中心建设的必然要求企业对现有组织结构进行相应调整，这一过程往往会遭遇组织内部的变革阻力。员工抵触是其中的常见问题，部分员工担心财务共享中心建设的会导致自身岗位变动、职责调整，甚至面临失业风险，因此对变革持消极态度。

此外，组织结构调整还可能引发流程不畅的问题。原有的财务流程在新的组织架构下可能需要重新梳理和优化，不同部门之间的协作关系也需要重新界定。若在调整过程中未能充分考虑各部门的实际情况和需求，可能会导致部门之间沟通协调困难，工作效率低下，进而影响财务共享中心建设的正常运行。

2. 应对组织变革挑战的有效策略

面对组织变革挑战，企业应加强内部沟通和宣传工作。在变革初期，通过组织全员大会、部门座谈会、发放内部宣传资料等多种形式，向员工详细介绍财务共享中心建设的目的、意义和预期效果，让员工充分了解变革对企业和个人的积极影响，提升员工对变革的认同感和支持度。

制订合理的组织变革方案至关重要。企业应成立专门的组织变革管理团队，负责全面规划和推进组织结构调整工作。该团队需深入调研各部门的业务特点和工作流程，广泛征求员工意见，在此基础上制订科学合理的变革方案。方案应明确各部门在财务共享中心中的职责和权限，优化业务流程，确保各部门之间的协作顺畅。同时，企业应为员工提供必要的培训和转岗支持，帮助员工适应新的工作要求和岗位变化。通过加强组织变革管理，企业能够有效化解变革阻力，确保财务共享中心建设的顺利实施。

（三）数据安全与隐私保护挑战及应对策略

1. 数据安全与隐私保护挑战

财务共享中心汇聚了企业大量的财务数据，这些数据包含企业的核心财务信息、客户信息等敏感内容，因此数据安全和隐私保护成为企业面临的重大挑战。在数据存储环节，若存储设备出现故障、遭受物理破坏或存在安全漏洞，可能导致数据丢失或泄露。

在数据传输过程中，企业面临着网络攻击、数据被窃取或篡改的风险。

随着网络技术的发展，黑客攻击手段日益多样化和复杂化，企业的网络安全防护面临着严峻考验。此外，在数据处理阶段，内部人员的不当操作、权限管理漏洞等也可能引发数据安全问题。

2. 应对数据安全与隐私保护挑战的策略

为应对数据安全与隐私保护的挑战，企业需采用先进的数据加密技术。在数据存储和传输过程中，对敏感数据进行加密处理，确保即使数据被非法获取，也难以被破解和利用。同时，部署全面的安全防护措施，如防火墙、入侵检测系统、防病毒软件等，构建多层次的网络安全防护体系，以抵御外部网络攻击。

建立严格的数据访问控制机制是保障数据安全的关键。企业应根据员工的职责和工作需要，合理分配数据访问权限，并采用身份认证、权限管理、审计追踪等技术手段，确保只有授权人员才能访问财务数据。此外，对数据访问行为进行实时监控和审计，及时发现和处理异常访问情况。通过加强数据安全与隐私保护管理，企业能够有效防范数据安全风险，确保财务共享中心建设的顺利运营。

第八章 数字经济下企业商业模式创新研究

本章从企业商业模式的基本分析入手，探讨数字化与商业模式创新的关系，并分析数字经济下商业模式创新的动因与发展路径。本章可以为企业在数字经济时代寻找新的增长点提供理论支持。

第一节 企业商业模式的基本分析

在当今复杂多变的商业环境中，企业商业模式已成为决定企业兴衰的关键因素。随着市场竞争的加剧、技术的快速迭代以及消费者需求的不断演变，深入理解和有效运用商业模式，成为企业实现可持续发展的核心所在。企业商业模式是指企业战略运作的系统方式，是在战略规划指导下展开的一系列利益整合，通过独特且持续创新的逻辑结构实现企业的持续盈利。它是一个包含多项业务的整体性系统，其本质是引导企业保持持续盈利的行为模式，同时也是企业在不断变化的市场环境中，协调各方利益、利用商业机会创造价值的运行框架。

一、企业商业模式的特点与作用

（一）企业商业模式的特点

互联网时代，商业模式呈现出诸多显著特点，这些特点对企业的生存和发展具有重要影响。

独特的价值创造：成功的商业模式能够创造独特的价值，这是商业模式核心特点之一。价值创造的来源广泛，包括企业自身价值链、技术变革以及价值网络。从企业内部运营角度来看，商业模式决定了业务流程的设计，进而影响企业的价值创造能力。业务流程与信息系统的协同程度，直接关系到企业能否实现预期价值。在技术开发方面，商业模式充当着技术开发与价值创造之间的转换机制，决定了成本收益结构。随着信息技术和电子商务的发展，价值网络成为价值创造的重要源泉，商业模式通过设计交易活动的组合方式，影响企业在价值网络中创造和获取价值的能力。

持续盈利：持续盈利是商业模式的重要目标，它要求企业不仅要实现当前的盈利，还要具备可持续发展的能力，避免短期的偶然盈利。盈利模式是成功商业模式的核心要素，它需要有明确的价值主张和有效的运营机制作为支撑。企业能否持续盈利，是判断其商业模式是否成功的重要外部标准。因此，商业模式的设计应围绕企业的长期利润目标展开，确保盈利的持续性和稳定性。

客户价值最大化：客户价值最大化是商业模式成功的关键。在市场竞争中，企业只有关注客户需求，从尊重客户的角度出发开展经营活动，才能赢得客户的信任，打造出具有竞争力的品牌，进而实现持续盈利。对客户价值的研究是商业模式研究的基础，一个能够使客户价值最大化的商业模式，即使暂时面临盈利困难，也有望在长期发展中实现盈利。相反，无法满足客户需求的商业模式，其盈利往往难以持续。

难以模仿：企业通过确立独特的经营方式，如提供精细化服务、展现卓越的实施能力等，来提高行业进入门槛，保护自身利润来源。如沃尔玛的低价策略背后，是一套难以复制的信息资源和采购及配送流程，它使得其他企业难以模仿其商业模式。由于每个企业的发展环境和前景各不相同，商业模式具有不可复制性。此外，商业模式还应具备一定的稳定性，频繁调整会增加企业成本，导致顾客和组织的混乱。因此，商业模式的设计需要具备前瞻性，并能根据市场变化进行适时调整。

资源整合能力：在战略思维层面，资源整合是一种系统的思维方式，它要求企业通过组织协调企业内部不同职能部门以及外部合作伙伴的资源，实现资源的优化配置，达到"1+1 > 2"的效果。在战术选择层面，资源整合是根据企业发展战略和市场需求对资源进行重新配置的决策过程，旨在凸显企业的核心能力，寻求资源配置与客户需求的最佳结合点。商业模式作为一个系统性概念，需要通过对资源关系的调整来适应企业发展的需要。

持续创新：创新是商业模式发展的动力源泉，贯穿于企业经营的各个环节。商业模式的创新形式多样，包括资源开发模式、制造方式、市场流通等方面的创新。由于商业模式是在一系列假设条件下设定的，面对不断变化的环境和市场，企业需要及时作出反应，持续创新和调整商业模式，以打破产品生命周期的限制，保持客户群体的稳定性。

（二）企业商业模式的作用

商业模式在企业的发展过程中发挥着多方面的重要作用，对企业的战略规划、运营管理、融资发展等具有深远影响。

明确企业发展战略：商业模式的建立基于企业核心人物对市场和企业的定位，为企业各项活动提供基本的应对方法。它有助于管理层更好地理解企业战略目标，并为实现这些目标提供方向指引。优秀的商业模式具有前瞻性和引领性，能够促使企业突破传统发展模式的束缚，从更高层次思考企业的发展路径，从而推动企业战略目标的实现。

构建企业盈利模式：商业模式促使企业深入思考自身定位、目标人群以及潜在消费群体，通过不断优化产品和服务体系，提高消费群体对企业的黏度，并延伸服务价值。在这个过程中，企业能够及时发现运营中的不足，调整经营策略，重构产品和服务体系，从而保持持续盈利的能力。

促进组织管理高效率：高效率的组织管理是企业追求的目标之一，而商业模式在其中发挥着重要作用。一个高效运行的企业需要明确的愿景、使命和核心价值观，以及科学的运营管理系统和合理的激励方案。商业模式能够为企业提供整体的运营框架，帮助企业解决这些关键问题，实现组织管理的高效率。

提升快捷融资能力：融资是企业发展过程中的重要环节，能否快速融资并合理运用资金，对企业的发展壮大至关重要。商业模式的设计需要考虑融资模式，成功的商业模式能够吸引投资者的关注，为企业提供融资支持。许多企业的成功离不开有效的融资模式，而商业模式的合理性和可行性是吸引投资者的关键因素之一。

助力合理避税和获取政策资助：合理避税和获取政策资助能够增强企业的盈利能力，而优秀的商业模式可以帮助企业实现这一目标。企业通过合理利用政策，设计有利于享受政策优惠的体系，能够降低成本，提高利润。政府的税收政策优惠也倾向于具有优秀商业模式的企业，这使得企业与政府能够实现共赢。

增强投资者信心：投资者的信心对企业的发展至关重要。商业模式能够从多个方面让投资者了解企业的整体经营结构，包括企业定位、运作方式、价值链地位等。通过展示商业模式的优势和潜力，企业能够吸引投资者为其投资或追加投资，为企业的发展壮大提供支持。

二、企业商业模式的构成要素

在当今竞争激烈且充满机遇的商业世界中，商业模式犹如企业的灵魂蓝图，指引着企业在市场浪潮中前行。简单来说，商业模式是企业创造、传递和获取价值的基本逻辑框架，而其构成要素则是理解和设计这一框架的关键密码，深入剖析这些要素，对企业的生存与发展有着至关重要的意义。

（一）价值主张：商业模式的核心灯塔

价值主张明确了企业为目标客户创造的价值，其内涵丰富，涵盖了产品或服务的功能、性能、价格、品质等多个维度。在功能方面，产品或服务能否切实解决客户在生活或工作中的痛点；在性能方面，是否能高效稳定地运行；在价格方面，是否契合目标客户的消费能力与心理预期；在品质方面，是否能达到甚至超越客户的期待。这些方面共同构成了价值主张的基石，是企业区别于竞争对手、吸引客户的关键所在。企业通过精准的价值主张，不仅体现了对客户需求的深刻理解和满足，更反映出自身独特的市场定位和竞争优势。清晰明确且独具特色的价值主张，往往是企业在市场中脱颖而出、取得成功的关键因素之一。

（二）客户细分：精准定位市场的罗盘

客户细分是商业模式中不可或缺的重要组成部分，几乎所有的商业模式理论都对其给予了高度重视。在广袤的市场海洋中，企业若想精准航行，就必须借助客户细分这一有力的罗盘。通过市场细分，企业可以将庞大而复杂的市场划分为不同的客户群体，每个群体都有着独特的需求、偏好和消费习惯等特点。针对这些不同群体，企业可以制定差异化的策略，满足其特定需求，从而有效提高市场竞争力。客户细分如同开启了企业洞察市场需求的大门，使企业能够更深入地了解客户，更有效地分配资源，避免资源浪费。同时，客户细分还能大幅提升企业的市场适应速度，当客户需求发生变化时，企业能够迅速做出调整。可以说，客户细分的精准性和针对性是企业制定有效营销策略的坚实基础。

（三）盈利模式：企业生存发展的引擎

盈利模式是商业模式的关键部分，它如同企业的引擎，驱动着企业持续稳定地运行。盈利模式描述了企业如何获得收入、合理分配成本并最终赚取利润，涉及收入来源、成本控制等关键内容。

作为商业模式的构成要素之一，盈利模式需要企业巧妙整合客户价值主张、关键资源和关键流程。一个合理且可持续的盈利模式，是企业长期发展的重要保障。若盈利模式存在缺陷，即便企业在短期内获得一定收益，也难以在长期的市场竞争中站稳脚跟。

（四）关键资源能力：企业运营的坚实后盾

关键资源能力是商业模式中不可或缺的要素，众多商业模式理论都着重强调了这一点。这些资源和能力，包括先进的技术、优秀的人才、知名的品牌、雄厚的资金等，它们是企业运营的基础，也是企业竞争优势的重要来源。先进的技术能够推动企业开发出更具创新性的产品或服务；优秀的人才是企业创新与发展的动力源泉；知名品牌在消费者心中树立起良好的形象，吸引更多客户；雄厚的资金保障了企业各项业务的顺利开展。关键资源能力不仅支撑着企业的日常运营，还决定着企业在市场中的竞争力和可持续发展能力。因此，企业需要不断努力获取和维护这些关键资源能力，以保持竞争优势。

（五）合作伙伴网络：企业发展的助力之翼

合作伙伴网络是指企业与外部合作伙伴，如供应商、分销商等建立的关系网络。这些合作伙伴为企业提供必要的资源、技术和市场支持。供应商确保原材料的稳定供应，分销商帮助企业将产品推向更广阔的市场，合作伙伴则可能带来新的技术或市场渠道。通过建立良好的合作伙伴网络，企业能够扩大市场份额、提高运营效率、降低风险，实现价值共创、共同发展。这是企业在复杂多变的市场环境中实现快速发展的重要途径。

三、企业商业模式的常见类型

企业有轻重资产商业模式、互联网商业模式、云计算商业模式、物联网商业模式等。

（一）轻重资产商业模式

在企业运营中，资产的轻重是一个相对概念。厂房、设备、原材料等通常属于重资产，而企业的经验、流程管理、品牌、人力资源等无形资产则构成轻资产。

1. 轻资产商业模式

轻资产企业以无形资产为核心，具有低财务投入、小资产规模、轻资产形态、重知识运用及品牌开放、高投资回报的特点。这类企业固定资产投入低，业务范围集中于价值链中最具价值和商业机密性的环节，而将其他环节外包。这种模式既能使企业集中精力打造核心能力，又能减少竞争，构建互利共赢的关系网络。轻资产商业模式可复制、易重组，便于企业开分店和整合资源。常见的轻资产商业模式包括品牌型、外部环节内部化和知识产权型。品牌型轻资产商业模式以打造自身品牌为核心业务，将生产和销售环节外包，如美特斯邦威；外部环节内部化商业模式则将非核心环节的合作企业纳入企业整体范畴，提高合作黏合度；知识产权型商业模式则将企业掌握的知识产权作为资源，通过转让使用权获取收益，微软和同仁堂是典型代表。

2. 重资产商业模式

重资产企业主要指传统制造型企业，它们具备专业化能力和雄厚资源，但财务负担较重。常见的重资产商业模式有直供商业模式、联销体商业模式和专卖式商业模式。直供商业模式适用于市场半径小、产品价格低或流程清晰、资本实力雄厚的国际大公司，要求制造商具有强大执行力、良好现金流和稳固市场基础平台；联销体商业模式是制造商与经销商捆绑合作，成立联销体机构，以降低商业风险，如娃哈哈和格力空调所采用的模式；专卖式商业模式则适合品牌知名度高、产品线全且符合消费者行为习惯的企业，如TCL的幸福村专卖系统和五粮液的专卖店计划。

（二）互联网商业模式

互联网的发展催生了众多的商业模式，这些模式以互联网为媒介，整合传统商业类型，具有高创新、高价值、高盈利、高风险的特点。

直接销售商业模式：这种模式拥有独立的销售平台，通过销售商品或服务来盈利，具有成本低、容量大的特点，经营品种越多，长尾效应带来的收益越大。电子商务的出现对传统零售业造成了巨大冲击，当当网、京东商城等B2C网店依托互联网的虚拟特性，免去了货架空间和场地租赁成本，丰富了商品种类，降低了价格，对线下商场形成了挑战。一些知识付费App如得到App，也属于直接销售商业模式，它们销售知识、文字、音乐等商品。

中间平台商业模式：该模式为买卖双方提供撮合交易的中间平台，通过收取会员费、佣金、广告费等来盈利。阿里巴巴的 B2C 平台 ① 及其旗下的淘宝网是典型代表。它们创造的网商集群具有成本低、容量大的特点，推动了网商的崛起和集群的形成。

增值收费商业模式：这种模式通过基础服务免费、增值服务收费来盈利。腾讯在即时通信领域采用的就是增值收费模式。腾讯的基础通信服务 QQ 和微信免费，围绕 QQ 用户提供了购买 QQ 空间、QQ 秀等增值服务，虽然单项增值服务费用低，但注册账户总数庞大，因此盈利可观。

三方市场商业模式：此模式是门户网站典型的"注意力经济"。它通过免费的信息、网络工具等吸引用户注册及访问，以广告收入为主要经济来源。新浪、搜狐、网易等门户网站以及优酷网、土豆网、爱奇艺等视频网站都采用了这种模式。例如，美的在优酷影视剧的前贴片硬广告获得了大量品牌曝光，视频网站的播放形式和覆盖人群精准，购买力与品牌诉求转换明显。

（三）云计算商业模式

云计算商业模式利用云计算集中存储、管理数据和提供统一服务的特点，类似于水电企业的集中生产和供应。

以社区为特点的云：打造以社区为特色的云服务平台，如微博、博客群、城区网上商业圈等。未来，云计算将提供更广泛的社区类云服务，满足人们社交和商业活动的需求。

以业务为区分的云：不同应用领域将诞生不同类型的云服务，如在线 ERP 服务等。未来，会有更多类似 SaaS 的行业软件服务出现，满足企业特定业务需求。

基础性网络服务：如文档的存储管理和搜索引擎提供的服务。在结合云计算特性后，它能帮助企业充分挖掘用户信息，实现精确广告投放，提升服务的精准性和商业价值。

电子交易市场：如淘宝网和苹果的软件商店，它们提供基础交易模式，为用户的资金、商品提供管理和营销手段。这是重要的云计算商业模式之一，在电商和软件销售领域发挥着重要作用。

---

① B2C 平台：Business-to-Consumer 平台，是一种电子商务模式下的在线交易平台，即企业直接面向消费者销售产品和服务的平台。

（四）物联网商业模式

物联网产业是技术创新与商业模式创新的有机结合，物物相连的互联网通过信息传感设备实现了物品的智能化识别、定位、跟踪、监控和管理。从运营角度来看，目前物联网主要有移动运营商主导运营和系统集成服务商主导运营两种商业模式。从长远来看，未来可能会并存五种商业模式：运营商挑选系统集成商开发业务和售后服务，自己负责检验、推广和计费；运营商提供网络连接，系统集成服务商开发业务；运营商直接为大企业提供数据流量；电信运营商自行开发业务提供给客户；运营商为客户量身定制业务。这些商业模式各有特点，适用于不同的市场主体和业务场景。

第二节　数字化与商业模式创新的关系

一、商业模式创新的意义

商业模式创新是指企业在原有商业模式的基础上，通过对商业系统的分析和重构，打造出更具竞争力和可持续性的新型商业系统。商业模式创新的意义如下：

提升企业竞争力：在激烈的市场竞争中，商业模式创新能够帮助企业打破传统思维定式，找到差异化的竞争优势。通过创新商业模式，企业可以更好地满足客户需求，打造出独特的产品或服务，从而吸引更多客户，提高市场份额，增强企业在行业中的竞争力。

促进企业可持续发展：随着市场环境的不断变化和技术的持续进步，传统商业模式可能会面临诸多挑战。商业模式创新使企业能够及时适应这些变化，调整发展战略，探索新的盈利模式和业务领域，为企业的长期发展注入新的动力，实现可持续发展。

创造新的商业价值：创新的商业模式往往能够开拓新的市场空间，发现未被满足的客户需求，从而创造出新的商业价值。企业通过整合资源、优化流程、创新产品或服务，不仅为客户和自身创造了更多价值，也为自身带来了更多的发展机遇，推动了整个行业的进步和发展。

二、数字化对商业模式创新的驱动作用

（一）技术推动：大数据与人工智能引领精准洞察

在当下数字化浪潮汹涌的时代，大数据和人工智能技术取得了跨越式的进步，成为企业收集和分析海量数据的得力工具。大数据技术凭借其强大的数据采集能力，从网页浏览痕迹、社交媒体互动、移动应用使用记录等多渠道广泛收集市场数据、客户数据以及行业数据，这些数据涵盖了消费者的行为偏好、市场动态变化以及行业发展趋势等多方面信息。而人工智能技术则通过机器学习、深度学习等算法模型，对收集到的数据进行深度挖掘和智能分析。

企业借助这些前沿技术，能够在海量数据中抽丝剥茧，精准把握客户需求的微妙变化。例如，通过分析客户在不同时间段的搜索关键词、停留时间以及浏览商品的种类等数据，企业可以深入了解客户的潜在需求与兴趣点，同时，还能洞察市场趋势的动态变化，如通过对行业内新产品发布、市场份额变动等数据的分析，预测市场未来的发展方向。此外，通过对竞争对手的产品价格、营销策略、用户评价等数据的监控与分析，企业能够实时了解竞争态势。[①]精准洞察为企业商业模式创新提供了坚实的数据基础和方向指引，助力企业开发出更贴合市场需求的商业模式，使企业在激烈的市场竞争中脱颖而出。

（二）市场需求拉动：变革与新生激发创新活力

消费者需求变革催生创新需求：数字化时代，消费者行为和需求发生了根本性转变。他们对个性化、体验化消费的追求日益强烈，对产品和服务的品质、品牌及便捷性提出了更高要求。消费者不再满足于被动接受产品和服务，更期望参与产品设计和生产过程，实现个性化定制与体验。为满足这些需求，企业必须创新商业模式。例如，服装企业推出线上定制服务，消费者可自主选择款式、面料等，企业依据订单进行生产，既满足了个性化需求，又减少了库存积压。同时，企业还需加强线上渠道的建设与优化，提升购物便捷性与体验感，以适应消费者购物习惯的变化。

新市场需求创造新机遇：数字化技术催生了众多新市场需求和消费场景，

---

① 许远东，杨凤珂. 数字化商业模式研究：基于 LTD（lead to deal）从引导到成交的方法论思想 [J]. 中国商论，2022（24）：140-142.

为企业商业模式创新开辟了广阔空间。共享经济的兴起，满足了人们对闲置资源高效利用的需求，共享单车、共享汽车、共享住宿等创新商业模式应运而生。以共享单车为例，它解决了城市出行"最后一公里"的难题，改变了人们的出行方式。直播电商结合直播的实时互动性与电商的交易功能，为消费者带来了全新的购物体验，也为企业开拓了新的销售渠道和营销方式。众多品牌通过直播带货实现了销量的大幅增长。

（三）竞争压力推动：行业与跨界竞争的压力促进创新

步入数字化时代，市场竞争呈现出前所未有的激烈态势，企业犹如置身于双重夹击的战场，面临着来自同行和跨界企业的双重竞争压力。以数字化技术为强大支撑的新兴业态犹如雨后春笋般迅速崛起，它们凭借技术赋予的精准营销、高效运营以及快速适应市场变化的能力，在短时间内迅速扩张市场版图，大量积累用户资源。这无疑对传统企业的市场份额与行业地位构成了严重威胁。就拿电商领域来说，传统零售企业曾经稳坐行业"头把交椅"，然而随着线上电商平台的蓬勃发展，其便捷的购物方式、丰富的商品种类以及极具吸引力的价格优势，让传统零售企业遭受了巨大冲击。为了在这场激烈的竞争中求得生存与发展，传统零售企业纷纷踏上数字化转型之路，积极开展线上线下融合的新零售业务。盒马鲜生便是其中的典型代表，它打造了线上线下一体化的生鲜超市模式，消费者既可以在线上下单享受送货上门服务，也能走进实体店挑选新鲜食材并现场加工品尝，这种创新模式极大地提升了消费者的购物体验，也为传统零售企业的转型提供了可借鉴的范例。

同时，互联网企业充分发挥自身在大数据、云计算、人工智能等技术方面的优势，借助庞大的用户流量基础，不断推陈出新，陆续推出移动支付、互联网理财等一系列创新金融产品和服务。这些创新产品以其便捷性、高效性和个性化特点，迅速赢得了广大用户的青睐。为了有效应对跨界竞争带来的冲击，传统金融企业积极行动起来，探索全新商业模式。它们加强与科技企业的深度合作，引入先进的技术手段，全力提升金融服务的数字化水平。例如，银行与互联网企业合作推出的线上联名信用卡，巧妙地整合了银行在金融服务方面的专业能力和互联网企业在用户运营、技术创新方面的优势资源，不仅为用户提供了更加丰富多样的金融服务，还成功拓展了双方的业务范围，实现了互利共赢。

三、数字化与商业模式创新的相互影响

（一）数字化重塑商业模式要素

价值主张创新：数字化使企业能够更精准地把握客户需求，从而创新价值主张。企业可以通过技术创新、设计创新、功能创新等方式，提升产品或服务的品质、性能和附加值，满足客户日益多样化的需求。例如，传统家电企业将传统家电与互联网、人工智能等技术相结合，推出智能家电产品，实现了远程控制、智能语音识别等功能，为用户打造了更加便捷、智能化的生活体验，创新了产品的价值主张。

客户群体拓宽与细分：数字化技术为企业拓展客户群体和进行精准市场细分提供了有利条件。企业可以通过互联网平台触达全球范围内的潜在客户，打破地域限制。利用大数据分析，企业能够深入了解客户的行为、偏好和需求，将客户群体进行更细致的划分，针对不同细分市场提供个性化的产品或服务，从而提高了客户满意度和忠诚度。

渠道创新：数字化推动了销售渠道的创新，线上渠道成为企业销售的重要组成部分。企业通过电商平台、社交媒体、自有网站等线上渠道，能够实现产品和服务的推广和销售，降低营销成本，提高销售效率。线上线下融合的全渠道模式也逐渐成为趋势，企业通过整合线上线下渠道资源，为客户打造了无缝的购物体验。

客户关系管理优化：数字化工具如 CRM 系统、社交媒体等的应用，使企业能够更高效、个性化地管理客户关系。企业可以实时收集客户反馈，及时解决客户问题，提供个性化的服务和推荐，增强客户对品牌的信任感和忠诚度。例如，苹果公司运用先进的 CRM 系统，整合客户数据，深入了解消费者偏好和购买历史，为客户提供了定制化的产品推荐和专属的客户支持。

收入来源多元化：数字化为企业带来了更多的收入来源。除了传统的产品销售和服务收费外，企业还可以通过数据销售、广告收入、平台佣金、增值服务等方式实现盈利。例如，互联网企业通过积累大量用户数据，为其他企业打造精准的广告投放服务，获取广告收入；一些软件企业通过基础服务免费、增值服务收费的模式，拓宽收入来源。

（二）商业模式创新提供数字化应用

驱动数字化技术投入：企业在进行商业模式创新时，往往需要依托数字

化技术来实现创新目标，这促使企业加大对数字化技术的投入力度。例如，为实现智能制造的商业模式创新，制造业企业会积极投入资金，引进物联网、大数据、人工智能等技术，以提升生产过程的数字化和智能化水平。

推动数字化技术研发：商业模式创新对数字化技术提出了新的需求，进而推动了相关技术的研发和创新。例如，共享经济模式的发展，对智能锁技术、定位技术、支付技术等提出了更高要求，这促使企业和科研机构加大对这些技术的研发力度，推动相关技术的进步。

加速数字化转型进程：创新的商业模式能够为企业带来新的发展机遇和竞争优势，激励企业加快数字化转型的步伐。一些创新型企业通过采用新的商业模式，迅速实现业务增长和市场扩张，这使得传统企业意识到数字化转型的紧迫性，纷纷加快自身的数字化转型进程，以适应市场竞争的需要。

第三节　数字经济下商业模式创新的动因

在数字经济蓬勃发展的时代背景下，企业所处的商业环境正经历着深刻变革。商业模式作为企业运营的核心框架，其创新已成为企业在激烈市场竞争中谋求生存与发展的关键所在。探究数字经济下商业模式创新的动因，对于企业准确把握市场趋势、有效制定战略具有重要的理论与实践意义。

一、数字经济下商业模式创新的企业内部动因

（一）提升核心竞争力的需求

传统核心竞争力的局限性：在数字经济时代，企业传统的核心竞争力，如低成本生产、大规模制造等，逐渐难以维持企业的竞争优势。随着技术的快速发展和市场的变化，产品和技术的更新换代加快，单纯依靠成本和规模优势的企业容易陷入价格竞争的困境。传统制造业企业若仅依靠低成本生产，可能会面临利润空间压缩、产品同质化严重等问题，难以在市场中持续发展。

数字化驱动的新核心竞争力构建：企业需要借助数字技术构建新的核心竞争力。通过数字化转型，企业可以提升数据驱动的决策能力、数字化创新能力和敏捷的市场适应能力。利用大数据分析和人工智能技术，企业能够更快速、准确地洞察市场变化，及时调整产品和服务策略，从而在市场竞争中占据优势。

商业模式创新对核心竞争力的重塑作用：商业模式创新是企业重塑核心竞争力的关键途径。创新的商业模式能够整合企业内外部资源，优化业务流程，实现价值创造方式的变革。例如，共享经济模式通过整合闲置资源，能够实现资源的高效利用，为企业创造新的价值增长点，同时也提升企业的市场竞争力。

（二）客户需求导向的价值创造

深入挖掘客户潜在需求：数字经济为企业提供了更丰富的手段来深入了解客户需求。企业可以通过大数据分析、客户调研、社交媒体监测等方式，挖掘客户的潜在需求和痛点。例如，电商平台通过分析客户的搜索关键词和浏览记录，发现客户潜在的购物需求，为企业产品研发和服务优化提供方向。

以客户需求为导向的产品与服务创新：基于对客户需求的深入理解，企业以客户需求为导向进行产品和服务创新。企业利用数字技术实现了产品的个性化定制和服务的差异化，提高了客户满意度和忠诚度。例如，定制化服装企业通过在线平台收集客户的身材尺寸、款式偏好等信息，能为客户定制个性化的服装，满足客户对独特性和品质的追求。

客户价值最大化与企业可持续发展：满足客户需求、实现客户价值最大化是企业可持续发展的基础。通过创新商业模式，企业能够更好地满足客户需求，获得客户的认可和支持，实现企业的长期盈利和发展。例如，以客户为中心的互联网金融企业，通过提供便捷、安全、个性化的金融服务，赢得了客户的信任，实现了业务的快速增长。

（三）拓宽市场份额的诉求

现有市场的竞争饱和：在许多行业，现有市场已逐渐趋于饱和，企业在传统市场领域的增长空间变得有限。例如，传统零售行业市场竞争激烈，企业之间的产品和服务同质化严重，通过传统的营销手段和商业模式已难以实现市场份额的大幅增长。

新市场领域的开拓机遇：数字经济为企业开辟了新的市场领域和细分市场，提供了拓宽市场份额的机遇。例如，在线教育、远程办公等领域，随着数字技术的发展和消费者需求的变化，市场规模不断扩大。企业通过创新商业模式，进入这些新市场领域，能够获得更多的市场份额和利润。

创新商业模式的市场拓展作用：创新的商业模式能够帮助企业打破传统市场的局限，进入新的市场领域，并吸引新的客户群体。例如，直播电商商业模式，它通过直播平台与电商的结合，拓宽了销售渠道，成功吸引了大量年轻消费者，为企业带来了新的市场增长机会，助力企业扩大市场份额。

（四）提高经营效率的追求

传统经营模式的效率瓶颈：传统经营模式在信息传递、决策过程、业务流程等方面存在效率瓶颈，难以适应数字经济时代快速变化的市场环境。传统企业的层级式管理结构导致信息传递层层递进，决策过程缓慢，无法及时适应市场变化。同时，在生产流程方面，传统制造业企业可能存在生产计划不合理、库存管理不善等问题，进而影响生产效率。

数字化技术对经营效率的提升：数字技术的应用能够显著提高企业的经营效率。大数据和人工智能技术可以优化企业的决策过程，提高决策的准确性和及时性；物联网技术可以实现生产设备的智能化管理，提高生产效率和产品质量；云计算技术则可以降低企业的 IT 成本，提高资源利用效率。企业利用数字化技术实现了生产流程的自动化和智能化，减少了人工干预，提高了生产效率和产品一致性。

商业模式创新与经营效率优化的协同：商业模式创新与数字化技术应用相互协同，能够进一步优化企业的经营效率。一些企业通过构建数字化平台商业模式，整合产业链上下游资源，实现了信息共享和协同合作，减少了中间环节，提高了整个产业链的运行效率，同时也提升了企业自身的经营效率和盈利能力。

二、数字经济下商业模式创新的外部动因

（一）市场竞争的加剧

全球竞争格局的形成：随着经济全球化进程的加速以及数字技术的广泛应用，企业面临的市场竞争范围从本土市场扩展到全球市场。数字经济打破了地域限制，使得企业无论规模大小，都能更便捷地参与国际竞争。小型跨境电商企业借助数字平台，能够将产品销售到世界各地，与传统大型跨国企业在全球市场上展开竞争。这使得市场竞争日益激烈，企业为在全球竞争格局中占据一席之地，必须不断创新商业模式，提升自身竞争力。

竞争维度的多元化：在数字经济时代，企业间的竞争不再局限于传统的产品质量、价格和服务等维度。品牌影响力、渠道拓宽能力、数字化技术应用水平以及数据驱动的决策能力等，都已成为企业竞争的重要方面。以智能

手机市场为例。除了产品性能和价格竞争外，品牌在社交媒体上的传播力、线上线下销售渠道的整合能力，以及利用大数据分析用户需求进行产品研发和营销的能力，都对企业的市场份额产生重要影响。企业要在激烈的竞争中脱颖而出，就需要从多个维度入手，创新商业模式，实现差异化竞争。

新兴企业的冲击：数字经济催生了大量新兴企业，这些企业凭借对数字技术的灵活运用和创新的商业模式迅速崛起，对传统企业构成巨大威胁。在共享出行领域，企业借助移动互联网、大数据和定位技术，开创了共享出行的商业模式，改变了人们的出行方式，对传统出租车行业造成了强烈冲击。传统企业面对新兴企业的挑战，若不及时创新商业模式、调整发展战略，很可能在市场竞争中被淘汰。

（二）技术变革的驱动

数字技术的广泛应用：大数据、云计算、物联网、人工智能等数字技术的日益成熟和广泛应用，为企业商业模式创新提供了强大的技术支撑。大数据技术使企业能够收集、分析海量数据，从而更精准地了解市场需求、消费者行为和竞争态势，为商业模式创新提供决策依据。例如，电商平台通过分析用户的浏览、购买数据，实现了精准营销和个性化推荐，提升了用户购物体验和平台销售额。

技术创新带来新的商业机会：数字技术的创新不断催生新的产品、服务和业务模式，为企业开拓了新的市场空间。区块链技术的出现，为金融、供应链、医疗等多个行业带来了新的商业机会。在供应链领域，区块链技术可以实现信息的透明化和可追溯性，提升供应链管理效率，降低交易成本。一些企业基于区块链技术构建了全新的供应链金融商业模式。

技术迭代加速对企业的挑战：数字技术迭代速度快，企业若不能及时跟上技术发展步伐，其现有的商业模式可能很快就被淘汰。在互联网行业，软件和应用程序的更新换代频繁，如短视频平台的兴起，使得传统社交平台面临用户流失的风险。因此，企业必须持续关注技术发展动态，积极引入新技术，创新商业模式，以适应快速变化的技术环境。

（三）消费者行为的变化

消费需求的个性化与多元化：在数字经济环境下，消费者获取信息的渠道更加便捷，消费观念也发生了显著变化。他们不再满足于标准化的产品和服务，而是开始追求个性化、多元化的消费体验。消费者希望根据自己的需求定制产品，甚至参与产品的设计和生产过程。为满足这一需求，企业需要创新商业模式，采用定制化生产、个性化服务等方式，以满足消费者的个性化需求。

消费过程的便捷化与体验化追求：消费者在购物过程中更加注重便捷性和体验感。他们希望能够随时随地通过各种数字终端进行购物，并在购物过程中获得良好的服务体验。线上购物的兴起，使得消费者可以通过手机、电脑等设备轻松下单，享受送货上门的服务。为迎合需求，企业需要创新商业模式，加强线上渠道建设，优化购物流程，以提升消费者的购物体验。

消费决策的数字化与社交化影响：数字技术的发展改变了消费者的消费决策过程。在购买产品或服务前，消费者会通过互联网获取大量信息，包括其他消费者的评价和推荐。社交媒体的普及也使得消费者之间的互动和分享更加频繁，消费者的购买决策受社交网络的影响越来越大。因此，企业需要利用数字技术，通过社交媒体营销、口碑营销等方式来影响消费者的购买决策，并创新商业模式以适应这一变化。

（四）政策法规的影响

政策引导与支持创新：许多国家和地区的政府出台了一系列政策，鼓励企业对数字经济领域及商业模式进行创新。政府通过提供财政补贴、税收优惠、科研资金拨款等方式，支持企业开展数字化转型和创新活动。同时，设立专项基金，鼓励企业进行数字技术研发和应用，为企业商业模式创新提供资金支持和政策激励。

法规监管带来的机遇与挑战：随着数字经济的发展，相关法规监管也在不断完善。法规监管在规范市场秩序的同时，也为企业带来了机遇和挑战。在数据保护法规日益严格的背景下，企业需要加强数据安全管理，但这也促使企业探索新的数据利用方式，创新商业模式。例如，些企业通过合法合规地整合和分析数据，为其他企业提供数据服务，从而开拓了新的业务领域。

行业标准的规范与推动：数字经济领域的行业标准逐渐建立和完善，这对企业商业模式创新起到了规范和推动作用。统一的行业标准有助于企业降低交易成本，提高市场效率。在物联网行业，相关标准的制定使得不同企业的设备和系统能够更好地互联互通，从而推动了物联网商业模式的创新和发展。

第四节　数字经济下商业模式创新的发展

一、以消费者为中心的创新路径

满足个性化需求的定制化服务：在数字经济时代，消费者对个性化产品和服务的需求日益增长。企业通过建立数字化平台，收集消费者的个性化需求信息，实现产品和服务的定制化生产与交付。例如，定制服装企业借助在线平台让消费者选择服装款式、面料、尺寸等，提供独一无二的产品；一些软件公司根据企业客户的特定需求，定制开发个性化的软件解决方案。

提升消费体验的场景化营销：企业通过构建多样化的消费场景，将产品或服务融入其中，提升消费者的参与感和体验感。例如，新零售企业打造线上线下融合的购物场景，消费者既可以在线上获取产品信息、下单购买，也可以到线下门店进行体验和提货；餐饮企业通过营造独特的就餐环境和服务氛围，为消费者提供沉浸式的用餐体验，从而增加复购率。

增强客户黏性的社群运营：社交媒体的发展使企业能够建立和运营自己的客户社群，通过社群互动增强客户黏性。企业在社群中分享产品知识、使用技巧，举办线上活动，鼓励消费者参与讨论和分享，形成良好的品牌口碑。例如，小米公司通过小米社区和粉丝群与消费者保持密切互动，收集用户反馈以改进产品和服务，同时提升了消费者对品牌的认同感和忠诚度。

二、生态协同的创新路径

构建价值共创的商业生态系统：企业不再局限于自身的发展，而是与供应商、合作伙伴、客户等共同构建商业生态系统，实现价值共创。例如，苹果公司通过 AppStore 平台连接了开发者、用户和广告商等多方参与者，形成了一个庞大的商业生态。开发者为用户打造丰富多样的应用程序，用户通过购买应用或在应用内消费为开发者和苹果公司带来收入，广告商则在平台上投放广告，实现各方价值共创。

促进产业链上下游协同发展：数字技术推动产业链上下游企业之间的信息共享和协同合作。企业通过数字化平台实现供应链的可视化管理，与供应商实时沟通，优化采购、生产和销售流程，提高产业链整体效率。例如，汽车制造企业与零部件供应商通过共享生产计划、库存信息等，实现了零部件的准时供应，降低了库存成本，提高了生产的连续性和稳定性。

跨界融合催生新商业模式：数字经济打破行业边界，促进了不同行业之间的跨界融合，催生出了新的商业模式。例如，互联网企业与金融机构合作，推出了互联网金融产品，如移动支付、网络借贷等；医疗行业与科技公司合作，发展了远程医疗、智能医疗设备等新兴业务，为患者提供了更便捷、高效的医疗服务。

三、优化组织管理与人才培养体系

变革组织结构以适应创新需求：企业应推动组织结构变革，建立扁平化、网络化的组织架构；减少管理层级，缩短决策流程，提高决策效率和适应速度；加强部门之间的沟通与协作，建立跨部门团队，促进信息共享和知识流动；采用项目制、事业部制等灵活的组织形式，激发员工的创新活力和积极性。

完善人才培养与激励机制：企业要制订系统的人才培养计划，根据员工的岗位需求和个人发展规划，提供针对性的培训课程和学习机会；加强与高校、培训机构的合作，开展联合培养项目，提高人才培养的质量；建立科学的人才激励机制，将员工的创新成果与薪酬、晋升等挂钩，鼓励员工积极参与商业模式创新。

培育创新文化与团队协作精神：企业应培育创新文化，营造开放、包容、鼓励创新的工作氛围；倡导勇于尝试、敢于创新的价值观，容忍创新过程中的失败；通过组织创新活动、分享会等形式激发员工的创新思维和灵感；加强团队建设，培养员工的团队协作精神，提高团队的创新能力和执行力。

四、提升风险管理与市场适应能力

加强市场监测与需求预测：企业应建立完善的市场监测体系，实时收集和分析市场信息及消费者需求数据，加强对市场趋势的研究和预测；利用大数据分析、市场调研等手段，深入了解消费者需求的变化，及时调整商业模式创新策略，以提高企业对市场变化的适应性。

增强竞争分析与战略调整能力：企业要密切关注竞争对手的动态，特别是新兴业态的发展趋势，加强竞争分析；根据竞争态势及时调整企业战略，优化商业模式，突出自身的竞争优势；通过差异化竞争、合作竞争等方式，应对新兴业态的竞争冲击，保持市场竞争力。

关注法律法规与政策动态：企业应设立专门的政策研究团队，关注法律法规和政策的变化，及时调整商业模式以符合政策要求；加强与政府部门的沟通与合作，积极参与行业标准和政策的制定，为企业的商业模式创新争取有利的政策环境；在法律法规和政策不明确的领域，谨慎开展创新活动，以降低合规风险。

第九章　数字经济赋能企业高质量发展的现实状况

本章从企业高质量发展的理论分析入手，探讨数字经济赋能的要素与主要模式，并分析当前面临的挑战。本章可以为企业在数字经济时代实现高质量发展提供理论依据与实践参考。

第一节　企业高质量发展的相关理论分析

企业高质量发展是新时代经济发展的核心要求，其内涵丰富，涉及多个方面。首先，企业高质量发展强调在经济新常态下，企业应通过技术创新、管理优化等手段，实现产品和服务质量的提升，从而提高市场竞争力和可持续发展能力。其次，企业高质量发展不仅关注经济效益，还注重社会效益和环境效益，追求经济、社会和环境的协调发展。最后，企业高质量发展还体现在创新能力、管理水平、市场竞争力和可持续发展能力的全面提升上。

一、企业高质量发展的特点

企业高质量发展具有以下特点。

创新驱动：企业高质量发展以创新为核心，通过技术创新、管理创新和商业模式创新，推动企业持续发展。创新是企业高质量发展的核心动力，能够帮助企业提升竞力，适应市场变化。

高效能：企业高质量发展注重效率和效益的提升，通过优化资源配置、提高生产效率和管理水平，实现企业效益的最大化。高效能是企业高质量发展的重要标志，能够帮助企业实现可持续发展。

高质量：企业高质量发展强调产品和服务质量的提升，通过提高产品质量和服务水平，满足消费者需求，增强市场竞争力。高质量是企业高质量发展的基本要求，能够帮助企业赢得市场和客户。

可持续性：企业高质量发展注重可持续发展，通过环境保护、资源节约和社会责任的履行，实现企业的长期稳定发展。可持续性是企业高质量发展的重要目标，能够帮助企业实现经济、社会和环境的协调发展。[①]

二、企业高质量发展的评价指标

经济效益：经济效益包括企业的盈利能力、资产回报率、营业收入增长率等。企业的盈利能力，直接关乎企业在市场中的生存与发展，是衡量企业经营成果转化为实际收益的关键。资产回报率则精准地反映了企业运用资产获取利润的效率，比率越高，表明企业资产运用越高效，资源配置越合理。营业收入增长率体现了企业业务拓展的态势，持续增长意味着企业市场份额不断扩大，市场竞争力逐步增强。经济效益作为企业高质量发展的重要体现，如同晴雨表，清晰地反映出企业在市场中的竞争力强弱以及经营效率的高低。

创新能力：创新能力包括企业的研发投入、专利数量、新产品开发等。研发投入是企业对创新的实际投入，投入力度越大，越能彰显企业对技术突破与产品升级的决心。专利数量直观呈现了企业的创新成果和技术实力。新产品开发则是将研发成果转化为市场竞争力的关键环节，源源不断的新产品能够满足消费者多样化需求，使企业在市场竞争中脱颖而出。

管理水平：管理水平包括企业的组织结构、管理效率、员工满意度等。合理的组织结构确保企业各部门分工明确、协作顺畅，提高工作效率。管理效率直接决定企业决策执行的速度与质量，高效的管理能快速应对市场变化。员工满意度则反映企业内部的和谐程度，对企业管理制度满意的员工更具工作积极性与忠诚度，从而能够提升企业整体运营效率。

社会和环境效益：社会和环境效益包括企业的社会责任履行、环境保护措施、社会贡献等。企业积极履行社会责任，如参与公益事业、助力社区发展等，能极大提升企业社会形象。切实有效的环境保护措施，不仅是响应国家环保号召，更是企业可持续发展的必然要求。企业的社会贡献涵盖税收缴纳、就业创造等多方面，彰显企业对社会发展的积极推动作用，反映出企业的可持续发展能力。

---

① 廖铭月. 目标成本管理在企业高质量发展中的应用 [J]. 中国管理信息化，2025，28（2）：10-12.

第二节　数字经济赋能企业高质量发展的要素

一、市场需求

深入的市场研究：在数字经济时代，企业可利用多样化的渠道和先进的技术手段，收集涵盖消费者的购物习惯、消费偏好、决策过程等多方面的丰富数据。这些数据来源广泛，包括线上交易平台的记录、社交媒体的互动内容、市场调研机构的报告等。通过运用数据挖掘、统计分析等先进的数据分析工具，企业能够从海量数据中提取有价值的信息，深入了解消费者的潜在需求、市场的动态变化趋势以及竞争对手的优劣势。

打造个性化的产品和服务：在充分了解消费者需求的基础上，企业应致力于打造个性化的产品和服务。这要求企业运用大数据、人工智能等技术，对消费者的需求进行精细划分，为不同消费者群体量身打造独特的产品和服务。

加强市场推广与营销：数字技术和社交媒体平台为企业提供了强大的推广工具和广阔的传播渠道。企业可借助大数据分析实现精准营销，依据消费者的特征和行为数据，将产品和服务信息精准推送至目标客户群体，提高营销效果和资源利用效率。社交媒体平台拥有庞大的用户基数，企业可通过精心策划的内容营销，如制作富有创意的短视频、撰写引人入胜的文案等，在社交媒体上引发广泛的传播和讨论。同时，利用社交媒体的互动特性，开展线上活动，与消费者建立紧密的联系，增强品牌黏性，让品牌形象在潜移默化中深入人心，从而使品牌知名度实现几何倍数增长。

灵活调整与优化产品和服务：企业应建立一套灵活的反馈机制，如同为企业安装上敏锐的"市场雷达"，实时监测产品和服务在市场上的表现。同时，利用线上线下多种渠道，如问卷调查、用户评论区、客服反馈等，及时收集消费者的反馈。基于这些反馈，企业能够迅速调整产品的功能特性、优化服务流程，使产品和服务更贴合市场需求，从而在激烈的市场竞争中始终保持领先地位。

开拓新的市场和客户群体：企业应积极寻找和开拓新的市场和客户群体。这要求企业深入分析市场趋势，像经验丰富的探险家一样，在复杂的市场环境中发掘潜在的市场机遇。同时，研究宏观经济数据、行业发展报告以及新兴技术应用等，以预判未来市场的走向。例如，随着老龄化社会的到来，养老服务市场蕴含着巨大潜力；随着环保意识的增强，绿色环保产品市场前景广阔。企业若能提前布局，针对新的市场和客户群体研发适配的产品和服务，并制定专属的营销策略，便能在新的市场领域中抢占先机，为企业持续发展注入新活力。

二、金融支持

金融支持犹如企业高质量发展的"助推器"，在数字经济蓬勃发展的浪潮中，发挥着越来越重要的作用。

（一）提供更多的资金用于技术研发和市场拓宽

金融机构为企业提供了多样化的融资渠道。传统的银行贷款、债券发行依然是企业获取资金的重要方式，能够为企业提供相对稳定的资金支持。

新兴的风险投资、股权众筹等融资模式为具有创新潜力和高成长性的企业带来了更多机遇。风险投资专注于投资那些高风险但具有高回报潜力的创新型企业，帮助企业将创新技术转化为实际产品和服务；股权众筹则通过互联网平台汇聚众多投资者的资金，为企业提供灵活的融资途径。

这些资金不仅支持企业开展前沿技术研究，还为企业拓宽新的市场领域提供支持。企业可以利用这些资金进行市场调研，深入了解不同地区、不同消费群体的需求，并开发出符合市场需求的新产品和服务，从而开拓新的市场空间。

（二）精准评估企业信用风险，提供高效金融服务

基于精准的风险评估结果，金融机构能够为企业提供更加精准、个性化的金融服务。对于信用风险较低的企业，金融机构可以提供更优惠的贷款利率和更高的贷款额度，以支持企业的快速发展和扩张；对于信用风险较高的企业，金融机构则可以制订更加谨慎的金融服务方案，如增加担保要求、加强贷后监管等，在控制风险的前提下满足企业的融资需求。

这种精准的金融服务提高了金融资源的配置效率，使资金流向更有发展潜力和信用保障的企业，促进企业的健康发展，同时也降低金融机构自身的风险。

（三）加强金融创新，拓宽融资渠道

为满足企业在数字经济时代的多样化融资需求，金融机构也在不断创新金融产品和服务。除了传统的银行贷款外，金融机构还推出了股权融资、债权融资、供应链金融、消费金融等多种融资方式。

此外，金融机构还致力于打造更加便捷、高效的金融服务。例如，利用区块链技术实现跨境支付的实时清算和结算，降低交易成本；利用云计算技术为企业提供弹性、可扩展的计算和存储资源，助力企业的数字化转型。

（四）加强风险管理，确保金融安全

金融机构在为企业提供金融支持的同时，高度重视风险管理。它们通过建立完善的风险管理体系，对企业的信用风险、市场风险、操作风险等进行全面监控和管理。同时，金融机构还利用大数据、人工智能等技术对风险进行实时预警和预测，及时采取措施防范和化解潜在风险。

此外，政府也要加强对金融机构的监管力度，确保金融市场的稳定和企业的合法权益。金融支持在企业高质量发展中扮演着至关重要的角色。未来，随着数字经济的不断发展和金融创新的不断推进，金融支持将更加精准、高效，为企业的持续发展提供更加强有力的支撑。

三、数据要素

数据作为数字经济时代最为宝贵的资源，已成为企业高质量发展的核心驱动力。在信息化、智能化的浪潮中，数据不仅记录着企业运营的历史与现状，更预示着未来的趋势与方向。

数据要素对企业高质量发展的意义主要体现在以下几个方面。

提升决策的科学性和精准性：数据为企业提供更为全面、准确的信息，使企业在决策时能够基于事实而非主观臆断，从而提高决策的科学性和精准性。

优化资源配置：数据要素帮助企业更加精准地把握市场需求和资源分布，实现资源的优化配置。通过对市场数据的分析，企业可以了解消费者的需求和偏好，及时调整产品策略和生产计划，避免资源浪费和过剩。同时，通过对内部运营数据的分析，企业可以发现运营中的瓶颈和低效环节，优化资源配置，提高生产效率。

提高生产效率：数据要素在生产过程中的应用，实现了生产过程的自动

化、智能化和优化。企业可以利用物联网、大数据、人工智能等技术，对生产设备进行实时监控和数据分析，及时发现并解决生产中的问题，提高生产效率。同时，通过数据分析，企业还可以发现生产过程中的浪费和低效环节，进行针对性地改进和优化，进一步提高生产效率。

促进企业创新：数据驱动的创新模式使企业能够发现新的市场机会和用户需求，快速推出新产品和服务，满足消费者的多样化需求。同时，数据要素还帮助企业发现现有产品和服务中的不足和改进空间，推动产品和服务的持续优化和创新。

四、技术创新

技术创新无疑是数字经济浪潮中推动企业高质量发展的强大动力。在当今这个科技日新月异的时代，先进技术的引入与应用正深刻改变着企业的生产流程、产品质量、商业模式等多个方面。

（一）提升生产效率和产品质量

企业引入人工智能、物联网、大数据等前沿技术，相当于为生产流程注入智能化元素。以人工智能为例，人工智能强大的数据处理和模式识别能力，使得生产过程的自动化、智能化水平大幅提升，机器人和自动化设备的运用能够精准、高效地完成复杂的生产任务，显著提高生产效率。

物联网技术则将生产设备、原材料、产品等各个环节连接起来，实现生产过程的实时监控和智能调度。企业可以实时掌控生产线的运行状态，及时发现并解决问题，确保生产过程的稳定、高效。

同时，借助技术创新，企业能够对生产过程中的质量数据进行实时采集和分析，及时发现产品质量的波动和潜在问题。通过运用大数据分析和质量控制算法，企业可以对生产过程进行精准调整和优化，确保产品质量的稳定性和一致性。

（二）推动智能化、自动化发展，降低成本

技术创新不仅优化了生产流程，还推动企业向智能化、自动化方向发展。在智能化方面，企业通过引入人工智能、机器学习等技术，实现生产过程的智能化决策和控制。例如，智能调度系统可以根据生产需求和设备状态自动进行生产任务的分配和调度，提高生产效率。

在自动化方面，自动化技术的应用使得生产过程中的重复性、危险性任

务得以由机器代替人工完成。这不仅降低了人工成本，还提高了生产的安全性和稳定性。

随着生产过程的智能化和自动化水平的提升，企业的人力资源需求相应减少，生产成本自然下降，企业可以将更多的资金投入到产品研发和市场拓展中，以提升市场竞争力。

（三）推动商业模式创新，开拓新市场渠道

技术创新不局限于生产流程和产品本身，更推动了企业商业模式的创新。数字化转型为企业带来了全新的商业模式和市场渠道。数字化转型使得电商平台、在线服务、共享经济等新型商业模式应运而生，这些商业模式打破了传统的时空限制，更好地满足了消费者的个性化需求。

企业可以通过构建线上销售平台、开展跨境电商业务等方式，拓展市场覆盖范围，提升市场竞争力。例如，许多传统制造企业通过搭建线上销售平台，直接面向消费者销售产品，减少了中间环节，降低了销售成本，同时能够更直接地了解消费者的需求，及时调整产品和服务。

技术创新还促进了企业与供应链上下游、合作伙伴之间的协同合作。通过数字化平台，企业可以实现与供应商、经销商等的信息共享和协同运营，优化供应链管理，提高供应链效率，实现资源共享和互利共赢。

（四）提升客户体验，实现业务多元化

技术创新还提升了企业的客户体验，推动了企业业务的多元化发展。企业可以利用技术创新开拓新的业务领域和市场，提升整体竞争力。

为了更好地进行技术创新，企业应加大技术研发投入，建立完善的技术研发体系，吸引和培养高水平的技术人才。企业还应营造鼓励创新、宽容失败的企业文化，加强与高校、科研机构的合作，推动技术创新和成果转化。同时，企业要关注新技术的发展趋势和应用前景，及时将新技术应用于产品开发和生产过程，并加强技术的推广和应用，提升员工和客户对新技术的认知和使用能力。

五、组织管理

在数字经济蓬勃发展的时代，组织管理的优化成为企业从传统模式向数字化转型迈向高质量发展的重要途径。企业数字化管理不仅是一场技术的变革，更是一次组织理念、结构与管理方式的全面革新。

实现组织结构扁平化与管理流程优化：扁平化的组织结构减少了中间层次，使决策信息能够更迅速、直接地传递给基层员工，提高了信息传递的效率和准确性。同时，企业对管理流程进行了优化，通过简化复杂流程、消除多余环节，打破部门之间的壁垒，实现了业务流程的顺畅衔接和高效运作。

提升决策效率与执行力：借助数字化管理工具，企业能够更快速、更准确地收集与分析有关市场、竞争、客户等方面的数据，为决策提供有力支撑。大数据分析、人工智能等技术的应用，使企业能够挖掘数据背后的价值，发现隐藏的市场机会，从而做出更为科学、合理的决策。

推动内部信息流通与共享：在高度互联的数字经济时代，信息的流通与共享已成为提升员工协作效率和创新能力的关键因素。企业应致力于构建一个高效、安全的信息共享平台，打破部门之间的信息壁垒，促进知识与经验的自由流动。当员工能够便捷地获取和分享信息时，他们能够更快地理解其他部门的工作内容和需求，更容易找到跨部门合作的契机，这不仅有助于提升团队协作效率，还能激发员工的创新意识，为企业带来更多的新想法、新方案。

构建学习型组织，持续提升员工能力：数字经济时代的发展速度要求企业必须构建学习型组织，以适应不断变化的市场环境。企业应鼓励员工持续学习新知识、新技能，通过定期的培训、讲座、研讨会等方式为员工提供学习的机会和平台。同时，营造一个积极、开放的学习氛围，鼓励员工之间的知识分享和经验交流。此外，建立内部知识库、在线学习平台等资源，方便员工随时随地进行学习。在这样的组织环境中，员工的能力得到持续提升，为企业的发展贡献更多的力量。

强化跨部门协作，提升整体竞争力：跨部门协作是企业提升整体竞争力的重要途径。企业应通过优化组织结构和管理流程，打破部门之间的壁垒，促进不同部门之间的紧密协作。同时，建立跨部门的工作小组、项目团队等，实现资源共享、优势互补，提高决策效率和执行力。

加强组织文化与价值观建设：在数字化转型的过程中，企业应注重文化建设和价值观引领，塑造开放、包容、创新、协作的企业文化。通过塑造积极向上的文化氛围，企业能够激发员工的归属感和创造力，为企业的持续发展提供精神动力。此外，定期组织文化培训和团队建设活动，进一步加强员工对企业文化的理解和认同，从而在实际工作中更好地体现这些价值观。

关注员工发展与激励：在组织管理优化过程中，企业应关注员工的发展与激励，建立完善的员工发展体系和激励机制。通过制定个性化的职业发展规划、提供多元化的培训和学习机会、设立公平的薪酬和奖励制度，企业能够激发员工的工作热情和创造力，推动员工的个人成长与企业的共同发展。

六、人才培养

构建系统的数字人才培训体系：企业应建立一套完善且系统的数字人才培训体系，将企业当前的发展需求与未来的战略愿景紧密结合。从基础的数据素养培训到高端的算法开发，从理论知识的深入讲解到实践操作的现场指导，每一个环节都经过精心设计与规划。定期开设内部培训课程，使员工可以系统地学习数字技术的基本理论、发展趋势和应用场景。同时，邀请外部专业人士来企业授课与指导，为企业引入更广阔的视野和前沿知识，帮助员工不断更新知识结构，提升数字技能。

鼓励员工自主学习与创新：企业不仅要为员工提供学习机会，更要营造一种积极向上的学习氛围，鼓励员工自主学习和创新。通过设立创新奖励机制、举办创新竞赛等活动，以激发员工的创新热情，使他们在自主学习的过程中不断挑战自我，突破传统思维的限制。

建立数字人才评价机制：为确保人才培养工作的有效性和针对性，企业需构建一套科学、公正的数字人才评价机制。这一机制应涵盖多个维度，包括数字技术掌握程度、应用能力、创新思维等。通过定期进行考核和评估，企业可以及时发现员工在数字技能方面的优势和不足，从而为员工制订个性化的培训计划和提供针对性的发展建议。同时，评价结果也可作为员工晋升、薪酬调整等的重要依据，进一步激发员工的学习积极性和动力。

加强校企合作，共建人才培养基地：企业应积极与高校、科研机构等建立紧密的合作关系，携手打造数字人才培养基地。这种合作模式能够充分发挥双方的优势，实现资源共享和互利共赢。高校和科研机构拥有丰富的教育资源和雄厚的科研实力，能够为企业提供前沿的数字技术知识和研发支持；而企业则具有实践经验和市场需求，能够为高校和科研机构的教学和科研提供真实场景和实战案例。

搭建人才交流与共享平台：为促进数字人才之间的交流与合作，企业应搭建人才交流与共享平台。这一平台将汇聚企业内外的数字人才，为他们提供交流思想、分享经验、共同学习的空间。通过线上线下的交流活动，人才可以相互启发、相互学习，拓宽视野，提升技能。同时，平台还可以为企提供更多人才选择和合作机会，助力企业数字化转型和创新发展。

关注人才心理健康，营造良好工作氛围：在关注数字人才培养的同时，企业也不能忽视人才的心理健康。数字技术的快速发展和应用的复杂性往往给人才带来巨大的压力，因此，企业应建立完善的心理健康咨询机制，为人才提供个性化的心理辅导和支持。

重视领导力培养，提升团队管理水平：在数字经济蓬勃发展的时代背景下，企业不仅需要专业技能出众的数字人才，更需要具备领导力和团队管理能力的人才，以引领和推动团队的创新与发展。

第三节　数字经济赋能企业高质量发展的主要模式

一、数据驱动型商业模式：挖掘数据价值，驱动企业决策

数据驱动型商业模式是数字经济时代的显著特征。企业将数据视为核心资产，通过收集、分析和应用数据，深入挖掘数据背后的价值，驱动企业的决策和创新。

互联网企业在数据驱动方面具有天然的优势。以字节跳动为例，字节跳动旗下的抖音、今日头条等产品拥有庞大的用户群体，每天产生海量的数据。字节跳动运用先进的数据挖掘和分析技术，对用户的兴趣爱好、行为习惯等数据进行深度分析，从而实现内容的个性化推荐。这种个性化推荐算法能够精准匹配用户的偏好，推送用户感兴趣的内容，提升用户的使用体验，提高了用户的黏性和活跃度。同时，基于这些数据，字节跳动还为广告商提供精准的广告投放服务，帮助广告商更好地触达目标客户，实现数据的商业价值。

传统企业也在积极探索数据驱动的发展模式。例如，零售企业通过建立客户关系管理系统（CRM）和销售数据分析系统，收集和分析客户的购买数据、偏好数据以及市场销售数据等，通过对这些数据的分析，企业能够洞察客户的需求变化，优化商品的采购和库存管理，制定更加精准的营销策略，从而提高企业的运营效率和销售业绩。

数据驱动型商业模式的关键在于企业需建立完善的数据管理体系，具备强大的数据处理和分析能力，将数据转化为有价值的信息，为企业的战略决策、产品研发、市场营销等提供有力支持，从而推动企业实现高质量发展。

二、共享型商业模式：优化资源配置，提升使用效率

共享型商业模式是数字经济时代资源优化配置的一种创新模式。它依托数字技术，打破了资源的时空界限，实现了资源的高效共享与充分利用。

以共享单车和共享汽车为代表的出行共享模式，有效盘活了闲置的交通资源。在过去，个人购买的自行车和汽车在很多时候处于闲置状态，造成了资源的浪费。而共享单车和共享汽车平台通过整合这些闲置资源，让用户在需要时能够便捷地使用，极大地提高了资源的利用效率。用户无需购买车辆，只需通过手机应用程序即可随时随地租用，使用完毕后停放在指定地点即可，充分满足了人们短距离出行和临时用车的需求。

共享办公空间是共享型商业模式的另一个典型范例。对于初创企业和中小企业来说，租赁传统办公场地往往面临着高额的租金、装修费用以及设备采购成本等问题，而共享办公空间的出现，为这些企业提供了灵活的办公解决方案。企业可以根据自身需求租用办公工位、会议室等设施，共享办公设备、网络、前台服务等，有效降低了办公成本，提高了资源的利用效率。同时，共享办公空间还营造了一个开放、共享的办公环境，促进了企业之间的交流与合作，激发了创新活力。

共享型商业模式的核心在于通过数字平台实现资源的供需匹配，提高资源的使用效率，减少社会资源的闲置浪费，为企业和社会创造更大的价值，推动企业的可持续发展。

三、数字化服务型商业模式：创新服务模式，提升客户体验

数字化服务型商业模式是数字经济赋能企业高质量发展的重要体现。它借助数字技术对传统服务进行升级和创新，为客户提供更加个性化、高效、便捷的服务体验。

在金融领域，传统银行服务往往受到营业时间和网点分布的限制，客户办理业务不够便捷。而数字化银行服务的出现改变了这一状况。以手机银行为例。客户可以通过手机应用随时随地进行账户查询、转账汇款、理财购买等操作，不受时间和空间的限制。同时，银行还利用大数据和人工智能技术，对客户的交易数据和信用记录进行分析，为客户提供个性化的金融产品推荐和风险评估服务，提高了金融服务的精准度和效率。

在医疗领域，数字化服务也在不断创新。在线医疗平台的兴起，让患者能够通过网络与医生进行远程问诊，避免了排队等候的烦恼，提高了就医效率。一些医疗平台还整合了电子病历、检查检验报告等医疗数据，实现了医疗信息的共享，方便医生全面了解患者的病情，做出更准确的诊断和治疗方案。此外，可穿戴医疗设备的出现，使得患者能够实时监测自己的健康状况，并将数据同步到医疗平台。医生可以根据这些数据，及时为患者提供健康建议和进行干预，从而实现疾病的预防和早期治疗。

数字化服务型商业模式通过数字技术的应用，打破了传统服务的界限，提升了服务的普及性、个性化和智能化水平，提高了客户的满意度和忠诚度，为企业赢得了市场竞争优势。

四、智能制造型商业模式：推动生产变革，提升产业竞争力

智能制造型商业模式是数字经济与制造业深度融合的产物，它依托物联网、大数据、人工智能、机器人等技术，实现了生产过程的智能化、自动化和柔性化，促进了制造业的转型升级。

在汽车制造行业，许多企业引入了智能制造技术。通过在生产线上部署大量的传感器和智能设备，企业实现了对生产过程的实时监控和数据采集。这些数据被传输到生产管理系统，企业利用大数据分析技术对生产数据进行深入分析，及时发现并解决生产过程中的问题，从而显著提高了生产效率和产品质量。同时，机器人在汽车生产中的应用也越来越广泛，如焊接机器人、装配机器人等，它们能够精确地完成复杂的生产任务，提高了生产的精度和一致性。

在电子制造领域，智能制造同样发挥着重要作用。企业利用人工智能技术优化生产过程，如通过机器学习算法对生产工艺进行优化，提高了产品的良品率。物联网技术的应用使得生产设备之间实现了互联互通，企业可以根据订单需求自动调整生产计划和设备参数，实现了柔性生产，能够快速适应市场的变化。

智能制造型商业模式不仅提高了企业的生产效率和产品质量，还降低了生产成本，显著增强了企业的市场竞争力。通过实现生产过程的智能化，企业能够更好地满足客户的个性化需求，为企业的高质量发展奠定坚实的基础。

第四节　数字经济赋能企业高质量发展面临的挑战

一、数字经济赋能企业高质量发展的挑战

（一）数据要素市场的挑战

数据产权界定模糊：数据产权的明确是数据要素市场发展的关键难题。由于数据的产生、收集、存储和使用涉及多个主体，产权归属复杂难定，导致数据在交易与使用时面临诸多困扰。如企业在使用外部数据时可能面临来源不合法、权限不明确等风险，进而影响数据的应用并增加法律纠纷。

数据交易和流通机制不健全：数据交易和流通缺乏统一标准与规范，流程和规则不明晰，导致数据交易成本高、效率低。同时，监管机制的不完善也使得数据泄露、滥用风险增加，严重制约了数据要素市场的健康发展。

数据孤岛现象严重：企业内部各部门之间、企业与外部机构之间常存在数据壁垒，形成数据孤岛。这使得企业难以获取全面、准确的数据，影响数据的整合与分析效果，增加运营成本并降低数据的应用价值。

（二）数字技术应用的挑战

技术基础设施薄弱：许多企业在技术基础设施建设方面投入不足，网络带宽、服务器性能、数据存储能力等方面无法满足数字化转型的需求。特别是中小企业受资金限制，难以购置先进的数字化设备，阻碍了数字化转型的进程。

数字技术应用深度和广度不足：企业在数字技术应用方面，硬件、软件和平台协同不足。例如，大数据分析常停留在数据收集和初步分析阶段，未能深入挖掘潜在价值；人工智能技术应用场景单一且效果不显著。

技术更新换代快，企业适应能力不足：数字技术更新迅速，企业因缺乏技术人才和资金支持，难以跟上数字技术发展的步伐。如传统制造业企业在应用工业互联网技术时，由于人才匮乏，无法有效整合新技术，导致技术应用滞后。

（三）组织管理变革的挑战

组织结构僵化：传统企业的组织结构层级多、部门壁垒严重，难以适应数字经济时代快速变化的市场环境。在数字化转型需要跨部门协作时，这种结构使沟通协作效率低下，影响了转型推进。

管理流程复杂：复杂的管理流程不仅增加了运营成本，还降低了决策效率。在数字经济时代，企业需要快速适应市场变化，但烦琐的审批流程，如数字化项目的审批需多部门审核批准，导致项目推进缓慢，往往错失市场机会。

员工数字素养欠缺：员工的数字素养是企业数字化转型的重要基础。然而，不少企业员工缺乏数字技能，当引入新的数字化工具和平台时，因技能不足而无法有效使用，进而影响了转型效果。

（四）供应链协同的挑战

供应链各环节数字化水平不一：大型企业与供应商之间数字化水平差异大，影响了供应链的整体协同效果。例如，大型企业实现了供应链的数字化管理，但其供应商可能仍处于数字化转型的初级阶段，导致信息共享和协同优化难以达成。

数据共享和协同机制不完善：供应链环节间的数据共享平台和协同机制不健全，数据的实时性和准确性难以保障。企业与供应商在数据共享时，面临格式不统一、更新不及时等问题，影响了协同效果。

供应链风险管理难度大：在数字经济时代，供应链面临多种复杂风险，如数据安全风险、网络安全风险、市场波动风险等。但很多企业缺乏完善的风险管理体系，在应对数据泄露、网络攻击等风险时措施不力，导致供应链中断或成本增加。

（五）外部环境的挑战

1. 政策支持不足

政策针对性不强：数字经济相关政策对不同类型企业的支持缺乏针对性，如数字经济相关政策对中小企业支持力度不够，导致中小企业数字化转型困难。

政策落实不到位：政策执行环节繁琐、宣传不到位等，使企业难以顺利获得政策支持。如企业在申请补贴时，常遭遇流程复杂、审核标准不明确等问题。

政策协同性欠缺：数字经济政策涉及多个部门，但部门之间协同不够紧密。如财政、税收、产业政策缺乏协同，企业在数字化转型过程中难以获得全方位的政策支持。

2. 人才短缺

数字技术人才短缺：企业在引入大数据分析、人工智能等技术时，缺乏专业技术人才，导致技术应用效果不佳。

复合型人才短缺：企业数字化转型需要既懂技术又懂管理的复合型人才，但这类人才供给不足，影响了转型效果。

人才培养体系不完善：高校和职业院校在数字经济相关专业的设置和课程体系上存在缺陷，企业难以获得高素质人才支持。

3. 资金投入不足

企业资金投入有限：企业数字化转型资金不足，难以投入资源进行技术研发和应用创新。中小企业受资金限制，难以购置数字化设备和技术。

融资渠道不畅通：企业融资困难，如申请银行贷款时因抵押物不足、信用评级低等问题而难以获得资金支持。

政策支持资金不足：数字经济相关政策支持资金有限，企业在申请补贴时常遇到资金不足、补贴标准低等问题，难以获得支持。

4. 市场竞争加剧

市场竞争激烈：在数字经济时代，企业面临着国内外市场的激烈竞争，互联网企业全球竞争尤为激烈，企业需提升技术和创新能力才能立足。

市场进入壁垒高：互联网平台企业凭借技术和数据壁垒限制新进入者，企业需投入大量资源进行研发和市场拓展才能突破这些壁垒。

市场变化快速：市场需求变化迅速，企业需建立灵活的应对机制，提升适应能力，及时调整产品和服务，以保持竞争力。

二、数字经济赋能企业高质量发展的应对措施

（一）应对数据要素市场挑战的措施

明确数据产权归属：政府应加快制定相关法律法规，清晰界定企业自行收集和产生数据的所有权和使用权，保障数据主体的隐私权益；建立数据产权登记制度，并鼓励行业协会和专业机构参与制定产权细则，以提高其科学性和可操作性。

健全数据交易和流通机制：构建统一标准规范，明确交易流程和质量要求；设立监管机构，借鉴证券交易监管模式，实时监控审计；推动基础设施建设，搭建交易平台，以降低成本，提高效率。

打破数据孤岛：企业内部应引入数据中台技术，搭建统一数据平台，实现部门间数据的整合和共享；鼓励企业间开展数据合作，建立数据共享联盟，政府应给予政策支持和奖励，同时强化数据安全保护。

（二）应对数字技术应用挑战的措施

加强技术基础设施建设：企业应根据数字化转型需求加大投入，中小企业可联合共建；政府应通过财政补贴、税收优惠等给予支持，加强与通信运营商、云服务提供商合作，满足基础设施需求。

深化数字技术应用：企业应明确数字技术在业务流程中的应用场景和价值创造点，如通过大数据分析深入挖掘数据价值；加强与供应商合作，将数字技术创新应用到各环节，同时加强效果评估反馈，优化应用策略。

提升企业技术适应能力：企业应通过内训、外引等方式加强技术人才队伍建设，与高校、科研机构合作开展培训项目；建立激励机制，鼓励员工学习创新，加强行业技术交流，紧跟技术发展步伐。

（三）应对组织管理变革挑战的措施

优化组织结构：企业应采用扁平化组织结构，减少管理层级，加强跨部门协作，组建项目团队，引入敏捷管理理念，快速适应市场变化。

简化管理流程：全面梳理内部管理流程，去除烦琐的审批环节，运用数字化工具实现管理流程的自动化、信息化；建立以结果为导向的管理机制，鼓励自主决策和创新，加强流程监控评估，持续优化管理流程。

提升员工数字素养：企业应制订系统的培训计划，邀请专家讲座、组织员工参加课程学习，提升数字技能；建立评估机制，将结果与绩效、晋升挂钩，营造数字文化氛围，鼓励创新应用。

（四）应对供应链协同挑战的措施

提升供应链各环节数字化水平：企业应推动供应链各环节的数字化改造，为供应商提供技术支持与培训；搭建数字化协同平台，加强规划指导，制定转型路线图，确保数字化转型顺利推进。

完善数据共享和协同机制：建立数据共享标准规范，明确格式、内容与频率，采用统一的接口协议实现无缝对接；建立协同决策机制，加强监督与管理，确保数据的安全与可靠。

加强供应链风险管理：企业应构建完善的供应链风险管理体系，运用技术实时监测预警，制订应对预案；加强与各环节合作，保障供应链稳定。

（五）应对外部环境挑战的措施

1.加强政策支持

提高政策针对性：政府应针对不同企业制定专项政策，加强调研评估，优化政策内容，确保政策能够精准对接企业，从而提升政策的实施效果。

加强政策落实：建立跟踪机制，确保政策落地，加强宣传解读，提高企业知晓率，通过有效地沟通和执行，使政策真正惠及企业，助力其发展。

提升政策协同性：建立跨部门协调机制，加强政策之间的衔接配合，监督评估协同效果，优化协同机制，确保各项政策能够形成合力，共同推动经济社会发展。

2.加强人才培养和引进

加强数字技术人才培养：高校和职业院校应深化和加强专业建设，优化课程设置，增加实践。企业与院校通过校企合作方式，共同培养具备实际操作能力的数字技术人才。

培养复合型人才：企业应通过内部培训、轮岗等方式培养复合型人才，与各方合作开展联合培养项目，建立激励机制，激发员工潜力，提升团队整体素质。

完善人才培养体系：政府应规划指导，建立培养基地，加强国际合作，加大投入力度，设立专项资金，构建全方位、多层次的人才培养体系，为经济社会发展提供坚实的人才保障。

3.增加资金投入

增加企业资金投入：企业应合理规划预算，加大数字化投入力度，与金融机构合作获取资金，优化使用效率，推动企业技术升级和管理创新。

拓宽融资渠道：企业应采用多种融资方式，创新融资渠道，获取多元化资金支持，降低融资成本，提高资金使用灵活性，增强市场竞争力。

争取政策支持资金：企业应关注政策，争取补贴，加强与政府沟通，合理使用资金，促进企业快速发展，提升市场地位。

4. 提升市场竞争力

提升企业竞争力：企业应加强技术与管理创新，加大研发投入力度，建设品牌，加强合作交流，提升企业的核心竞争力。

降低市场准入门槛：政府应加强监管，鼓励企业创新，维护市场秩序，降低企业进入市场的难度，激发市场活力。

提高市场适应能力：企业应加强调研分析，与客户互动，建立灵活机制，加强风险管理，提高企业的市场适应能力和风险控制能力。

第十章　数字经济赋能企业高质量发展的实践研究

本章选取旅游企业、制造业企业、平台型企业以及专精特新中小企业等典型行业，深入研究数字经济在不同领域的赋能路径与实践案例，为其他企业提供可借鉴的经验与模式。

第一节　数字经济赋能旅游企业高质量发展

旅游高质量发展是满足人民对旅游多样化需求的关键，也是社会主义现代化强国建设的重要组成内容。[①] 在全球数字化浪潮蓬勃发展的当下，数字经济已成为驱动经济社会变革的核心力量，为旅游企业发展带来全新的机遇与挑战。

一、数字经济与旅游企业高质量发展的理论阐释

（一）旅游企业高质量发展的内涵与衡量标准

旅游企业高质量发展蕴含多维内涵，不仅包括经济效益的提升，还涉及服务质量的优化、创新能力提升、社会责任的履行以及可持续发展能力的提升等方面。在经济效益上，旅游企业在追求利润增长的同时，注重成本控制与资源的高效利用；在服务质量方面，强调以游客需求为导向，提供个性化、高品质的旅游产品与服务；创新能力体现在技术创新、产品创新和管理创新等多维度，以适应市场变化；社会责任履行要求旅游企业关注环境保护、文化传承和社区发展；可持续发展能力则关乎企业的长期生存与发展，需平衡经济、社会和环境的关系。衡量旅游企业高质量发展的标准通常包括财务指

---

① 余正勇. 新质生产力赋能旅游高质量发展：理论、实践与路径 [J]. 创新，2024，18（5）：91-97.

标（如营收增长率、利润率）、服务质量指标（如游客满意度、投诉率）、创新指标（如专利数量、新产品开发速度）以及可持续发展指标（如碳排放强度、社区参与度）等。

（二）数字经济赋能旅游企业高质量发展的理论基础

数字经济赋能旅游企业高质量发展基于多种理论。技术创新理论认为，数字技术的创新为旅游企业提供了新的生产工具和方法，助力产品和服务升级，进而提升企业竞争力。交易成本理论指出，数字经济通过降低信息获取成本、减少交易环节，降低了旅游企业的交易成本，提高了市场效率。而资源基础理论则强调，数字资源已成为旅游企业的重要战略资源，企业通过整合和利用这些资源，能够构建起独特的竞争优势。这些理论从不同角度解释了数字经济如何助力旅游企业实现高质量发展，为后续的研究奠定了坚实的理论基础。

二、数字经济赋能旅游企业高质量发展的现状与影响

（一）数字技术在旅游企业中的应用现状

当前，大数据、人工智能、物联网、区块链等数字技术已在旅游企业中得到广泛应用。大数据技术帮助旅游企业收集、分析海量的游客数据，洞察游客的需求偏好、消费行为和市场趋势，为精准营销、产品设计和服务优化提供了依据。人工智能技术应用于智能客服、智能推荐系统和虚拟导游等领域，提升了游客的服务体验。物联网技术实现了旅游设施设备的互联互通，提高了运营管理效率，如智能门锁、智能照明和环境监测系统在酒店和景区的应用。而区块链技术则在旅游供应链管理、票务管理和信用体系建设等方面发挥着重要作用，提高了信息的透明度和安全性。

（二）数字经济对旅游企业商业模式创新的影响

数字经济正引领着旅游企业商业模式发生深刻变革。在线旅游平台的兴起改变了传统旅游企业的营销和销售模式，实现了旅游产品的线上展示、预订和交易，拓宽了市场覆盖范围。共享经济模式在旅游领域的应用，如民宿共享、汽车共享等，创造了新的旅游供给方式，满足了游客的多样化需求。此外，旅游企业还通过与金融、交通、文化等行业的数字化融合，构建起了综合性的旅游生态系统，实现了资源共享、优势互补，创造了新的价值增长点。

三、数字经济赋能旅游企业高质量发展面临的挑战

（一）数据安全与隐私保护问题

随着数字技术在旅游企业中的广泛应用，数据已成为企业的核心资产。然而，数据安全与隐私保护问题也日益凸显。旅游企业收集了大量游客的个人信息、消费数据和行程信息等，一旦这些数据发生泄露，不仅损害了游客的合法权益，还会对企业的声誉造成严重影响。同时，部分旅游企业在数据存储、传输和使用过程中存在安全管理漏洞，加密技术应用不足，数据访问权限控制不够严格，这些都增加了数据安全的风险。

（二）数字技术应用水平差异导致的发展不均衡

不同规模、不同地区的旅游企业在数字技术应用水平上存在显著差异。大型旅游企业凭借资金、技术和人才优势，能够快速跟进和应用先进的数字技术，实现数字化转型和高质量发展。而中小型旅游企业由于资金短缺、技术基础薄弱、人才匮乏等原因，在数字技术应用方面相对落后，难以享受到数字经济带来的机遇，这导致旅游企业之间的发展不均衡加剧。此外，地区之间的数字基础设施建设水平的差异也影响了旅游企业的数字化发展，东部发达地区的旅游企业数字化程度普遍高于中西部地区。

（三）数字经济时代旅游企业面临的人才短缺问题

数字经济的发展对旅游企业的人才提出了更高要求，需要既具备旅游专业知识又掌握数字技术和数据分析能力的复合型人才。然而，目前市场上这类复合型人才供不应求，旅游企业正面临着人才短缺的困境。一方面，高校相关专业的人才培养模式与市场需求存在脱节，培养出的学生实践能力不足，难以满足企业的实际需求；另一方面，旅游企业对人才的吸引力相对较弱，尤其是中小型旅游企业，在薪酬待遇、职业发展空间等方面难以与互联网企业竞争，导致人才流失问题严重。

（四）法律法规与监管机制不完善

数字经济的快速发展使旅游行业的法律法规和监管机制面临严峻挑战。目前，旅游领域数字经济发展的相关法律法规尚不完善，数据产权界定、数据交易规范、隐私保护等方面存在空白和模糊地带，导致旅游企业在数字经济实践中缺乏明确的法律依据和行为准则。同时，监管机制相对落后，难以

对旅游企业的数字业务进行全面、有效的监管，监管漏洞和监管问题并存，严重制约了数字经济在旅游行业的健康发展。

四、数字经济赋能旅游企业高质量发展的策略与建议

（一）加强数据安全管理与隐私保护

旅游企业必须将数据安全管理和隐私保护视为企业运营中的重要组成部分，建立起完善的数据安全管理体系。这包括但不限于加强数据加密技术的应用，确保数据在存储和传输过程中的安全；严格控制数据访问权限，对数据使用进行全方位的监控和审计，防止数据被滥用或泄露。

同时，旅游企业还应加强员工的数据安全意识培训，提升员工对数据安全重要性的认识，并规范员工的数据操作行为。此外，旅游企业应积极参与行业数据安全标准的制定，推动数据安全技术的研发和应用，共同营造一个安全可靠的数据环境。

（二）提升旅游企业数字技术应用能力，推动均衡发展

政府和行业协会应当发挥引领作用，加大对中小型旅游企业数字技术应用的支持力度。具体来说，可以通过提供财政补贴、给予税收优惠、开展技术培训等措施，帮助中小型旅游企业提升数字技术应用水平，进而缩小与大型旅游企业之间的差距。同时，鼓励大型旅游企业与中小型旅游企业开展合作，通过技术输出、经验分享等方式，带动中小型旅游企业共同发展。

（三）加强旅游企业数字人才的培养与引进

旅游企业应加强与高校、科研机构的合作，建立产学研合作机制，共同培养适应数字经济时代需求的复合型人才。高校应优化旅游相关专业的课程体系，增设数字技术相关课程，注重培养学生的实践能力和创新能力。旅游企业还应构建完善的人才激励机制，提升薪酬待遇水平，提供广阔的职业发展空间，以吸引和留住数字人才。

（四）完善法律法规与监管机制

政府应加快制定和完善旅游领域数字经济发展的相关法律法规，明确数据产权归属、数据交易规则、隐私保护等方面的法律规定，为旅游企业的数字经济活动提供清晰的法律依据。同时，要加强监管机制建设，整合监管资源，建立统一、高效的监管平台，实现对旅游企业数字业务的全方位、动态

监管。此外，还应加强国际合作，借鉴国外先进的法律法规和监管经验，结合我国实际情况，制定适合我国旅游行业数字经济发展实际的法律法规，推动数字经济在旅游行业健康、有序发展。

第二节　数字经济赋能制造业企业高质量发展

制造业作为实体经济的核心领域，深受数字经济影响。先进制造业企业作为实体经济的关键，实现高质量发展不仅能够有力推动企业自身的可持续发展，还能为经济增长提供有效支撑。[①]

一、制造业企业高质量发展的内涵与衡量标准

制造业企业高质量发展涵盖多个层面的内涵。从产品和服务角度来看，高质量发展促使企业打造高品质、高性能、高附加值的产品和服务，以满足消费者日益多元化和个性化的需求；在生产运营方面，强调高效的生产流程、精细化的管理以及对资源的合理利用，以降低成本、提高生产效率；创新能力是核心要素，企业需要不断加大研发投入，推动技术创新、产品创新和管理创新，以增强核心竞争力；可持续发展能力也至关重要，包括环境保护、社会责任履行以及长期稳定的盈利能力。

衡量制造业企业高质量发展的标准通常包括：经济效益指标，如利润率、资产回报率等；产品质量指标，如产品合格率、可靠性等；创新指标，如研发投入占比、专利数量等；以及绿色发展指标，如能源消耗强度、污染物排放量等。

二、数字经济赋能制造业企业高质量发展的理论基础

技术创新理论：数字技术的应用为制造业企业提供了新的技术手段和创新模式，助力企业突破传统技术束缚，实现产品和工艺的创新升级。例如，借助大数据分析，企业能够深入了解市场需求，精准定位产品研发方向；人工智能技术的应用则能优化生产过程控制，提高产品质量和生产效率。

---

① 刘中艳，周杏. 工匠精神与先进制造业企业高质量发展：基于技术创新能力的中介效应研究［J］. 现代工业经济和信息化，2024，14（12）：1-4+60.

交易成本理论：数字经济通过减少信息不对称、优化供应链管理等方式，降低了企业的交易成本。企业利用互联网平台，能够更便捷地获取供应商信息，进行原材料采购和产品销售，减少中间环节，提高交易效率。

规模经济和范围经济理论：数字技术使企业能够更轻松地扩大生产规模、拓宽业务范围。通过数字化平台，企业可以突破地域限制，将产品和服务推向更广阔的市场，实现规模经济；同时，利用数字技术的通用性和兼容性，企业可以开发多样化的产品和服务，实现范围经济。

三、数字经济赋能制造业企业高质量发展面临的挑战

（一）数据要素市场不完善

数据确权问题：数据作为数字经济时代的关键生产要素，其确权问题尚未得到有效解决。制造业企业在实际运营中，数据来源广泛，包括企业内部的生产数据、客户数据、供应链数据，以及从外部获取的数据。由于数据产生和使用过程复杂，数据的所有权、使用权和收益权难以明确界定，导致企业在数据交易和共享过程中存在诸多顾虑，影响了数据要素的市场流通和价值实现。

数据定价困难：数据定价缺乏统一的标准和方法，使得数据交易难以合理定价。数据的价值受多种因素影响，如数据的质量、规模、时效性、稀缺性等，且不同企业对数据的需求和应用场景也各不相同，这增加了数据定价的难度。目前，市场上的数据交易价格差异较大，缺乏合理的定价机制，制约了数据要素市场的健康发展。

数据交易安全风险：数据交易过程中的安全风险不容忽视。数据在传输、存储和使用过程中可能面临被泄露、篡改、滥用等风险。一旦发生数据安全事故，不仅会给企业带来经济损失，还可能损害客户的利益和企业的声誉。此外，数据交易涉及多个参与方，各方之间的信任机制尚未完全建立，也增加了数据交易的安全风险。

（二）企业数字化转型面临多重困境

数字化转型成本高昂：制造业企业进行数字化转型，需要投入大量的资金用于技术研发、设备更新、人才培养等方面。对于中小企业来说，数字化转型的成本可能超出其承受能力，导致它们在数字化转型过程中面临资金短缺的困境。此外，数字化转型的收益具有不确定性，企业在短期内可能难以

看到明显的回报，这也使得部分企业对数字化转型持谨慎态度。

技术集成与应用难度大：数字技术种类繁多，包括大数据、人工智能、物联网、区块链等。企业在数字化转型过程中需要选择适合自身需求的技术，并将这些技术集成到现有的生产运营体系中。然而，不同技术之间的兼容性和协同性存在问题，技术集成难度较大。同时，企业在技术应用过程中还面临技术人才短缺、技术与业务流程不匹配等问题，影响了数字技术的应用效果。

组织管理变革滞后：数字化转型要求企业对组织管理模式进行相应的变革，以适应数字化时代的发展需求。但许多制造业企业的组织管理模式较为传统，存在层级过多、决策流程冗长、部门之间沟通协作不畅等问题，难以适应数字化转型的快速变化。若企业在推进数字化转型时不能及时进行组织管理变革，将阻碍数字化转型的进程。

（三）数字人才短缺问题突出

数字人才供需失衡：随着数字经济在制造业的广泛应用，对数字人才的需求急剧增加。然而，目前数字人才的供给相对不足，尤其是既懂制造业业务又掌握数字技术的复合型人才严重短缺。高校和职业院校的人才培养体系与市场需求存在脱节，培养出的学生在实践能力和创新能力方面有所欠缺，难以满足企业的实际需求。

人才竞争激烈：数字人才已成为企业竞相争夺的对象，竞争异常激烈。大型企业和互联网企业凭借优厚的薪酬待遇、良好的发展平台和先进的技术环境，吸引了大量数字人才。而中小企业由于资源有限，在人才竞争中处于劣势，难以吸引和留住优秀的数字人才。人才的短缺和流失严重制约了制造业企业数字化转型的进程。

人才培养机制不完善：制造业企业内部的人才培养机制普遍不完善，缺乏系统的培训体系和职业发展规划。企业对员工的培训投入不足，培训内容和方式不能满足员工的实际需求，导致员工的数字技能提升缓慢。此外，企业缺乏对数字人才的有效激励机制，难以充分调动员工的积极性和创造性。

（四）数字技术治理体系不健全

法律法规滞后于技术发展：数字技术的快速发展使得相关法律法规的制定相对滞后。目前，针对制造业企业在数字经济领域的发展，如数据安全、隐私保护、知识产权保护等方面的法律法规尚不完善，存在诸多空白和漏洞。

这使得企业在应用数字技术时缺乏明确的法律规范和保障，增加了企业的经营风险。

行业标准不统一：数字技术在制造业的应用缺乏统一的行业标准，不同企业、不同地区之间的数字技术应用标准存在差异，这给企业之间的数据共享、技术交流和协同发展带来了困难。例如，在工业互联网领域，不同企业的设备接口、数据格式等标准不统一，导致设备之间难以实现互联互通，限制了工业互联网的发展。

监管机制不完善：数字经济的发展对传统的监管机制提出了挑战。目前，针对制造业企业数字经济活动的监管机制尚不完善，监管部门之间存在职责不清、协调不畅等问题。监管手段相对落后，难以对企业的数字经济活动进行全面、有效的监管，这可能导致一些企业在数字经济活动中存在违规行为，影响市场的公平竞争和行业的健康发展。

四、推动数字经济赋能制造业企业高质量发展的策略建议

（一）完善数据要素市场体系建设

明确数据产权归属：政府应加强对数据产权的研究和立法工作，明确数据的所有权、使用权和收益权的归属。建立数据产权登记制度，对数据进行确权登记，为数据交易和共享提供法律保障。同时，鼓励企业通过合同约定等方式，明确数据在不同主体之间的权利和义务，规范数据的使用和交易行为。

建立科学合理的数据定价机制：探索建立科学合理的数据定价模型，综合考虑数据的质量、规模、时效性、稀缺性以及应用场景等因素，制定统一的数据定价标准。引入第三方数据评估机构，对数据进行客观评估和定价，提高数据交易的透明度和公正性。此外，建立数据交易平台，实现数据的集中交易，形成合理的市场价格。

加强数据交易安全保障：完善数据交易安全保障体系，加强数据加密、访问控制、身份认证等技术手段的应用，确保数据在交易过程中的安全。建立数据交易安全监管机制，加强对数据交易平台和交易行为的监管，严厉打击数据泄露、篡改、滥用等违法行为。同时，推动企业建立健全数据安全管理制度，提高企业的数据安全意识和防护能力。

（二）助力企业加速数字化转型

加大政策支持与资金投入：政府应出台一系列支持制造业企业数字化转型的政策，如财政补贴、税收优惠、贷款贴息等，降低企业数字化转型的成本。同时，设立数字化转型专项资金，用于支持企业的技术研发、设备更新和人才培养等方面。此外，鼓励金融机构创新金融产品和服务，为企业提供多元化的融资渠道，有效解决企业资金短缺的问题。

加强技术研发与应用引导：政府和行业协会应加大对数字技术研发的支持力度，组织产学研合作，攻克数字技术在制造业应用中的关键技术难题。建立技术服务平台，为企业提供技术咨询、培训和解决问题方案等服务，帮助企业解决技术集成和应用过程中遇到的问题。同时，鼓励企业加强自身技术研发能力建设，提高自主创新能力。

推动企业组织管理变革：引导制造业企业进行组织管理变革，建立适应数字化转型的组织架构和管理模式。推行企业扁平化管理，简化管理层级，提高决策效率；加强部门之间的沟通协作，打破部门之间的壁垒，实现信息共享和业务协同。此外，企业还应建立数字化企业文化，培养员工的数字化思维和创新意识，为数字化转型提供文化支持。

（三）加强制造业数字人才的培养与引进

完善人才培养体系：高校应优化专业设置，加强数字技术与制造业相关专业的融合，开设大数据、人工智能、工业互联网等相关课程，培养既懂制造业业务又掌握数字技术的复合型人才。同时，加强实践教学环节，与企业共建实习实训基地，提高学生的实践能力和创新能力。企业方面，应加强内部培训体系建设，制订系统的培训计划，为员工提供多样化的培训课程和学习机会，提升员工的数字技能。

优化人才激励机制：企业应建立健全数字人才激励机制，提高数字人才的薪酬待遇和福利水平，为人才提供广阔的职业发展空间和晋升机会。设立创新奖励制度，对在数字技术应用和创新方面做出突出贡献的人才给予奖励，激发员工的积极性和创造力。同时，加强企业文化建设，营造良好的人才发展环境，增强企业对数字人才的吸引力。

加强人才交流与合作：加强企业与高校、科研机构之间的人才交流与合作，建立人才共享机制。鼓励高校和科研机构的数字人才到企业挂职锻炼，为企业提供技术支持和创新思路。同时，企业的技术人才也可以到高校和科研机构兼职教学，将实践经验传授给学生。此外，通过举办行业研讨会、技术交流会等活动，促进数字人才之间的交流与合作。

（四）健全数字技术治理体系

完善法律法规及相关政策：政府应加速制定和完善与制造业企业数字经济发展有关法律法规及相关政策，填补数据安全、隐私保护、知识产权保护等方面的法律空白。同时，加强对数字技术应用的规范和引导，明确企业在数字经济活动中的权利和义务，保障企业和消费者的合法权益。此外，加大政策法规的宣传和解读力度，增强企业的法律意识，提高它们的合规经营水平。

统一行业标准：行业协会应发挥引领作用，联合企业、高校和科研机构等各方力量，制定统一的数字技术在制造业应用的行业标准，包括数据标准、接口标准、安全标准等各个方面，推动企业之间的数据共享、技术交流和协同发展。加强对行业标准的推广和应用，引导企业按照标准进行数字化转型和技术应用。

强化监管机制：建立健全数字技术在制造业应用的监管机制，明确监管部门的职责和分工，加强部门之间的协调配合。创新监管手段，利用大数据、人工智能等技术提高监管效率和准确性。加强对企业数字经济活动的日常监管，严厉打击违法违规行为，维护市场秩序。同时，建立企业信用评价体系，对企业的数字经济活动进行信用评价，激励企业诚信经营。

数字经济为制造业企业高质量发展注入了强大动力，但在赋能过程中也面临着诸多挑战。通过完善数据要素市场建设、助力企业推进数字化转型、加强数字人才培养与引进以及健全数字技术治理体系等策略，制造业能够有效应对这些挑战，充分发挥数字经济的优势，推动企业实现高质量发展，提升制造业的整体竞争力，为实体经济的发展注入新的活力。

第三节　数字经济赋能平台型企业高质量发展

在数字经济蓬勃发展的当下，平台型企业异军突起，成为经济发展中的一支重要力量。数字经济与平台型企业的深度融合，为平台型企业实现高质量发展提供了难得的机遇。平台型企业是基于数字技术构建的双边或多边市场交易平台，通过连接不同的用户群体，促进双方或多方之间的交易、互动与合作，从而创造价值。这类企业具有显著特点：网络效应明显，随着用户数量的增加，平台的价值呈指数级增长；轻资产运营，主要依赖数字平台和技术，而非大量的固定资产；开放性强，能够吸引各类参与者加入平台生态系统。其发展模式多样，包括了交易平台模式，如电商平台连接商家与消费者；共享经济平台模式，如共享出行平台整合闲置资源；社交平台模式，以社交互动为核心提供用户之间的信息交流与资源共享等。

一、数字经济赋能平台型企业高质量发展的重要意义

提升经济效益：数字经济为平台型企业带来了技术创新和模式创新的双重机遇。通过优化运营流程、降低运营成本，平台型企业能够有效提升盈利水平。同时，高质量发展使平台型企业能够更好地适应市场需求，提供更优质的服务与商品，增强市场竞争力，从而扩大市场份额，实现营收增长。此外，数字经济还推动了企业内部管理的数字化转型，提高了决策效率和准确性，进一步促进了企业经济效益的提升。

满足用户需求：在数字经济时代，用户需求呈现多元化和个性化特点。平台型企业借助大数据分析和人工智能技术，能够精准定位用户需求，提供多样化、便捷化、个性化的商品与服务。通过持续优化用户体验，平台型企业能够提高用户满意度与忠诚度，实现用户价值与企业价值的共创。不仅如此，平台型企业还能够通过用户反馈快速迭代产品和服务，形成良性循环，不断满足并引领市场潮流。

促进创业就业：平台型企业构建的开放性商业生态系统为就业市场带来了灵活性与多样性。平台型企业的发展不仅创造了大量内部就业机会，还为合作伙伴和创业者提供了广阔的创业空间，降低了市场准入门槛，推动了创业与就业的繁荣。此外，平台型企业通过提供各种在线工具和服务，使得创业变得更加便捷和高效，激发了社会创新活力，为经济发展注入了新的动力。

二、数字经济赋能平台型企业高质量发展面临的挑战

（一）数据安全与隐私保护：平台发展的基石挑战

在数字经济时代，平台型企业的数据安全与隐私保护面临着诸多严峻挑战。

数据泄露风险：平台型企业掌握着海量用户数据，如个人信息、交易数据等。一旦数据泄露，将严重威胁用户隐私和安全。数据泄露的原因多样，

如技术漏洞、黑客攻击、内部人员违规操作等。例如，某些平台因技术安全措施欠缺，导致用户数据被黑客窃取，从而引发信任危机。

隐私侵犯争议：平台在数据收集和使用环节可能存在问题。一方面，存在过度收集数据的情况；另一方面，未经用户充分授权就将数据用于精准营销等商业目的，而用户却不清楚数据的使用方式，这侵犯了用户的隐私权。

数据合规困境：随着数据安全和隐私保护法律法规的完善，平台型企业面临严格的数据合规要求。不同国家和地区的法律法规存在差异，企业在跨国或跨地区运营时需满足多种标准，这增加了运营成本和管理难度。若违规，企业可能面临巨额罚款和法律诉讼风险。

（二）平台垄断与不正当竞争：破坏公平竞争的妨碍

在平台型企业的发展过程中，平台垄断与不正当竞争问题也十分突出。

市场支配地位的形成与影响：部分平台型企业凭借网络效应和规模优势占据市场主导地位并形成市场支配力。这可能导致企业滥用权力限制竞争，如通过收购潜在对手、限制商家入驻其他平台等手段巩固自身地位，这阻碍了市场的公平竞争和创新发展。

不正当竞争行为的表现：平台型企业存在多种不正当竞争行为。数据垄断方面，企业利用数据优势限制其他企业获取数据，妨碍市场竞争；算法歧视方面，企业通过算法差别对待用户，损害用户权益；虚假交易方面，商家虚构交易以提高排名或销量，破坏市场诚信环境。

对创新和市场活力的抑制：平台垄断和不正当竞争会抑制创新和市场活力。新企业因缺乏资源难以与大平台竞争，创新动力受挫。同时，垄断企业凭借市场地位就能获取高额利润，缺乏创新积极性，这不利于行业持续健康发展。

（三）数字技术快速迭代：技术层面的发展压力

数字技术的快速迭代给平台型企业带来了一系列挑战。

技术更新换代压力：数字技术不断发展，平台型企业需投入大量资金和人力进行技术研发来跟上步伐。若不能及时更新技术，平台功能将落后，用户体验将下降，从而失去竞争力。例如，在移动支付领域，未及时引入生物识别技术的平台可能会在竞争中处于劣势。

技术选择与应用风险：平台在众多数字技术中选择和应用时存在风险。选错技术将导致资源浪费和项目失败，新技术应用可能存在兼容性和成熟度不足等问题，影响平台的稳定运行和用户体验。如引入区块链技术时，若技术不完善，可能会出现交易效率低下和延迟等情况。

人才短缺与技术依赖：数字技术的发展使得相关技术人才供不应求，平台型企业面临人才短缺的困境，难以招聘到复合型人才，这限制了技术创新的发展。并且企业对外部技术供应商依赖程度高，供应商出现问题会影响平台正常运营。

（四）监管与政策适配性：应对政策环境的风险

平台型企业在监管与政策适配性方面也存在不少挑战。

监管滞后性：数字经济发展迅速，平台业务模式和运营方式不断创新，监管政策却难以及时更新。监管部门对新问题认识不足，难以制定有效措施，导致监管空白和市场乱象。

政策不确定性：不同地区和国家的政策存在差异且变化不定。平台在跨地区或跨国运营时要面对不同政策环境，这增加了运营风险。例如，一些国家数字平台的税收和数据监管政策频繁调整，使企业难以制定长期战略。

合规成本增加：为满足监管要求，平台型企业要投入大量人力、物力和财力进行合规建设，这增加了运营成本。企业需建立数据安全管理体系、合规审查机制等，还要应对检查和审计，成本负担沉重。

（五）用户黏性下降：影响平台长期稳定的因素

在当前竞争激烈的市场环境中，平台型企业正面临着一个严峻的挑战，那就是用户黏性的逐渐下降。

随着市场竞争的加剧，市场上出现了越来越多的同类平台，这导致用户的选择变得多样化。同时，消费者需求也日益个性化和多元化。如果平台无法满足用户这些多变的需求，不能提供高质量的产品和服务，用户很可能会轻易地转向其他平台。

此外，网络上负面信息的传播速度非常快，这些负面信息会严重影响平台的口碑，从而进一步削弱用户的黏性。用户黏性的下降不仅会增加平台获取新用户的成本，还会对平台的长期稳定发展造成不利影响。

（六）算法相关问题：影响平台公正性与可持续性发展

平台在算法方面存在公正性缺失、透明度不足以及算法滥用等问题，这些问题影响了平台的高质量发展。

算法公正性和透明度问题：算法在处理数据和决策时可能受数据偏差、人为干预的影响，从而产生不公正的结果。例如，在招聘、信贷等领域，算法对特定群体产生歧视结果。同时，平台以保护商业秘密为由拒绝公开算法细节，使用户难以监督，加剧了算法偏见危害，损害了用户权益、平台声誉和社会公信力。

算法滥用问题：一些平台通过算法营造"信息茧房"，使用户长期接触同质化信息，导致认知局限、思维固化，不利于个人发展。从社会层面来看，这种做法会抑制观念多样性。加剧群体极化，威胁社会的和谐稳定。对于平台而言，虽短期内能提高用户活跃度，但长期来看会降低用户信任度，影响可持续发展。

（七）平台边界模糊：破坏市场秩序与监管的难题

随着平台型企业规模的不断扩张以及业务的多元化发展，平台的边界变得越来越模糊不清。

业务渗透与资源集聚：为了追求更大的规模效益，企业开始向其他市场领域进行拓展，导致不同平台业务之间的相互渗透现象日益明显。超大型数字平台企业利用自身的资源优势，在新的市场领域迅速集聚资源，并与上下游企业建立起紧密的联系。

构建市场准入障碍与引发监管难题：有些企业通过实施低价倾销等策略来构建市场准入的障碍，从而挤压竞争对手的生存空间，破坏了公平竞争的市场秩序。这种做法不仅给监管部门带来了难题，而且也不利于平台经济的健康和高质量发展。

三、数字经济赋能平台型企业高质量发展的完善措施

（一）数据安全与隐私保护：夯实平台发展基石

强化企业安全防护机制：平台型企业应将数据安全作为核心工作，加大安全技术创新的资金投入和研发力度，重点聚焦网络安全防护、数据加密等关键技术的研究和应用，打造坚固的数据安全防线。例如，建立完善的网络安全预警与监测系统，实现对安全风险的实时监控与快速适应处理，确保数据在传输和存储过程中的安全。同时，建立健全企业内部的数据安全管理制度，明确数据操作规范与流程，约束员工的数据操作行为。定期开展全面细致的运营风险评估，及时排查并处理潜在的安全隐患，如对员工操作权限进

行严格分级管理，防止内部违规操作导致数据泄露。

加大政府监管保障力度：政府需进一步完善数据保护相关的法律法规，明确数据权益的归属，明确数据收集、使用、共享等环节的规则，对数据处理活动进行有效规范。加强对用户隐私数据访问与使用的监管，构建适应数字经济发展需求的隐私保护体系，严厉打击数据滥用和泄露等违法行为，切实保障平台用户的数据安全。

（二）规范平台竞争：维护公平竞争秩序

防止市场垄断行为：政府应加强对平台型企业市场支配地位的动态监测，对可能形成市场垄断的行为提前介入调查和干预。一旦发现企业有滥用市场支配地位限制竞争的倾向时，应及时采取措施制止，如限制企业不合理的收购行为、禁止其实施排他性商业条款等。同时，降低市场准入门槛，鼓励新企业进入市场，促进市场多元化竞争。企业自身要树立正确的竞争意识，依靠创新和优质的服务来提升市场竞争力，而非通过不正当手段扩张和巩固地位。

打击不正当竞争现象：针对数据垄断、算法歧视、虚假交易等不正当竞争行为，相关监管部门需制定针对性的监管政策和处罚措施。明确数据垄断行为的数据使用规范和限制，防止企业利用数据优势妨碍市场竞争；加强对算法应用的审查和监督，确保算法的公平性和透明度，避免算法歧视用户；建立健全市场诚信体系，严厉打击虚假交易行为，对参与虚假交易的商家和平台进行严肃处罚，维护市场诚信经营环境。

激发创新和市场活力：政府可以出台扶持政策，如税收优惠、研发补贴等，鼓励平台型企业和新企业加大创新投入，推动技术创新和商业模式创新。同时，加强知识产权保护，为企业的创新成果提供法律保障。企业之间应加强交流与合作，共享创新资源，共同推动行业发展，营造良好的创新创业氛围。

（三）数字技术应对：提升技术适应能力

积极应对技术更新换代：平台型企业要高度重视数字技术的发展趋势，制定前瞻性的技术研发战略规划。加大对技术研发的资金和人力投入，并与高校、科研机构等合作，共同开展技术研究和创新。例如，搭建技术研发实验室，吸引优秀的科研人才，及时掌握行业前沿技术，确保平台技术水平始终处于领先地位。同时，建立技术储备机制，提前布局下一代技术的研发和应用，以应对技术快速更新带来的挑战，保障平台功能的持续优化和用户体验的不断提升。

降低技术选择与应用风险：在选择数字技术时，企业要进行充分的市场调研和技术评估。应成立专业的技术评估团队，综合考虑技术的成熟度、兼容性、发展前景等因素，选择最适合平台发展的技术方案。新技术应用前，应进行小范围试点和测试，及时发现并解决可能出现的兼容性和稳定性问题，确保新技术能够平稳、高效地融入平台系统。此外，企业还应加强与技术供应商的合作管理，建立风险预警机制，降低因技术供应商问题引发的平台运营风险。

缓解人才短缺与技术依赖问题：平台型企业应制订完善的人才吸引和培养计划，通过提供有竞争力的薪酬待遇、良好的工作环境和发展空间，吸引数字技术相关的专业人才和复合型人才加入。例如，可以设立专门的人才奖励基金，对在技术创新方面有突出贡献的员工进行奖励；加强与高校和职业培训机构的合作，开展定制化的人才培养项目，为企业定向输送所需的专业人才；加强自主研发能力建设，减少对外部技术供应商的依赖，构建自主可控的技术体系。

（四）监管与政策适配：优化政策环境助力

消除监管滞后性：监管部门要加强对数字经济发展趋势的研究和分析，建立快速适应的监管机制。密切关注平台型企业业务模式和运营方式的创新变化，及时组织专业人员开展调研和论证，制定相应的监管政策和措施，填补监管空白，规范市场秩序。例如，可以成立数字经济监管专家咨询委员会，定期对新出现的问题进行研讨和评估，为监管政策的制定提供专业建议。

降低政策不确定性：政府应加强政策的统筹规划和协调，建立跨地区、跨国的政策沟通与协调机制。在制定和调整政策时，应充分征求企业和行业协会的意见和建议，提高政策的科学性、合理性和稳定性。同时，加强政策的宣传和解读工作，确保企业能够准确理解政策的意图和要求，以便制定长期稳定的发展战略。

控制合规成本：政府可以通过优化监管流程、提供政策指导等方式，帮助平台型企业降低合规成本。例如，可以建立一站式合规服务平台，为企业提供便捷的政策查询、咨询和申报等服务；推出合规培训和辅导课程，提高企业的合规管理能力。企业自身要加强内部合规管理体系建设，运用信息化手段提高合规管理效率，合理分配资源，降低不必要的合规成本。

（五）用户黏性增强：稳固平台发展根基

精准满足用户多样化需求：平台型企业要坚持以用户为中心的发展理念，充分利用大数据、人工智能等数字技术，深入分析用户的行为数据和偏好，精准把握用户多样化、个性化的需求。针对不同用户群体的特点和需求，开发定制化的产品和服务，如为高端用户提供专属的增值服务、为年轻用户打造时尚、便捷的消费场景等。

塑造良好平台口碑：平台型企业要高度重视自身的口碑建设，建立严格的质量控制和审核机制，确保平台上的产品和服务质量上乘。加强对商家和内容的管理，打击虚假宣传、劣质产品等行为，维护平台的良好形象。同时，积极处理用户的投诉和反馈，及时解决用户遇到的问题，提高用户的满意度和忠诚度。一旦出现负面信息时，要及时适应并采取有效的应对措施，通过积极沟通和改进，减少负面信息对平台口碑的影响。

增强用户互动与体验：平台应加强与用户的互动沟通，建立多元化的互动渠道，如设立在线客服、用户社区、社交媒体等。鼓励用户参与平台的建设和发展，如开展用户意见征集活动、举办线上线下用户交流活动等，提高用户的参与感和归属感。同时，持续优化平台的用户体验，注重产品和服务的细节设计，提高平台的操作便捷性、界面友好性和适应速度。加强售后支持服务，建立完善的售后服务体系，确保及时解决用户使用过程中遇到的问题，为用户打造全方位的优质体验。

（六）算法规范治理：保障平台公正的可持续性

确保算法公正性和透明度：平台型企业要建立算法公平性评估机制，在算法设计、开发和应用的各个环节进行严格的公平性审核。避免因数据偏差、人为干预等因素导致算法产生偏见，确保算法在处理数据和决策时对所有用户一视同仁。例如，在招聘、信贷等重要领域应用算法时，应严格审查算法的设计逻辑和参数设置，防止对特定群体产生歧视性结果。同时，提高算法的透明度，在不泄露商业秘密的前提下，向用户公开算法的基本原理、决策过程和数据使用方式，接受用户的监督和质疑，增强用户对平台的信任。

防范算法滥用风险：平台型企业应制定严格的算法使用规范，明确算法的应用边界和使用范围，避免算法被滥用。采用技术手段打破"信息茧房"，为用户提供多元化的信息推荐，拓宽用户的视野和认知。例如，通过调整算法推荐策略，引入多元化的信息源和推荐因素，增加用户接触不同类型信息的机会。从社会层面来看，政府和监管部门要加强对算法应用的监管，制定相关法律法规和行业标准，对算法滥用行为进行约束和处罚，维护社会的公平正义与和谐稳定。

（七）平台边界清晰化：规范市场秩序与加强监管

合理界定平台业务边界：平台型企业应根据自身的核心竞争力和战略定位，合理规划业务发展方向，避免盲目扩张和过度多元化。在进入新的市场领域前，要进行充分的市场调研和风险评估，确保新业务与现有业务具有协同效应和互补性。同时，尊重市场规律和竞争秩序，不采用不正当手段抢占市场份额，维护公平竞争的市场环境。

明确市场准入与退出机制：政府相关部门应明确平台型企业在不同市场领域的准入标准，确保企业具备相应的资质、技术和资源等条件。对于不符合准入要求的企业，应限制其进入市场，避免过度竞争和资源浪费。同时，建立合理的市场退出机制，当平台型企业经营不善或违反相关法律法规时，能够有序退出市场，减少对市场秩序和用户权益造成的负面影响。

加强平台间业务差异化管理：监管部门应引导平台型企业明确各自的业务范畴，避免业务过度重叠和同质化竞争。制定相关政策和规则，促使平台在业务定位、服务特色等方面形成差异化，提高市场的多样性和活力。例如，在电商领域，可要求不同平台在商品品类、服务对象、营销模式等方面有所区分，防止恶性竞争。

强化对跨界业务的监管：随着平台型企业跨界经营日益频繁，监管难度也相应增加。监管机构应加强对跨界业务的审查和监督，确保企业在跨界过程中遵守相关行业的监管要求。例如，金融科技平台在涉足金融业务时，要接受金融监管部门的严格监管，保障金融市场稳定和消费者资金安全。

推动行业自律与标准制定：平台型企业应加强行业自律，共同制定并遵守与业务边界相关的行业标准和规范。利用行业协会等组织，开展交流与合作，分享经验和最佳实践，提高行业整体的规范化水平。这有助于降低监管成本，同时增强企业自我约束能力，共同维护良好的市场秩序。

第四节　数字经济赋能专精特新中小企业高质量发展

专精特新中小企业作为实体经济的重要组成部分，在经济高质量发展进程中扮演着不可或缺的角色。数字经济与专精特新中小企业的融合发展，为这些企业实现高质量发展开辟了新路径，注入了强劲动力。

一、专精特新中小企业的特点、作用与优势

（一）专精特新中小企业的特点

专业化："专"体现了专精特新中小企业在特定领域或产品上的深度耕耘。这些企业通常在某一领域拥有深厚的技术积淀和专业知识，将核心业务聚焦到极致。例如，某些专注于精密仪器制造的企业，在仪器的某一关键部件上可能拥有独家技术，能够生产出高精度、高质量的产品，成为产业链中不可或缺的一环。

精细化："精"要求企业在生产和运营过程中做到精益求精。它们注重提高科学化、精细化、智能化管理水平，从公司治理到产品生产、服务提供的每一个环节都力求卓越。比如，一些食品加工企业，在原材料采购、生产工艺控制、产品包装等方面都严格把关，通过精细化管理提升产品品质和品牌美誉度，从而在细分市场中脱颖而出。

特色化："特"指企业拥有独特的产品或服务。它们可能在工艺、技术、配方或原料方面拥有独到之处，能够满足消费者的特殊需求。以地方特色工艺品企业为例。企业利用当地独特的原材料和传统工艺，生产出具有鲜明地域特色和文化内涵的产品，在市场上具有较高的辨识度。

新颖化："新"突出了企业的创新能力。这些企业通过持续的技术创新、产品创新或业务模式创新来保持市场竞争力。例如，一些互联网科技企业不断推出新的应用功能或服务模式，满足用户日益变化的需求；某些制造业企业加大研发投入，开发出具有自主知识产权的新材料或新技术。

（二）专精特新中小企业的作用

推动经济增长：专精特新中小企业凭借持续创新，在技术、产品设计等多个方面实现突破。以专精特新电子企业为例，企业研发出新型芯片制造工艺，大幅提升了芯片性能，不仅满足了国内高端电子设备制造需求，减少了进口依赖，还凭借产品优势打入国际市场，带动相关产业链发展，创造大量产值，从多环节为经济增长注入强劲动力。同时，企业通过提高产品质量，树立良好品牌形象，拓展市场份额，拉动上下游产业协同发展，成为经济持续健康发展的关键力量。

促进就业：中小企业一直是吸纳就业的主力军，专精特新中小企业更是如此。这类企业发展迅速，业务拓展需求催生了大量不同层次的岗位。例如，一家专注智能制造的专精特新企业，随着技术升级和产能扩张，不仅开设了大量研发、编程等高端技术岗位，还因生产规模扩大，创造了众多装配、调试等技能型岗位，且企业注重员工培训与职业发展，有效提高了就业质量，极大缓解了就业压力。

推动产业升级：专精特新中小企业积极投身技术创新，开发前沿技术。例如，某新材料专精特新企业研发出高性能复合材料，促使航空航天、汽车制造等产业产品实现轻量化及性能提升。在管理方面，引入精益生产、数字化管理等先进模式，优化生产流程，提高产业整体运营效率，推动产业结构从传统向高端化、智能化转型，全方位提升产业竞争力。

增强经济韧性：专精特新中小企业深耕细分领域，它们提供的产品和服务独具特色，凭借差异化优势在市场中站稳脚跟，积累起相对稳定的客户群体。当经济出现波动时，部分专精特新企业凭借长期沉淀的技术优势，能够迅速对既有技术进行适应性调整与创新应用。在经济下行压力下，众多此类专精特新企业以其独特的生产能力和供应链协同能力，稳固上下游产业衔接，稳定产业链供应链，为宏观经济增添韧性，推动经济在复杂环境中稳健发展。

（三）专精特新中小企业的优势

技术创新优势：专精特新中小企业高度重视技术创新，具有较强的研发能力和技术实力。它们持续投入资源进行研发活动，不断推出新产品、新技术，以适应市场的变化和消费者的新需求。例如，某些生物科技专精特新企业每年将大量资金投入到新药研发中，不断取得新的医药成果。

市场竞争优势：由于专注于特定领域或细分市场，这些企业能够打造更加专业化、个性化的产品或服务，在满足消费者多样化需求方面具有独特的优势，从而在市场中占据较强的竞争力和较大的市场份额。比如，定制化旅游服务企业，能够根据客户的特殊需求规划个性化的旅游线路和提供独特的服务体验。

品牌优势：通过精耕细作和精细化运营，专精特新中小企业能够建立起自己的专业形象和品牌价值。它们在目标客户群体中树立了较高的品牌知名度和认可度，赢得了消费者的信任和忠诚。

融资优势：专精特新中小企业因其展现出的卓越发展前景与盈利能力，更容易获得投资者的青睐及资金支持。借助融资手段，这些企业能够实现生产规模的扩大以及市场竞争力的提升。

二、数字经济与专精特新中小企业高质量发展的内在联系

专精特新中小企业聚焦于核心业务，具备专业化生产、精细化管理、特色化产品和新颖化技术等优势。对于专精特新中小企业而言，高质量发展意味着在保持自身专业特色的基础上，实现经济效率的提升、创新能力的提高、产品和服务质量的优化、市场竞争力的增强以及可持续发展能力的巩固。这要求企业在技术创新、管理水平、人才培养等方面不断突破，同时在资源利用效率、环境保护等社会责任方面达到更高标准。

数字经济为专精特新中小企业的高质量发展赋予新的技术手段和发展模式。大数据技术帮助企业精准把握市场需求，优化产品研发与生产；人工智能和物联网技术实现了生产过程的智能化、自动化，提高了生产效率和产品质量；云计算为企业提供低成本、高灵活性的计算资源和数据存储服务，降低了企业信息化建设的成本。同时，作为数字经济发展的微观主体，专精特新中小企业对数字技术的应用和创新实践，也为数字经济的发展开拓了丰富的应用场景，提供了强劲动力，二者相互赋能、协同发展。

三、数字经济赋能专精特新中小企业高质量发展面临的挑战

技术与资金瓶颈：数字技术的研发和应用需要大量资金和技术人才的支持。然而，专精特新中小企业规模相对较小，资金实力有限，难以承担高昂的数字化转型成本。同时，由于企业吸引力不足，在引进和留住数字技术人才方面面临困难，导致企业数字技术应用能力受限，数字化转型进程受阻。

人才短缺问题：在数字经济时代，企业对既懂数字技术又懂业务的复合

型人才需求日益迫切。但由于薪酬待遇、发展空间等方面的限制，专精特新中小企业难以吸引和留住这类人才。人才短缺不仅影响了企业数字技术的应用和创新，还制约了企业数字化转型的战略规划和实施。

数据安全与隐私保护风险：随着数字技术的广泛应用，企业数据量急剧增加，数据安全和隐私保护成为亟待解决的问题。专精特新中小企业在数据安全管理方面相对薄弱，缺乏完善的数据安全防护体系和管理制度，容易遭受数据泄露、网络攻击等安全威胁，给企业带来经济损失和声誉损害。

数字鸿沟与区域发展不平衡：不同地区的专精特新中小企业在数字经济发展水平上存在较大差距。东部发达地区企业数字技术应用程度较高，而中西部地区企业数字化转型相对滞后。这种数字鸿沟进一步加剧了区域经济发展不平衡的问题，不利于全国范围内专精特新中小企业的协同发展。

四、数字经济赋能专精特新中小企业高质量发展的应对路径

（一）生产运营与创新管理优化

物联网与大数据技术应用：专精特新中小企业应充分利用物联网技术，实现生产设备的互联互通，实时监控设备运行状态，及时发现并处理设备故障或生产异常，以提高生产效率；同时，借助大数据分析技术，深入挖掘生产数据，优化生产流程，降低生产成本，并根据市场需求预测，合理安排生产计划。

库存管理的数字化转型：企业应利用大数据技术，对市场需求进行精准预测，从而实现更加精细化的库存控制。这种预测应综合考量历史销售数据，以及市场趋势、季节性因素、消费者行为等多维度信息。通过这种全面的数据分析，企业能够有效地减少库存积压，避免过多的库存占用过多的资金，从而提高资金的周转率。

创新决策支持与技术赋能：企业应借助大数据获取市场动态、技术趋势和竞争对手信息，为创新决策提供依据；引入云计算和人工智能技术，开展虚拟研发和模拟实验等活动，降低创新成本和风险，加速新产品研发进程。

协同创新平台的构建：企业应建设数字平台，与高校、科研机构以及产业链上下游企业进行协同创新，整合各方资源，提高创新效率，推动技术升级和产品创新。

（二）市场拓展与供应链协同提升

互联网与电子商务平台应用：企业应利用互联网和电子商务平台，突破地域限制，展示产品和服务，吸引全球范围内的潜在客户，拓宽销售渠道，增加市场份额。

数字营销精准定位：企业应运用搜索引擎优化、社交媒体营销等数字营销手段，精准定位目标客户群体，提高品牌知名度和产品销量。

产业链协同合作：企业应借助数字经济，推动产业链上下游企业之间的信息共享和协同合作，更好地融入产业链，拓宽市场空间。

数字化供应链管理系统建立：企业应建立数字化供应链管理系统，与供应商、经销商之间实现信息实时共享，快速适应市场变化，优化供应链流程。

物联网与大数据在供应链中的应用：企业应利用物联网技术，实现对物流的实时跟踪和监控，提高物流配送的效率和准确性；利用大数据分析，优化供应链布局，降低供应链成本。

（三）加强技术创新与人才培养

加大技术研发投入：政府应加大资金支持力度，设立专项研发基金，支持专精特新中小企业开展关键核心技术攻关，并引导社会资本涌入数字技术创新领域。

促进技术合作与共享：搭建数字技术合作平台，加强专精特新中小企业与高校、科研机构及大型企业之间的技术合作与交流，鼓励企业共享数字技术创新成果，以降低技术创新成本。

加强人才培养体系建设：高校和职业院校应根据市场需求调整专业设置，加强数字技术相关专业建设，培养适应数字经济发展的复合型人才，并与企业合作建立实习实训基地，提高人才培养的针对性和实用性。

完善人才引进与激励机制：政府和企业应制定优惠政策，吸引数字技术人才流向专精特新中小企业，并建立人才激励机制，对在数字技术应用和创新方面做出突出贡献的人才给予奖励。

（四）进一步完善数据安全与隐私保护

在数据安全管理方面，专精特新中小企业应建立健全数据安全管理制度，明确数据安全责任，加强数据访问控制，并采用数据加密等安全措施，确保数据的安全。同时，企业应定期开展数据安全培训，增强员工的数据安全意识和防范能力，确保数据在存储、传输和处理过程中的安全。

在数据安全技术研发与应用方面，企业和科研机构应加大投入，鼓励安全技术创新。研发新的数据加密技术、数据备份与恢复技术以及网络安全防护技术等，以应对日益复杂的网络安全威胁。同时，积极推广应用先进的数据安全技术和产品，提高整体的数据安全水平。

（五）进一步促进区域协调发展

在区域数字基础设施建设方面，政府应加大对中西部地区数字基础设施的投入，提高网络覆盖率和质量。例如，在中西部地区加大 5G 基站建设力度，推动云计算、大数据中心等数字基础设施的共建共享，降低企业数字化转型的成本。通过这种方式，多个企业可以共同使用一个云计算中心，共同分担建设成本，从而减轻单个企业的经济负担。

在实施区域差异化政策方面，政府应根据不同地区的经济发展水平和产业特点，制定差异化的数字经济发展政策。对于数字化转型滞后的地区，应给予更多的政策扶持和资金支持。例如，为中西部地区的专精特新中小企业提供额外的数字化转型补贴，激励这些企业加快数字化转型的步伐。这些措施可以有效促进区域协调发展，缩小地区间的发展差距。

第十一章　以新质生产力引领企业
高质量发展

本章从新质生产力的内涵与当代价值入手，探讨其对企业高质量发展的影响，并分析新质生产力背景下企业高质量发展的着力点。本章可以为企业在新时代背景下实现高质量发展提供理论支持与实践方向。

第一节　新质生产力的内涵与当代价值

在当今科技迅猛发展、全球经济一体化的时代背景下，生产力作为推动社会进步的核心力量，正经历着深刻的变革。其中，新质生产力作为一种崭新的生产力形态，凭借其独特的优势和广阔的应用前景，引起了社会各界的广泛关注。

一、新质生产力的内涵

新质生产力并非凭空产生，而是伴随着科技的进步和生产关系的变革而逐步形成。它突破了传统生产力的局限，融入了更多元化的生产要素和创新理念，成为推动社会经济发展的重要引擎。

（一）以技术创新为核心

技术创新是新质生产力的核心驱动力。随着科技的不断进步，传统的生产方式已难以满足现代社会的需求。新质生产力通过引入先进的生产技术和管理模式，实现了生产效率的显著提升。

新质生产力的创新理念不局限于技术层面，还涵盖了管理创新、服务创新等多个方面。通过整合资源、优化流程、提升服务质量和客户体验等，新质生产力致力于打造一个全方位的创新生态系统。

在管理创新方面，新质生产力采用现代化的管理工具和方法，如大数据分析、云计算等，以实现更高效的决策过程和更精准的市场定位。同时，它倡导开放、透明的管理文化，鼓励员工参与决策，增强团队合作精神，从而提高整个组织的灵活性和适应速度。

服务创新也是新质生产力的重要组成部分。通过不断探索客户需求，新质生产力能够提供更加个性化、差异化的服务，以满足不同客户群体的特定需求。这种以客户为中心的服务创新，不仅提高了客户满意度和忠诚度，也为企业的可持续发展奠定了坚实的基础。

（二）知识与数据驱动

随着互联网技术的飞速发展以及大数据技术的不断进步，企业能够更加轻松地获取并处理海量的数据信息。通过对这些数据进行深入的分析和挖掘，企业能够更加精准地把握市场需求和竞争态势，从而制定出更加科学、合理的发展战略。

与此同时，企业也开始重视培养员工的数据素养和分析能力。企业通过开展各种培训和教育活动，使员工能够熟练掌握各种数据分析工具和方法，进而提高数据处理和分析的效率和准确性。这不仅有助于企业更好地利用数据资源，还能实现决策的科学化和智能化。

除此之外，新质生产力还特别强调知识的共享和传播。企业通过建立知识管理系统和交流平台，促进员工之间的知识交流和共享，从而提高整个组织的知识水平和创新能力。这种知识的共享和传播机制，不仅能够激发员工的创造力，还能够促进团队协作，为企业的持续发展注入新的活力。

（三）绿色可持续发展

新质生产力秉承绿色发展理念，注重环境保护和资源节约。在追求经济效益的同时，更加注重生态效益和社会效益的平衡。同时，新质生产力还注重培养员工的环保意识和责任感，通过宣传教育和实践活动，使员工认识到环境保护的重要性，并积极参与环保工作。这有助于形成良好的企业文化和社会氛围，推动社会的可持续发展。

此外，新质生产力还倡导绿色消费，鼓励消费者选择环保产品和服务，从而推动市场对绿色产品的需求。这种方式可以进一步促进企业生产更多符合可持续发展要求的产品，形成良性循环：生产推动消费，消费引导生产，共同促进绿色经济的发展。

在政策层面，新质生产力支持政府制定和实施更加严格的环保标准，确保企业在生产过程中遵守环境保护的相关政策。同时，政府还应出台相应的激励措施，比如税收减免、财政补贴等，鼓励企业采取绿色生产方式。这些措施可以有效地推动整个社会向绿色可持续发展的方向迈进。

（四）跨界融合与协同创新

随着科技的不断进步和市场需求的日益多样化，跨界融合和协同创新已经成为新质生产力的重要特点。不同行业的企业之间、科研机构、高校等应建立合作关系，共同开展技术研发和创新活动，实现资源共享和优势互补。这种跨界融合和协同创新不仅有助于企业拓宽业务领域和市场空间，还有助于提升企业的创新能力和竞争力。同时，它也有助于推动整个社会的科技进步和产业升级。

在当前的经济环境下，跨界融合和协同创新已经成为企业发展的必然趋势。这一趋势促使企业必须打破传统的行业壁垒，与不同领域的合作伙伴携手合作，共同探索新的商业模式和技术路径。

通过跨界融合，企业能够获得新的知识和技能，从而在激烈的市场竞争中保持领先地位。而协同创新则能够加速技术的迭代和产品的更新，为企业带来持续的竞争优势。

二、新质生产力的当代价值

（一）推动经济高质量发展与社会效益改善

新质生产力作为一种先进的生产力形态，具有显著的经济价值。它通过技术创新与知识驱动，提高生产效率与产品质量，同时降低生产成本与市场风险、使企业在激烈的市场竞争中能够占据有利地位，实现可持续发展。同时，新质生产力亦重视绿色发展理念的贯彻与实施。通过采纳环保技术与循环经济模式，企业不仅减少了环境污染与资源消耗，还实现了经济效益与环境效益的双赢。这种绿色发展模式符合当前全球可持续发展的趋势与要求，有助于推动经济的绿色转型与高质量发展。此外，新质生产力还推动了产业结构的优化与升级。通过跨界融合与协同创新，企业能够开拓新的业务领域与市场空间，形成新的经济增长点。这有助于突破传统产业的束缚与限制，推动产业向更高层次、更广领域发展。

新质生产力不仅关注经济效益的提升，还注重社会效益的改善。它提供了更多的就业机会和更好的工作条件，有助于缓解社会就业压力和缩小贫富差距。同时，新质生产力还注重培养员工的综合素质和创新能力，提升了整个社会的教育水平和文化素养。

（二）引领科技创新与产业变革

新质生产力是科技创新和产业变革的重要驱动力。它凭借不断的技术创新和管理创新，推动生产方式变革和产业结构优化升级。同时，新质生产力还促进新兴产业的培育和发展，为经济增长注入新的活力。

此外，新质生产力还引领了消费模式的变革。随着新技术的应用和新产品的推出，消费者的需求和偏好发生了显著变化。这促使企业不断创新产品和服务，以满足消费者的个性化需求。这种显著消费模式的变革不仅推动了经济的发展，也丰富了人们的生活。

（三）应对全球性挑战与危机

在全球化日益深入的今天，各国之间的联系愈发紧密，全球性挑战和危机也愈发凸显。新质生产力作为一种先进的生产力形态，具有应对全球性挑战和危机的能力。

首先，新质生产力注重绿色发展理念的贯彻实施。通过采用环保技术和循环经济模式，企业能够减少对环境的污染和资源的消耗，为全球环境保护做出贡献。同时，新质生产力还推动清洁能源和可再生能源的发展和应用，为应对气候变化提供有力支持。

其次，新质生产力还注重培养员工的全球视野和国际合作能力。通过跨国合作和技术交流，企业能够更好地适应全球市场的变化和挑战，提升国际竞争力，同时推动全球经济共同发展。

最后，新质生产力还引领全球产业链的重构和优化。在全球化背景下，各国之间的产业分工日益明确。新质生产力通过技术创新和管理创新，推动全球产业链向更高层次、更广领域发展，打破贸易壁垒和保护主义，促进全球经济的开放与合作。

第二节　新质生产力对企业高质量发展的影响

一、提升企业核心竞争力

新质生产力在专精特新中小企业的发展进程中扮演着极为关键的角色，有力推动了企业数字化的转型。以数字化转型为依托，企业借助大数据、人工智能等先进技术，实现了生产流程的精细化管理、供应链的高效协同以及产品研发的精准定位，进而为企业实现高质量发展筑牢根基。[①]同时，新质生产力亦致力于培养员工的创新能力和综合素质，为企业的持续发展注入了源源不断的创新活力。这些员工不仅拥有坚实的专业知识和技能，还具备卓越的创新意识和团队合作精神，为企业发展贡献了力量。

此外，新质生产力亦强调绿色可持续发展理念，促使企业在追求经济效益的同时，更加重视环境保护和资源节约。这种绿色发展理念不仅增强了企业的社会责任感，亦为企业开拓了更广阔的市场机遇，并赢得了客户的信任。

二、优化企业资源配置

在当今的商业环境中，新质生产力通过运用数据分析和智能化管理手段，使企业能够更加精准地把握市场动态和内部运营情况。这种精准把握有助于企业优化资源配置，提高生产效率并降低成本。

具体来说，企业可以通过数据分析了解市场需求的变化趋势和消费者行为特点，从而制定出更加科学合理的市场策略和产品规划。同时，企业还可以利用智能化管理系统对生产流程进行实时监控和优化，减少浪费和延误，提高生产效率。

此外，新质生产力还注重跨界融合和协同创新，促使企业能够与其他行业的企业、科研机构等建立紧密的合作关系。这种合作关系有助于企业获取更多的外部资源和支持，实现资源共享和优势互补。

通过这些方法，企业不仅能够提升自身的竞争力，还能够在激烈的市场竞争中脱颖而出，实现可持续发展。

---

① 黄茜，周克明，姚群，等．新质生产力如何驱动企业高质量发展：基于企业数字化转型视角［J］．荆楚理工学院学报，2025，40（1）：16-22．

三、促进企业国际化发展

在全球化的背景下，国际化发展已成为企业的重要战略方向之一。新质生产力是企业推动国际化发展的重要支撑和保障。

首先，新质生产力依托技术创新和知识驱动，使企业具备了与国际先进企业竞争的实力和能力。这些企业不仅拥有先进的生产技术和设备，还具备强大的研发能力和创新能力，能够不断推出具有国际竞争力的产品和服务。

其次，新质生产力还注重培养员工的国际化视野和跨文化沟通能力。这些员工不仅具备扎实的专业知识和技能，还了解国际市场的运作规则和文化差异，能够帮助企业更好地适应国际市场的需求，应对国际挑战。

最后，新质生产力还为企业了提供更加便捷的国际贸易渠道和平台。通过电子商务、跨境电商等新型贸易方式，企业可以更加高效地拓展国际市场，实现产品的全球销售和服务。

第三节　新质生产力下企业高质量发展的着力点

在当今科技迅猛发展、全球经济一体化的大背景下，企业面临着前所未有的机遇与挑战。新质生产力作为一种新兴的生产力形态，凭借其独特的优势和广阔的应用前景，成为推动企业高质量发展的关键因素。

新质生产力强调技术创新、知识驱动、绿色发展和跨界融合等多元化的发展理念。这些理念不仅为企业提供了新的发展思路，也为企业实现高质量发展指明了方向。在新质生产力的推动下，企业需要重新审视自身的发展战略和运营模式，以适应新时代的发展要求。

同时，新质生产力还注重培养员工的创新能力和综合素质。通过提供良好的工作环境和激励机制，新质生产力能够激发员工的创造力和潜能，为企业的高质量发展提供源源不断的动力。此外，新质生产力还强调企业社会责任的重要性。企业在追求经济效益的同时，需要关注环境保护、社会公益等方面的问题，以实现经济效益和社会效益的双赢。[①]

---

① 赵栩赢.新质生产力对企业高质量发展的影响研究［J］.经济师，2024（10）：281-282.

一、创新驱动——企业高质量发展的研发投入

研发投入是企业技术创新不可或缺的基础。为了在激烈的市场竞争中保持技术领先，企业应当建立健全的研发体系，设立专门的研发部门或实验室，并配备先进的研发设备和仪器。此外，企业还应根据市场需求和技术发展趋势，制订合理的研发计划和预算，确保研发工作的顺利进行，从而推动企业技术持续创新和产品不断升级。

在进行研发投入时，企业应注重以下几个方面：首先，加强基础研究，深入探索前沿科技领域的发展方向和趋势，为企业的长远发展奠定坚实的科技基础；其次，注重应用研究，将研究成果转化为实际应用，解决生产过程中的实际问题，提高生产效率和产品质量；最后，加强产学研合作，与高校、科研机构等建立紧密的合作关系，共同开展技术研发和创新活动，通过资源共享和优势互补，加速科技成果的转化和应用，推动整个行业的技术进步。

二、绿色发展——企业高质量发展的必然选择

在新质生产力的推动下，绿色发展已成为企业高质量发展的必然选择。

（一）采用环保技术

环保技术是企业实现绿色发展的重要手段。企业应积极引进和研发环保技术，如废水处理技术、废气处理技术、固体废物处理技术等，以减少生产过程中的污染物排放。

在采用环保技术方面，企业应注重以下几个方面：一是了解国内外先进的环保技术和发展趋势，选择适合自身生产需求的环保技术；二是加强技术研发和创新能力，不断提升环保技术的水平和应用效果；三是注重环保设备的选型和安装调试工作，确保环保设备正常运行并稳定发挥效用。

（二）推行循环经济模式

循环经济模式是一种以资源高效利用和循环利用为核心的经济发展模式。企业应通过优化生产流程、提高资源利用率、减少废弃物排放等措施，实现资源的循环利用和再生利用。

在推行循环经济模式时，企业应注重以下几个方面：一是建立完善的资源管理体系，对原材料、能源等进行精细化管理，以减少浪费和损失；二是加强废弃物回收和处理工作，建立废弃物分类、回收、处理和再利用的完整

链条；三是积极探索新的商业模式和合作模式，与上下游企业建立紧密的合作关系，共同推动循环经济的发展。

（三）加强环境管理和监督

环境管理和监督是企业实现绿色发展的重要保障。企业应建立健全的环境管理体系和监督机制，确保各项环保措施得到切实执行。

在环境管理和监督方面，企业应注重以下三个方面：一是制定完善的环境管理制度和操作规程，明确各部门和人员的职责和权限；二是加强环境监测和检测工作，及时发现并处理问题；三是接受政府和社会的监督和检查，积极配合相关部门的调查和处理工作。

三、跨界融合——企业高质量发展的新路径

拓展业务领域：跨界融合为企业带来了拓宽业务领域的新机遇。不同行业之间的企业可相互合作，进入新的市场领域，实现业务的多元化发展。在拓展业务领域方面，企业应注重以下三个方面：一是了解市场需求和行业发展趋势，选择具有潜力的市场领域进行拓展；二是评估自身的资源和能力，确保能够满足新业务领域的需求；三是加强与合作伙伴的沟通和协作，共同开拓市场。

整合资源优势：跨界融合为企业搭建了整合资源优势的新平台。在整合资源优势方面，企业应注重以下三个方面：一是识别各方的资源和能力优势，明确合作的目标和任务分工；二是建立有效的沟通机制和协调机制，确保各方能够充分发挥各自的优势；三是加强知识产权保护和风险管理，确保合作过程中的合法权益得到保障。

创新商业模式：跨界融合为企业提供了创新商业模式的新思路。不同行业之间的企业可相互合作，探索新的商业模式和盈利模式，提升企业的竞争力和市场影响力。在创新商业模式方面，企业应注重以下三个方面：一是关注市场变化和消费者需求，寻找新的商业机会和增长点；二是借鉴其他行业的成功经验和做法，结合自身实际情况进行创新和改进；三是加强品牌建设和营销推广，提升企业的知名度和美誉度。

四、人才培养与激励——企业高质量发展的关键支撑

在新质生产力的推动下，人才培养与激励成为企业高质量发展的核心支

撑。企业必须高度重视人才的培养和激励工作，为员工创造良好的工作环境和广阔的成长机会。

（一）完善人才培养体系

为了确保企业高质量的发展，完善的人才培养体系是不可或缺的重要保障。企业需要根据自身的发展战略以及业务需求，精心制订出完善的人才培养计划和课程设置，以满足企业未来发展的需求。

在完善人才培养体系的过程中，企业应当着重关注以下几个关键方面：首先，明确人才培养的目标和定位，确保人才培养计划与企业的长远战略目标保持一致，为企业的可持续发展提供坚实的人才保障；其次，加强师资队伍的建设，积极聘请既拥有丰富实践经验又具备深厚专业知识的讲师来进行授课，以提升教学质量和效果；最后，注重实践教学环节的设计和实施，通过实践教学来提高学生的实际操作能力和解决问题的能力，使他们能够更好地适应未来的工作环境。

（二）加强人才激励机制建设

一个有效的人才激励机制对于激发员工的工作热情和创新动力具有至关重要的作用。企业应当建立科学合理的薪酬、福利制度和晋升机制，为员工提供良好的职业发展路径，从而吸引并留住优秀人才。

在加强人才激励机制建设的过程中，企业需要特别注意以下几个方面：首先，深入了解员工的需求和期望，根据员工的实际情况制定出符合他们需求的激励措施，以提高员工的满意度和忠诚度；其次，注重激励措施的公平性和透明度，确保激励机制的公正性和有效性，让员工感受到公平竞争的氛围；最后，加强对激励效果的评估和反馈，及时收集员工对激励措施的意见和建议，并根据反馈结果调整和完善激励措施，确保激励机制能够持续发挥有效作用。

（三）营造良好的企业文化氛围

一个良好的企业文化氛围对于吸引和留住优秀人才至关重要。企业应当致力于培养员工的归属感和认同感，营造出积极向上、团结协作的文化环境。这种环境不仅能够激发员工的工作热情，还能促进员工之间的相互支持与合作，进而提升整个组织的效率和创新能力。

为了营造出良好的企业文化氛围，企业需要从多个方面入手。首先，应当加强企业文化的宣传和推广，确保每一位员工都能够深入了解和认同企业的核心价值观和使命。其次，企业需要注重员工的关怀和福利保障，通过提供具有竞争力的薪酬福利、健康的工作环境以及个人成长的机会，提高员工的满意度和忠诚度。最后，企业还应当加强团队建设和沟通协作能力的培养，通过定期组织团队建设活动和建立有效的沟通机制，提高团队的凝聚力和战斗力，确保团队成员能够齐心协力，共同面对和解决工作中的挑战。

五、国际化战略——企业高质量发展的新舞台

在新质生产力的推动下，国际化战略成为企业高质量发展的新舞台。企业需要积极参与国际竞争与合作，拓宽海外市场，提升国际竞争力。

（一）加强国际市场调研与分析

国际市场调研与分析是企业制定国际化战略的重要前提。企业需要深入了解目标市场的政治、经济、文化、法律等方面的情况，评估市场潜力和风险。这不仅包括对目标市场宏观经济环境的分析，还涉及对消费者行为、竞争对手状况以及行业发展趋势的深入研究。通过这些调研与分析，企业能够更好地识别市场机会，规避潜在风险，从而制定出更加精准和有效的国际化战略。

在加强国际市场调研与分析方面，企业应注重以下几个方面。首先，建立专业的市场调研团队，负责收集和分析目标市场的相关信息，包括但不限于市场数据、消费者偏好、竞争对手动态等。其次，采用多种调研方法相结合的方式，如定量研究与定性研究相结合，确保信息的准确性和全面性。这可能包括在线调查、深度访谈、焦点小组讨论以及市场实验等多种手段。最后，加强与行业协会、咨询公司等机构的合作与交流，获取更多市场信息和专业建议，帮助企业在复杂多变的国际环境中做出明智的决策。

（二）制定科学的国际化战略规划

科学的国际化战略规划是企业实现国际化发展的关键。企业需要根据自身的资源和能力状况，制定切实可行的国际化战略规划。这不仅涉及对全球市场的深入理解，还包括对国际竞争环境的准确把握，以及对自身核心竞争力的清晰认识。企业科学国际化战略规划的内容如下：

首先，明确国际化发展的目标和定位，确保战略规划与企业的发展战略相一致，这有助于企业在国际舞台上找到自己的位置，并制订出符合长远利益的行动计划。

其次，制定详细的市场进入策略和营销策略，确保在目标市场取得成功。这包括对目标市场的文化、消费习惯、法律法规等进行深入研究，以及制订出适应当地市场的营销方案。

最后，加强国际化人才的培养和引进，为国际化发展提供有力的人才保障。因为人才是企业国际化进程中的关键因素，他们不仅需要具备专业知识和技能，还需要有跨文化沟通和适应能力。

（三）加强国际合作伙伴关系建设

在当今全球化的商业环境中，国际合作伙伴关系对于企业实现国际化发展的宏伟蓝图起着至关重要的作用。企业必须与目标市场的合作伙伴携手合作，通过建立紧密的合作关系，共同开拓市场，实现双方的共同利益。

为了加强国际合作伙伴关系的建设，企业应着重考虑以下几个关键方面：首先，在选择合作伙伴时，企业应寻找具有良好商业信誉和强大实力的伙伴，这样的伙伴能够为合作带来稳定性和可靠性；其次，建立有效的沟通机制和协调机制，这能够确保双方在合作过程中顺畅沟通和协作，及时解决可能出现的问题；最后，企业还应注重合作双方的利益平衡和风险共担，通过合理的利益分配和风险控制，确保合作长期稳定地发展，从而实现双方共赢。

第十二章 企业质量治理促进高质量发展的研究

本章从企业质量治理的作用入手，分析其在高质量发展过程中面临的困境，并探讨促进高质量发展的路径。本章可以为企业提升质量管理水平、实现高质量发展提供理论依据与实践方案。

第一节 企业质量治理促进高质量发展的作用

高质量发展是新时代中国经济发展的核心主题，是实现经济可持续增长、提升国家竞争力和满足人民日益增长的美好生活需要的必然要求。在当今经济发展格局中，高质量发展已成为时代的主旋律。企业是经济活动的关键主体，其质量治理对高质量发展意义深远。企业质量治理是指企业通过建立和实施一系列质量管理体系、制度和措施，确保产品和服务质量达到预期标准，满足顾客需求，进而提升企业竞争力的过程。企业质量治理在推动高质量发展中具有多方面的重要作用，具体体现在以下几个方面。

一、企业质量治理为推动质量变革奠定基础

企业作为市场经济的微观构成单元与落实质量变革的市场主体，是驱动质量变革的关键力量。企业质量治理为质量变革筑牢根基，主要体现在以下多个层面。

强化企业质量意识：质量意识是企业开展质量治理的根本前提。缺乏质量意识的企业往往会忽视自身经济活动带来的负面外部效应，如环境污染、资源浪费等。这些行为不仅阻碍企业的长远发展，更与高质量发展的理念背道而驰。通过质量治理工作，企业能够有效增强质量意识，培育积极的质量文化，使企业管理层与员工深刻认识到质量的重要价值，从而在日常工作中重视质量控制与管理工作。

健全质量管理体系：企业质量治理是实现质量变革的有效途径。借助质量治理手段，企业能够对生产过程中的各个环节进行质量评估，及时发现潜在的质量问题，并制定相应的整治策略。健全的质量管理体系能够明确企业的质量目标，落实质量责任，从源头上保障产品和服务的质量。例如，企业可以引入国际先进的质量管理体系，如ISO9001[①]，并运用质量控制工具，如六西格玛管理[②]，以提升企业的质量管理水平。

提升产品和服务品质：高品质的产品和服务是质量变革的直观体现。通过质量治理，企业能够对原材料采购、生产制造、产品检测等环节实施严格管控，确保产品和服务的质量符合高标准要求。与此同时，企业还能够借助质量技术创新，研发出更具市场竞争力的产品和服务，满足市场对高质量产品的需求。

二、企业质量治理是推动企业高质量转型的有效手段

我国经济已从高速增长阶段迈入高质量发展阶段，企业面临着转型升级的巨大压力。传统的粗放式增长模式已无法满足市场需求，企业必须通过质量治理来实现高质量转型。企业质量治理是推动高质量转型的有效手段，主要体现在以下几个方面．

推动企业技术创新：技术创新是企业高质量转型的核心动力。通过质量治理，企业能够更好地识别市场需求，优化资源配置，加大对技术研发的投入。高质量治理能够激励企业开展质量技术创新，开发出更具竞争力的产品和服务。

提升企业品牌形象：高质量的品牌形象是企业在市场竞争中的重要优势。

---

① ISO9001：ISO9001 标准最早于 1987 年发布。此后，该标准进行了多次修订，各版本的发布时间如下：

● ISO9001:1994：1994 年发布，该版本将质量管理体系从仅依赖最终检验的"补救"系统转变为贯穿制造／服务交付全过程的检验系统，即"预防"系统。

● ISO9001:2000：2000 年发布，旨在简化流程和相关文件，让高级管理层参与进来，使质量管理贯穿整个组织，并引入绩效指标，将持续改进和客户满意度作为标准的重点。

● ISO9001:2008：2008 年发布。此版本没有新要求，主要是更清晰的说明，并且与 ISO 14001 环境管理体系更加一致。

● ISO9001:2015：2015 年 9 月 23 日发布，并在 2017 年实施。该版本强调将基于风险的思维与过程方法相结合，更加注重与其他标准的整合，对绩效的关注程度更高，还将沟通作为标准的关键特征之一，并且不再设置质量代表。

② 六西格玛管理：一种基于数据和统计分析的管理方法，旨在通过减少过程变异，提高产品和服务的质量，降低成本，增强企业竞争力。

通过质量治理，企业能够提升产品和服务的质量，塑造良好的品牌形象，提高消费者对品牌的信任度和忠诚度。例如，海尔集团通过持续的质量治理和品牌建设，已成为全球知名的家电品牌，其产品和服务以高品质赢得了消费者的广泛认可。

三、企业质量治理有助于提升企业竞争力

在市场竞争日益激烈的今天，企业的竞争力不仅取决于产品和服务的质量，还取决于企业的质量治理能力[①]。高质量治理能够帮助企业提升竞争力，主要体现在以下几个方面。

提高产品质量和服务水平：高质量的产品和服务是企业赢得市场竞争的关键。通过质量治理，企业能够对生产过程中的各个环节进行严格把控，确保产品和服务的质量符合高标准要求。这样的产品和服务能够满足消费者的需求，提高消费者对品牌的信任度和忠诚度，从而提升企业的市场竞争力。

降低企业运营成本：质量治理能够帮助企业优化生产流程，减少生产过程中的浪费和次品率，从而降低运营成本。例如，通过引入精益生产管理方法，企业能够实现生产过程的精细化管理，提高生产效率，降低生产成本。

提升企业抗风险能力：高质量治理能够帮助企业识别和应对各种风险，提升企业的抗风险能力。通过质量治理，企业能够建立完善的风险管理体系，对生产过程中的潜在风险进行识别和评估，并制定相应的应对措施。例如，企业可以建立质量追溯体系，对产品生产过程中的各个环节进行追溯，一旦出现质量问题，能够及时采取措施进行处理，减少损失。

四、企业质量治理有助于提升企业社会责任感

企业作为社会的一部分，其经营活动不仅影响自身的发展，还影响社会的可持续发展。高质量治理能够帮助企业更好地履行社会责任，主要体现在以下几个方面。

促进环境保护：高质量治理要求企业在生产过程中高度重视环境保护，致力于减少污染物排放，提高资源利用效率。通过质量治理，企业能够采用环保型生产工艺和设备，降低生产过程中的能源消耗和污染物排放，实现绿色发展。

---

① 杨德岗. 推进质量治理助力经济高质量发展：安徽省滁州市扎实开展质量提升行动 [J]. 中国质量监管，2021（4）：55-57.

关注员工权益：高质量治理要求企业关注员工的权益，提供良好的工作环境和福利待遇。通过质量治理，企业能够建立完善的人力资源管理体系，关注员工的职业发展和身心健康，进而提升员工的满意度和忠诚度。

促进社会公平：高质量治理要求企业在经营过程中注重社会公平，遵守法律法规，维护市场秩序。通过质量治理，企业能够建立完善的内部治理机制，确保企业的经营活动符合法律法规要求，促进社会公平和正义。

第二节　企业质量治理促进高质量发展的困境

一、质量管理体系不完善

质量意识淡薄：企业高层对质量治理的认识不足，缺乏长远的质量战略规划，过于追求短期利益，导致质量治理工作难以有效推进。企业员工的质量意识普遍较低，缺乏质量责任感和质量改进的主动性。这主要表现为员工在生产过程中不严格按照操作规程进行操作，对质量问题的敏感度不高，导致产品质量问题频发。

体系文件与实际脱节：企业在建立质量管理体系时，往往存在体系文件与实际操作不符的问题。例如，虽然企业编制的质量手册和程序文件符合标准要求，但在实际操作中却难以执行，使得质量管理体系流于形式。

内部审核流于形式：企业内部审核工作往往存在走过场的现象，未能真正发现和解决质量问题。例如，内部审核员在审核过程中，未能深入现场进行检查，对发现的问题未能提出有效的整改措施，导致质量问题得不到及时解决。

管理评审缺乏有效性：企业高层在进行管理评审时，往往对质量管理体系的运行情况了解不够深入，未能对质量管理体系的适宜性、充分性和有效性进行有效评价。例如，管理评审会议未能对质量目标的完成情况、顾客满意度等关键指标进行深入分析，导致管理评审缺乏实效。

二、质量技术基础薄弱

计量管理不规范：企业在计量管理方面存在诸多问题，这些问题包括但不限于计量器具未按规定进行检定、校准，计量数据不准确等。具体来说，部分企业在生产过程中使用的计量器具未按规定进行定期检定，严重影响了产品的整体质量。

标准化工作滞后：企业在标准化工作方面存在标准更新不及时、标准执行不到位等问题。例如，部分企业未能及时更新国家和行业标准，导致生产过程中所依据的标准滞后，这不仅影响了产品的质量，也可能使企业在市场竞争中处于不利地位。

检验检测能力不足：企业在检验检测方面存在设备陈旧、人员素质不高、检测方法不科学等问题。例如，部分企业的检验检测设备陈旧，无法满足现代质量管理的要求，这导致了检验检测结果的不准确，从而影响了产品的质量。此外，人员素质不高也意味着他们可能缺乏必要的专业知识和技能，无法有效地进行质量控制和改进。

三、供应链质量管理难度大

供应商质量参差不齐：企业在供应链管理中面临的供应商质量水平不一，给质量管理带来了巨大挑战。例如，部分供应商在原材料供应过程中，存在质量不稳定、交货不及时等问题，影响了企业的正常生产。

供应链协同不足：企业在供应链协同方面存在不足，未能与供应商建立有效的质量协同机制。例如，企业在与供应商的合作中，未能及时共享质量信息，导致质量问题无法迅速得到响应和解决。

供应链风险管理不足：企业在供应链风险管理方面存在不足，未能有效识别和应对供应链中的质量风险。例如，企业在供应链管理中，未能对供应商的质量风险进行有效评估和监控，导致质量问题频发。

四、质量创新动力不足与质量人才短缺

（一）质量创新动力不足

创新意识薄弱：企业缺乏质量创新意识，未能将质量创新作为提升企业竞争力的重要手段。例如，部分企业在质量管理中，过于注重传统的质量控制方法，忽视了质量创新的重要性。

创新投入不足：企业在质量创新方面的投入不足，未能为质量创新提供充足的资源支持。例如，部分企业在质量创新方面的资金投入不足，导致质量创新项目难以实施。

创新机制不完善：企业缺乏完善的质量创新机制，未能为质量创新提供良好的制度保障。例如，部分企业在质量创新方面未能建立有效的激励机制，导致员工参与质量创新的积极性不高。

（二）质量人才短缺

专业人才缺乏：企业在质量管理方面缺乏专业的质量管理人员和技术人员。例如，部分企业在质量管理岗位上缺乏具备专业知识和经验的人员，导致质量管理工作难以有效开展。

人才培养机制不健全：企业缺乏完善的质量人才培养机制，未能为员工提供系统的质量培训和职业发展机会。例如，部分企业未能定期组织员工参加质量管理培训，导致员工的质量意识和专业技能水平难以提高。

人才流失严重：企业质量管理人员和技术人员流失严重，影响了质量治理工作的连续性和稳定性。例如，由于待遇不高、职业发展空间有限等原因，部分企业质量管理人员和技术人员流失严重，影响了质量治理工作的有效开展。

第三节　企业质量治理促进高质量发展的路径

在当今竞争激烈的市场环境下，企业质量治理已成为推动高质量发展的核心要素。高质量发展不仅关乎企业的生存与发展，更是企业履行社会责任、提升国家竞争力的关键。通过构建完善的质量管理体系、深化质量文化建设、夯实质量技术基础、优化供应链质量管控以及推动质量创新与人才发展，企业能够全方位提升质量治理水平，实现可持续的高质量发展。

一、构建质量管理体系

（一）引入国际标准

在全球经济一体化的背景下，引入国际先进的质量管理标准是企业提升质量管理水平的重要途径。ISO9001 质量管理体系作为国际通用的质量管理标准，为企业提供了一套系统化的质量管理框架。它涵盖了质量方针的制定、质量目标的分解、过程控制以及内部审核等一系列关键环节。

企业引入 ISO9001 标准后，根据标准要求，可以明确各部门的职责和权限，制定详细的质量方针和目标，并将其分解到各个部门和岗位。同时，建立完善的过程控制体系，对生产过程中的每一个环节进行严格监控和管理。这些措施能使企业的内部管理流程得到极大的规范，质量控制水平显著提升，产品质量稳定性大幅提高，客户投诉率也大幅下降。

（二）实施体系认证

借助第三方认证机构开展质量管理体系认证，是确保质量管理体系有效性与权威性的重要手段。认证过程不仅能够帮助企业发现自身存在的质量问题，还能通过专业的指导和建议，促使企业不断改进和完善质量管理体系。

认证过程通常包括文件审核、现场审核和跟踪审核等环节。在文件审核阶段，认证机构会对企业的质量管理体系文件进行全面审查，确保其符合相关标准和法规的要求。在现场审核阶段，审核员会深入企业的生产现场，对质量管理体系的运行情况进行实地检查和评估，通过与企业员工的交流和沟通，了解质量管理体系在实际工作中的执行情况，发现存在的问题和不足。在跟踪审核阶段，认证机构会对企业整改措施的落实情况进行跟踪检查，确保问题得到有效解决。

获得质量管理体系认证对企业具有多重意义。一方面，它能够提升企业的市场竞争力，提高客户对企业产品和服务的信任度。在市场竞争中，拥有质量管理体系认证证书的企业往往更容易获得客户的青睐，因为这意味着企业具备了稳定的产品质量和可靠的服务能力。另一方面，认证也有助于企业树立良好的企业形象，提升企业的社会声誉。

（三）持续改进体系

质量管理体系并非一成不变，而是需要根据企业的发展需求和市场变化进行不断地评审和改进。持续改进是质量管理的核心原则之一，也是企业实现高质量发展的关键。

企业应建立定期的质量管理体系评审机制，如每年至少进行一次全面的内部审核和管理评审。内部审核主要是对质量管理体系的运行情况进行检查和评估，发现问题和不符合项，并及时采取纠正措施。管理评审则由企业的高层管理者负责，对质量管理体系的适宜性、充分性和有效性进行全面评价，并根据企业战略目标和市场变化，提出改进的方向和措施。

在持续改进过程中，企业应广泛收集并分析内外部信息，包括客户反馈、市场调研、行业动态等。通过对这些信息的分析，企业能够找出质量管理体系中存在的薄弱环节和改进机会。例如，某企业通过分析客户反馈，发现产品在包装方面存在问题，容易导致产品在运输过程中受损。针对这一问题，企业迅速对包装设计进行改进，采用更加坚固和防护性更好的包装材料，有效解决了产品包装问题，提高了客户满意度。

（四）深化质量文化建设

1.树立全员质量意识

质量意识是企业质量文化的核心，确立全员质量意识是推进质量治理工作的根本。企业应采取多种手段，如开展质量培训、举办质量月活动、组织知识竞赛等，以提高员工的质量意识及技能水平。

质量培训是提升员工质量意识与技能的关键途径。企业应依据员工岗位需求及技能水平，制订定制化的培训方案，内容涵盖质量管理基础知识、质量控制策略、质量工具运用等。通过培训，企业能使员工深刻认识到质量管理的重要性，促进他们积极掌握基本的质量管理方法与技能，从而在日常工作中主动关注并控制质量。

质量月活动是企业集中进行质量宣传和质量改进的重要契机。在质量月期间，企业可以组织开展形式多样的活动，如质量主题演讲比赛、质量案例分析会、质量改进成果展示等。通过这些活动，企业能够营造浓厚的质量氛围，激发员工参与质量管理的积极性和主动性。

知识竞赛也是提升质量意识的有效方式。企业可以围绕质量管理相关知识，组织开展知识竞赛活动，鼓励员工积极参与。通过竞赛，企业不仅能够检验员工对质量管理知识的掌握程度，还能激发员工学习质量管理知识的热情，提高员工的质量意识。

2.建立激励与惩罚机制

设立质量奖励制度，对在质量工作中表现突出的员工给予奖励，是激发员工积极性和创造性的重要手段。质量奖励制度应明确奖励的标准、方式和程序，以确保奖励的公平性和公正性。

奖励标准可以根据员工在质量工作中的贡献大小来确定，例如，产品质量提升、质量改进成果显著、有效预防质量事故等。奖励方式可以包括物质奖励和精神奖励，物质奖励如奖金、奖品等，精神奖励如颁发荣誉证书、在表彰大会上表彰等。通过物质奖励和精神奖励相结合的方式，企业能够充分激发员工的积极性和创造性。

同时，企业还应建立相应的惩罚机制，对在质量工作中出现失误或违反质量规定的员工进行惩罚。惩罚机制的建立可以起到警示作用，促使员工更加重视质量工作，严格遵守质量规定。

3. 营造质量文化氛围

通过开展质量文化主题团建活动、营造良好的质量文化氛围，企业能够增强企业凝聚力和向心力。质量文化主题团建活动可以结合企业的实际情况和员工的兴趣爱好来设计，如质量文化拓展训练、质量文化主题晚会等。

在质量文化拓展训练中，通过团队合作的方式，企业能够让员工在实践中体会质量管理的重要性，培养员工的团队合作精神和质量意识。在质量文化主题晚会中，通过文艺表演、质量故事分享等形式，企业能够传播质量文化，提高员工对质量文化的认同感和归属感。

此外，企业还可以利用企业内部的宣传渠道，如宣传栏、内部刊物、企业网站等，宣传质量文化理念、质量方针和目标，展示质量工作成果和优秀员工事迹，让质量文化深入人心。

二、夯实质量技术基础

（一）强化计量管理

计量管理是确保产品质量的重要基础。企业应建立完善的计量管理体系，对计量器具进行全面的管理和控制。计量器具的准确性和可靠性直接关系到生产过程中的计量数据，进而影响产品质量。

此外，企业应制定计量器具管理制度，明确计量器具在选型、采购、验收、校准、使用、维护和报废等环节的管理要求。同时，建立计量器具台账，对所有计量器具进行登记和编号，以便于管理和追溯。

定期检定和校准计量器具是确保其准确性和可靠性的关键措施。企业应按照国家相关标准和规定，制订计量器具的检定和校准计划，并严格执行。对于关键计量器具，还应增加校准的频次，确保其始终处于良好的工作状态。

（二）推进标准化工作

标准化工作是企业提升质量管理水平的重要手段。积极参与国家和行业标准的制定和修订，不仅能够提升企业在行业中的影响力，还能使企业更好地把握行业发展的前沿动态，为产品研发和生产提供指导。

在参与国家和行业标准制定和修订的同时，企业还应注重内部标准的建设。内部标准应根据企业的实际情况和产品特点，结合国家和行业标准的要求，制定详细的技术规范和操作流程。及时更新并有效执行内部标准，是确保企业产品质量稳定的重要保障。

例如，某食品企业在参与国家食品安全标准制定、修订的过程中，充分发挥自身的技术优势，提出了多项建设性意见和建议，得到了行业的认可和采纳。同时，企业根据国家食品安全标准的要求，及时更新了内部的生产标准和质量控制标准，加强了对生产过程的监控和管理，确保了产品的食品安全和质量。

（三）提升检测能力

加强检验检测能力建设，是企业有效控制产品质量的重要手段。随着科技的不断进步，先进的检验检测设备和技术不断涌现，企业应积极引入这些先进的设备和技术，以提高检验检测的准确性和效率。

在设备引进方面，企业应根据自身的产品特点和检测需求，选择合适的检验检测设备。例如，对于高精度的电子产品，需要引进高精度的检测仪器，以确保产品的质量符合要求。同时，企业还应重视设备的维护和管理，定期对设备进行校准和保养，确保设备正常运行。

在技术应用方面，企业应加强对检验检测人员的培训，使其掌握先进的检测技术和方法。例如，采用无损检测技术、光谱分析技术等，能够更加准确地检测出产品的质量问题，及时发现并解决潜在的质量隐患。

三、优化供应链质量管控

（一）加强供应商管理

供应商是企业供应链的重要组成部分，供应商的质量水平直接影响到企业产品的质量。因此，企业应建立严格的供应商选择和评估机制，确保供应商的质量水平。

在选择供应商阶段，企业应制定详细的供应商选择标准，包括供应商的资质、生产能力、质量管理体系、产品质量、价格、交货期等方面。通过实地考察和样品检验，企业能够对供应商进行全面的评估和筛选，选择符合要求的供应商。

建立长期稳定的合作关系对于实现供应链质量协同和提升整体质量水平具有重要意义。企业应与供应商建立良好的沟通和合作机制，共同制定质量目标和改进计划，分享质量管理经验和技术，实现互利共赢。

（二）实施质量协同

与供应商共享质量信息，并建立有效的质量协同机制，是解决供应链中质量问题的关键。通过及时沟通和协调，企业和供应商能够携手应对质量挑战，共同提升供应链的整体质量水平。

质量信息共享包括产品质量标准、检验检测数据、质量问题反馈等方面。企业应搭建信息化平台，实现与供应商之间的质量信息实时共享。例如，通过建立供应商管理系统，企业可以及时将产品质量标准和检验检测要求传达给供应商；同时，供应商也可以将生产过程中的质量数据和问题及时反馈到系统中，便于企业进行监控和管理。

建立质量协同机制，还应包括共同制订质量改进计划、开展质量培训和技术交流等内容。企业和供应商可以定期召开质量会议，共同分析和解决质量问题，制定改进措施，并跟踪改进效果。

（三）强化风险管理

建立完善的供应链风险管理体系，是确保供应链稳定运行的重要保障。企业应识别和评估供应链中的质量风险，包括供应商风险、运输风险、市场风险等方面。

对于供应商风险，企业应加强对供应商的监控和管理，定期对供应商进行评估和审核，及时发现并解决供应商存在的质量问题。对于运输风险，企业应选择可靠的运输公司，制订合理的运输方案，并加强对运输过程的监控和管理，确保产品在运输过程中的质量安全。对于市场风险，企业应加强市场调研和分析，及时掌握市场动态和客户需求变化，调整产品策略和生产计划，以降低市场风险对企业的影响。

针对不同的质量风险，企业应制定相应的风险应对措施，如建立应急库存、签订质量保证协议、购买保险等。通过采取有效的风险应对措施，企业能够降低供应链质量风险，确保供应链稳定运行。

四、驱动质量创新与人才发展

（一）激发创新意识

创新是企业发展的动力源泉，而激发员工的质量创新意识则是推动质量创新工作的前提。企业应通过培训和宣传，提升员工的质量创新意识，鼓励员工提出创新建议和参与创新项目。

质量创新培训可以包括创新思维方法、质量管理创新理念以及质量改进工具应用等内容。通过培训，企业能够使员工掌握创新的方法和技巧，并具备创新思维和创新能力。

在宣传方面，企业可以利用内部刊物、宣传栏、企业网站等渠道，宣传质量创新的重要性和成功案例，营造浓厚的创新氛围。同时，设立创新奖励制度，对提出创新建议和参与创新项目的员工给予奖励，激发员工的创新积极性。

（二）加大创新投入

增加对质量创新的投入是提升企业质量创新能力和水平的关键所在。企业应提供充足的资源支持，包括资金、设备、技术等方面。

在资金投入方面，企业应设立专门的质量创新基金，用于支持质量创新项目的开展。同时，积极争取政府和社会的资金支持，拓宽质量创新的资金来源渠道。

在设备和技术投入方面，企业应引进先进的技术和设备，为质量创新提供硬件支持。例如，引进先进的生产设备和检测仪器，能够提高产品的质量和生产效率，为质量创新创造更多的可能性。

（三）建立创新机制

企业应制定激励政策和创新流程，以充分激发员工的创新积极性，推动质量创新工作的持续开展。

激励政策可以包括创新奖励、晋升机会、荣誉称号等方面。对于在质量创新工作中表现突出的员工，应给予相应的奖励和晋升机会，从而提高员工参与质量创新的积极性和主动性。

创新流程应明确创新项目的申报、评审、实施和验收等环节的要求和程序。通过规范创新流程，企业能够确保质量创新项目的顺利开展和有效实施。

（四）加强人才队伍建设

企业加强质量人才队伍建设至关重要，可从以下三方面着手。

吸纳贤才，壮大质量人才队伍：企业应制定吸引力强的人才政策，提供竞争力薪酬、优良工作环境及职业发展空间，以吸引质量管理人才。同时，加强与高校、科研机构的合作，引入高层次人才与先进技术。

培育人才，提升专业素养：构建人才培养机制，为员工提供全面的质量培训与职业发展机会。具体来说，可以组织内部培训、外部培训，推行导师带徒制度，定制个性化职业规划，提供晋升渠道与发展平台。

激励人才，激发工作热情：建立人才激励机制，对表现卓越的员工给予物质奖励与精神表彰，充分调动其工作积极性与创造性。营造积极的工作氛围，推动质量水平提升。

（五）争取外部支持

企业的质量治理工作离不开政府和认证机构的支持。政府应完善政策支持，提供财政补贴、税收优惠等措施，鼓励企业加大质量治理投入，提升质量管理水平。

认证机构应加强对企业质量管理体系认证的监管，确保认证工作的公正性和有效性。通过提高认证质量，认证可以为企业提供更好的服务，促进企业质量治理水平的提升。

此外，政府还应加大对质量基础设施的投入力度，建设一批高水平的质量检测中心、计量实验室等。通过提升质量基础设施水平，政府可以为企业提供更好的技术支持，推动企业质量治理工作开展。

参考文献

[1] 陈晨，吴春蕾 . 新技术与数字化转型对企业财务管理的影响 [J]. 中国农业会计，2025，35（3）：46-48.

[2] 陈君联 . 基于大数据技术的中小企业数字化转型路径分析与实证研究 [J]. 商业观察，2024，10（10）：21-24+28.

[3] 陈晓红，李杨扬，宋丽洁，等 . 数字经济理论体系与研究展望 [J]. 管理世界，2022，38（2）：208-224+13-16.

[4] 陈运恒 . 贸易型企业供应链管理要点探讨 [J]. 销售与管理，2024，（35）：108-110.

[5] 董忠梅 . 数字经济时代企业数字化转型的实践路径研究 [J]. 商场现代化，2025（1）：143-145.

[6] 段效亮 . 企业数据治理那些事 [M]. 北京：机械工业出版社，2020.

[7] 国务院国资委研究中心 . 中央企业高质量发展报告 2021[M]. 北京：中国经济出版社，2022.

[8] 郝向举，何爱平，薛琳 . 行业内能源效率差异对企业转型的影响：理论与实证 [J]. 中国人口·资源与环境，2024，34（11）：76-89.

[9] 胡登峰 . 数字经济对经济发展的推动作用分析 [J]. 中国战略新兴产业，2025（3）：20-22.

[10] 胡飞 . 中小企业营销策划 [M]. 昆明：云南大学出版社，2014.

[11] 黄茜，周克明，姚群，等 . 新质生产力如何驱动企业高质量发展：基于企业数字化转型视角 [J]. 荆楚理工学院学报，2025，40（1）：16-22.

[12] 靳小超，金诺，田宝龙 . 基于区块链的企业数字化转型发展研究 [J]. 青海师范大学学报（社会科学版），2024，46（2）：92-98.

[13] 张延斌 . 企业营销策划 [M]. 天津：南开大学出版社，2016.

[14] 李浩 . 从专精特新到北交所：新时代中小企业高质量发展的战略选择 [M]. 北京：中国经济出版社，2024.

[15] 李剑峰.企业数字化转型认知与实践 [M].北京：中国经济出版社，2022.

[16] 李娉娉，笪开源.企业供应链数字化转型：从策略到实践 [M].沈阳：东北财经大学出版社，2023.

[17] 廖铭月.目标成本管理在企业高质量发展中的应用 [J].中国管理信息化，2025，28（2）：10-12.

[18] 刘德胜，杨亚茹.数字经济发展的时空格局与极化研究 [J].济南大学学报（社会科学版），2025，35（1）：124-133+192.

[19] 刘胜强，余鑫月，胡轩瑜，等.企业数字化转型对全要素生产率的影响：基于完整创新的链式中介效应模型 [J].华东经济管理，2025，39（3）：92-103.

[20] 刘亚威.数字经济的发展研究 [M].延吉：延边大学出版社，2023.

[21] 刘中艳，周杏.工匠精神与先进制造业企业高质量发展：基于技术创新能力的中介效应研究 [J].现代工业经济和信息化，2024，14（12）：1-4+60.

[22] 陆涛.以创新人才培养助力企业转型发展：评《打造企业创新优势：企业转型与创新人才培养》[J].人民长江，2024，55（6）：246-247.

[23] 马小琪.数字化企业竞争情报服务价值共创行为研究 [D].保定：河北大学，2024：1.

[24] 倪言言.企业市场营销与经济管理的有效融合 [J].商场现代化，2025（3）：62-64.

[25] 彭亚黎.企业财务管理 [M].武汉：武汉大学出版社，2012.

[26] 戚聿东，蔡呈伟.数字化企业的性质：经济学解释 [J].财经问题研究，2019（5）：121-129.

[27] 秦月.新质生产力背景下的企业数字化营销策略研究 [J].营销界，2024（20）：41-43.

[28] 任江，徐骏.大数据驱动的服装企业数字化转型研究 [J].鞋类工艺与设计，2024，4（19）：5-7.

[29] 宋爽.数字经济概论 [M].2版.天津：天津大学出版社，2023.

[30] 眭文娟，文晓巍，文丹枫."十四五"与企业高质量发展："十四五"时期双循环格局下的企业发展路径 [M].北京：中国经济出版社，2022.

[31] 汤桐，马春爱，吕桁宇，等.制造业企业资源结构对转型升级影响的实证检验 [J].统计与决策，2024，40（6）：167-171.

[32] 王海杰，时淼，张新．制造业企业数字化转型对产业链韧性的影响 [J]. 河南大学学报（自然科学版），2025，55（1）：32-42+55.

[33] 王攀娜，熊磊．企业财务管理 [M]. 重庆：重庆大学出版社，2022.

[34] 王喆，郭佳，王玉庭．企业数字化转型认知与实践研究 [M]. 长春：吉林科学技术出版社，2023.

[35] 魏娟，史亚雅，叶文平，等．供应链优势企业数字化转型的双边溢出效应研究 [J]. 财经研究，2025，5（1）：78-93.

[36] 文雯，牛煜皓．数字化转型与企业高质量发展 [M]. 北京：中国经济出版社，2024.

[37] 谢家平，郑颖珊，韩子书．营商环境赋能制造企业数字化转型与自主创新质量提升 [J]. 研究与发展管理，2025，37（1）：14-30.

[38] 许娇慧．基于区块链的山西煤炭企业数字化转型发展 [J]. 大众投资指南，2024（23）：57-59.

[39] 许远东，杨凤珂．数字化商业模式研究：基于 LTD（Lead-To-Deal，从引导到成交）的方法论思想 [J]. 中国商论，2022（24）：140-142.

[40] 杨大鹏，郭东．平台经济赋能企业数字化转型的理论机制与经验证据 [J]. 学习与探索，2025（1）：126-135.

[41] 杨德岗．推进质量治理助力经济高质量发展：安徽省滁州市扎实开展质量提升行动 [J]. 中国质量监管，2021（4）：55-57.

[42] 杨凯，李姗姗．大数据时代传统能源企业数字化转型实践研究 [J]. 商展经济，2024（20）：144-147.

[43] 杨燕青，葛劲峰，马绍之．数字经济及其治理 [M]. 北京：中译出版社，2023.

[44] 余洋．基于数字经济的企业转型特征与机理分析 [J]. 现代营销（下旬刊），2024（11）：95-97.

[45] 余正勇．新质生产力赋能旅游高质量发展：理论、实践与路径 [J]. 创新，2024，18（5）：91-97.

[46] 张丹俊，李建军．企业数字化转型、银行竞争与企业创新 [J]. 统计与决策，2025，41（2）：184-188.

[47] 张佳晖．数字经济发展对经济增长结构的影响及其区制差异 [J]. 中国商论，2024，33（24）：6-11.

[48] 张沥幻，张金昌．数实技术融合、企业转型升级与新质生产力：基于

A 股制造业企业的实证检验 [J]. 科技进步与对策，2024，41（20）：1-12.

[49] 张琪，姚曦. 数字经济概念框架的理论与应用研究：基于数字经济和会计学融合视角 [J]. 信息技术与管理应用，2023，2（4）：79-86.

[50] 赵栩赢. 新质生产力对企业高质量发展的影响研究 [J]. 经济师，2024（10）：281-282.

[51] 郑燕楠. 企业供应链管理数字化转型研究 [J]. 财经界，2024，（24）：69-71.

[52] 职正路，王伟歌，王小锋. 企业数字化转型认知与实践 [M]. 长春：吉林人民出版社，2023.

[53] 周民，王晓冬. 走进数字经济 [M]. 北京：国家行政学院出版社，2023.

[54] 邹娅玲，肖梅峻. 财务管理 [M]. 重庆：重庆大学出版社，2021.